黄淮七省考古论坛

黄淮七省考古新发现（2018年）

河南省文物考古研究院
山东省文物考古研究院
安徽省文物考古研究所
江苏省考古研究所
河北省文物研究所
陕西省考古研究院
山西省考古研究所

编著

中原出版传媒集团
中原传媒股份公司
大象出版社
·郑州·

图书在版编目(CIP)数据

黄淮七省考古新发现.2018年／河南省文物考古研究院等编著.—郑州：大象出版社，2020.8
ISBN 978-7-5711-0716-1

Ⅰ.①黄… Ⅱ.①河… Ⅲ.①考古发现-中国 Ⅳ.①K87

中国版本图书馆CIP数据核字(2020)第141668号

黄淮七省考古新发现(2018年)
HUANGHUAI QISHENG KAOGU XINFAXIAN
河南省文物考古研究院等　编著

出 版 人	王刘纯
责任编辑	郭一凡
责任校对	毛　路　李婧慧　万东辉　马　宁
封面设计	付锬锬

出版发行	大象出版社(郑州市郑东新区祥盛街27号　邮政编码450016)
	发行科　0371-63863551　总编室　0371-65597936
网　　址	www.daxiang.cn
印　　刷	河南瑞之光印刷股份有限公司
经　　销	各地新华书店经销
开　　本	880 mm×1230 mm　1/16
印　　张	22.5
字　　数	380千字
版　　次	2020年8月第1版　2020年8月第1次印刷
定　　价	245.00元

若发现印、装质量问题，影响阅读，请与承印厂联系调换。
印厂地址　武陟县产业集聚区东区(詹店镇)泰安路与昌平路交叉口
邮政编码　454950　　　　电话　0371-63956290

目录

综述

2018年河南考古新发现与新收获　刘海旺　/ 003

2018年山东考古的主要收获　高明奎　/ 008

2018年安徽考古的收获　宫希成　/ 012

2018年江苏考古新发现　林留根　/ 016

河北省文物研究所2018年度考古新发现　张文瑞　/ 019

2018年陕西省考古研究院考古发现总结　孙周勇　/ 023

2018年山西考古新发现

——追寻文明火花　续写熔炉华章　王晓毅　/ 027

旧石器时代

河北泥河湾马圈沟遗址鱼咀沟1号地点　王法岗　/ 033

山西古交市大川河流域旧石器时代遗址　任海云　/ 039

陕西汉中市南郑区疥疙洞旧石器时代洞穴遗址

张改课　王社江　赵汗青　王海明　/ 044

山东临沂箭眼石及汶上岗子旧石器时代遗存　孙倩倩　孙启锐　/ 051

河南栾川龙泉洞旧石器时代遗址　顾雪军　/ 058

新石器时代

江苏省淮安市黄岗遗址　甘恢元　闫　龙　曹　军 / 065

陕西延安芦山峁新石器时代聚落遗址

　　　　　　　　　　马明志　翟霖林　张　华　杜林渊　王　蕾 / 071

山东滕州西孟庄龙山文化聚落遗址　梅圆圆 / 080

安徽淮南寿县卫田新石器时代聚落遗址　王　芬　路国权　黄梦雪 / 087

陕西神木石峁遗址皇城台地点

　　　　　　　　　　孙周勇　邵　晶　邱　楠　邵安定　夏　楠 / 092

山西兴县碧村遗址　王晓毅　张光辉　王小娟 / 098

江苏常州青城墩新石器时代遗址　许晶晶　郑　铎 / 102

夏商周

山东章丘城子崖遗址岳石文化晚期北门址

　　　　　　　　　　朱　超　孙　波　赵国靖　张　强 / 111

山西绛县西吴壁夏商时期冶铜遗址　戴向明　田　伟　崔春鹏 / 116

山西闻喜酒务头商代墓地　白曙璋　高振华 / 123

安徽定远陈家孤堆商周时期遗址　张义中 / 130

河南鹤壁辛村遗址两周时期铸铜及制骨作坊　高振龙　韩朝会 / 135

安徽肥东刘小郢周代聚落遗址　余　飞 / 142

安徽庐江三板桥周代台墩聚落遗址　张闻捷 / 148

山西襄汾陶寺北两周墓地　王京燕　崔俊俊　/ 154

河南潢川余楼春秋时期墓地　武志江　/ 159

安徽庐江坝埂遗址周代聚落　张继华　陈　博　/ 167

陕西澄城刘家洼春秋芮国遗址　种建荣　孙战伟　/ 172

河南义马上石河春秋时期虢遗民墓地　杨海青　/ 179

江苏金坛旅游大道东周土墩墓　曹　军　于成龙　吴文婉　严　烨　/ 185

山东曲阜杏坛学校东周墓地　董文斌　孙倩倩　/ 191

河北行唐故郡东周遗址　齐瑞普　张春长　/ 197

山东滕州大韩东周墓地　郝导华　刘延常　王　龙　/ 203

河南荥阳官庄遗址两周及汉代手工业作坊　丁思聪　/ 209

河北雄安新区南阳遗址战国城址　张晓峥　/ 215

河北沧州任丘南陵城战国遗址　佟宇喆　/ 219

秦汉及以后

江苏南京西街古长干里聚落遗址　陈大海　/ 227

陕西西安秦咸阳城府库建筑遗址

　　　　　　　许卫红　张杨力铮　赵　震　狄　明　/ 233

江苏连云港张庄古墓葬群　朱良赛　/ 239

山东枣庄市海子汉代聚落遗址　吕　凯　/ 247

河南洛阳市西工区纱厂路西汉大墓　潘付生　/ 253

河北雄安新区东小里—白龙西南墓地　马小飞　雷建红　/ 259

江苏下邳故城城址　马永强　徐　勇　/ 265

山西汾阳北门汉代至明清墓地　吉琨璋　/ 270

山东定陶王墓地（王陵）M2　王世斌　刘洪海　崔圣宽　/ 276

陕西西咸新区雷家村十六国墓地　刘呆运　赵占锐　赵汗青　/ 283

河南洛阳汉魏故城北魏宫城神虎门遗址

　　　　　　　　　　　　钱国祥　刘　涛　郭晓涛　莫　阳　/ 290

江苏镇江铁瓮城西门遗址　王书敏　霍　强　/ 295

江苏张家港黄泗浦遗址　周润垦　/ 300

安徽淮北市烈山窑遗址　陈　超　/ 310

河北正定开元寺南广场遗址　陈　伟　翟鹏飞　佘俊英　房树辉　/ 315

河南安阳龙安区大华时代广场金代壁画墓

　　　　　　　　　　　　　孔德铭　于　浩　焦　鹏　/ 320

河北张家口太子城金代城址　黄　信　胡　强　魏惠平　任　涛　/ 326

陕西蒲城县洞耳村蒙元壁画墓　邢福来　苗轶飞　/ 332

安徽凤阳明中都外金水桥、金水河遗址　王　志　/ 340

河南开封市明代周藩永宁王府遗址　王三营　曹金萍　万军卫　/ 345

后记　/ 352

综 述

{ ZONGSHU }

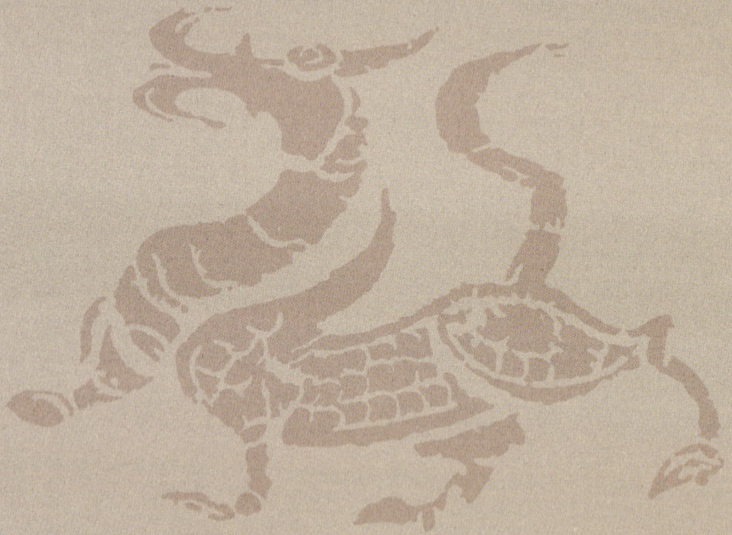

2018年河南考古新发现与新收获

◎刘海旺

2018年河南共进行了280余项经国家文物局批准的考古发掘项目，其中，配合基本建设进行的抢救性考古发掘项目250项，主动课题考古发掘项目32项。主要的考古工作仍然集中在配合全省城市化快速发展进程、铁路和水库等大型基本建设工程等建设中。在中国考古日新月异发展的当下，在新的理念和方法的指导下，将主要的考古发掘工作纳入大的课题意识和规划中，紧紧围绕人类起源与演化、中原地区文明化进程、国家起源与早期发展、古代都城与城市及聚落发展、古代墓葬制度及其演变、古代工程技术与手工业技术发展等课题开展，2018年河南考古取得了新的收获与成果。

一、旧石器时代

秦岭山系东端及其山前丘陵地区是人类起源的重要地区。2018年河南旧石器时代考古主要是重点遗址的继续发掘。许昌灵井遗址发掘面积为55平方米，出土石器、动物化石400余件。洛阳栾川龙泉洞遗址主要是对第四层（4B层）进行考古发掘，发现标本5000余件，发现用火遗迹（H5），出土遗物主要以石制品和动物化石为主。此外，在对豫西卢氏盆地进行的考古调查中，发现年代可能分属旧石器时代早、中、晚期的21处地点，采集有石核、石片、刮削器、砍砸器、尖状器等石制品。

二、新石器时代

河南新石器时代考古存在不充分、空白区域多的问题。2018年河南新石器时代中期考古的重要收获是对驻马店谢老庄遗址的发掘。谢老庄遗址属于裴李岗文化时期，西北距贾湖遗址40余千米，面积约11万平方米。在该遗址发掘清理了一批墓葬，出土有陶器和绿松石饰品。遗址内发现有水井一类遗存，出土有完整的陶壶、罐等汲水器，这可能是目前我国北方地区最早的水井遗存。

相比关中地区、三门峡盆地和嵩山东麓地区，豫西洛阳盆地仰韶文化遗址考古工作相对不足。近几年持续进行考古工作的伊川土门遗址，探明了遗址西部有内外两条南北向的人工环壕，与遗址北部和南部天然沟相连接，形成封闭性的环壕聚落；本年度发掘清理仰韶时期房址5座及灰坑、沟、瓮棺葬、墓葬等遗迹；还发现龙山时期灰坑和半地穴式房址。宜阳苏羊遗址年代为仰韶文化庙底沟期至龙山时代，以仰韶晚期遗存最为丰富，分布范围最大，可分为苏羊区、下村区和留召区三部分；苏羊区为遗址的核心区，下村区和留召区分别发现有人工壕沟。

豫中许昌地区仰韶文化时期遗址目前发现的也较少。2018年为配合许昌新区和协医院建设，发现一处仰韶文化晚期聚落遗址，主要清理三间联排房基1座，为平地起建，木骨泥墙，保存墙体高度约20厘米。另外，勘探发现有同期红烧土房基6座。该遗址文化面貌与郑州大河村遗址相似。

豫南的南阳、信阳地区是中原地区与长江中游地区文化交汇地带。2018年为配合信阳出山店水库建设，发掘了母子河、菜园、施寨等遗址，发现有石家河文化或龙山文化遗存，填补了该区域早期文化的空白。

三、夏商时期

河南夏商时期的考古工作仍然集中在都城遗址考古方面，其中，郑州小双桥遗址为商代一座都邑级聚落遗址。为确认遗址各个区域的文化堆积及特点，2018年对遗址再次进行大面积的勘探和小规模的发掘工作。经过对现存高约13米、东西长50米、南北宽40米的周勃墓进行钻探，基本搞清了其堆积特点，确认其为商代高台夯土建筑基址。发掘地点在遗址中心区域外围，分别在岳岗村西南和小双桥西南两个地点进行，发现了主要属于商代白家庄期的灰坑、墓葬、水井、道路、沟等遗迹及铜容器残片、玉璜形器、大片卜骨、陶器等遗物。

许昌地区是文献记载中夏代昆吾族南迁之地，是探索夏文化和商代前期文化的重要地区。2018年对许昌塘坊李遗址进行了考古发掘，发掘面积4800平方米，清理了20余座二里头文化和二里岗文化灰坑，出土有较为丰富的陶器等遗物。对属于夏商时期的许昌大路陈遗址进行了较为详细的调查勘探，确定遗址面积25万平方米；在考古发掘的250平方米遗址内清理出二里头文化时期灰坑36座，商代前期墓葬5座，其中1座出土有铜斝、铜爵、玉柄形器、骨梳、石戈及陶爵等随葬品。

四、两周时期

2018年对鹤壁辛村墓地的抢救性考古发掘工作取得了重要收获，首次确认辛村墓地分布着大量商周时期的遗存，极大地丰富了辛村墓地的内涵；清理出西周时期的墓葬近50座，商代墓葬3座；系统地揭露出西周时期的遗存，包括铸铜作坊区、制陶作坊区、制骨作坊区，平民墓葬，殉人殉牲坑、埋物坑、房基、道路、瓮棺葬及灰坑等大量遗迹，出土了大量骨料、青铜陶范，表明辛村遗址为一处都邑性质的超大型聚落，为解决朝歌问题、周初卫国始封地、卫国都城地望等提供了关键性线索。

2018年继续在荥阳官庄遗址大城中北部发掘清理主要属于春秋早中期的铸铜、制陶、制骨等遗址。铸铜遗址发现有房址、陶窑、陶范坑等，出土了大量铸造铜容器、车马器、兵器、工具、钱币等的陶模、陶范及炉壁残块、鼓风管、砺石等遗物。从出土遗物看，所铸制部分铜礼器器形较大，规格较高，铸造规模也较大，是河南考古发现的重要的春秋时期铸铜作坊遗址。

三门峡义马上石河春秋时期墓地是2018年东周考古的重要发现。共清理春秋时期长方形竖穴土坑墓113座及马坑7座，墓地分为三个区，墓葬排列较为规整；出土铜、陶、玉、石、骨等随葬器物2700余件，其中，M93出土的一件铜鼎上有铭文"虢季氏子虎父作鼎子子孙孙永宝用"。该墓地可能为虢遗族墓地。

2018年在潢川县黄国故城西北约3000米发现一处春秋时期墓地，清理了其中的13座墓葬，其中4座椁板上随葬有保存较好的马车。出土的铜簠上有"黄子""楚子""侯孙老""盟姬"等铭文。另外，还清理了车马坑2座、马坑1座。该墓地可能为被灭国之后的黄国某一公族墓地。

五、秦汉魏晋南北朝时期

2018年在洛阳西工区纱厂路发现一处东周秦汉墓地，其中两座形制相似、东西并列的西汉空心砖券大墓较为罕见。这两座墓均为空心砖券筑，规模较大，由墓道、主墓室、侧室、廊道、耳室及坠室六部分组成，形制十分独特，结构复杂；随葬有大量的玉器、铜器、彩绘陶器等遗物，特别是经过对随葬铜壶内残余物及液体取样分析，发现有硝石和明矾石成分，可能为古代文献记载的炼丹"仙药"矾石水。这两座墓葬形制的特殊性、随葬品的丰富多样性，都属于近年河南汉代考古的重要发现，具有很高的研究价值。

2018年在辉县共发掘墓葬320余座，年代主要为汉代，保存有较为丰富的粮食等植物遗存。舞阳县发掘清理了一座西汉时期竖穴土坑墓，较为特殊的是上下双棺，即棺下有多箱椁室，这种上下棺椁结构较为少见。

汉魏洛阳城2018年重点对北魏宫城西门神虎门遗址进行了考古发掘。考古发掘表明，该门址始建于曹魏时期，北魏在原址上重建，东、西魏时废弃，北周后期拟重建但未完成。北魏时期门址由南北墩台和南北隔墙组成三门道，门址西侧南北宫墙端处分布两座曲尺形夯土双向子母阙台；门址与两阙围成一南北长22米、东西宽18米的门前广场。神虎门平面布局和建筑结构与宫城正门阊阖门相似，但规模略小。

六、隋唐宋金元明时期

隋唐洛阳城宁人坊遗址发掘面积2000平方米，对坊内东南隅方形夯土台基周围情况继续发掘，通过发掘发现以方形夯土台基为中心，向北约100米范围内存在院落、房屋、院墙等遗迹。

安阳市区近年发掘清理了几座保存较好的宋金时期砖雕或壁画墓，其中，龙安区大华时代广场金代壁画墓较为特殊，出土墓志纪年为"正隆四年"（1159年），是相州洪福寺文殊院院主洪论为高僧修建的墓葬。该墓为八边形单室砖室墓，墓室内壁绘彩画。北、西、东壁各砌有一耳室。西北壁绘童子启门图，西南壁绘行医图，东北壁绘屏风风景图，东南壁绘寺院施粥图。墓室上部砖雕斗拱之间绘有不同式样的牡丹花卉图案，穹隆顶可能为星云图案。

2018年在南阳市桐柏县平氏镇卢寨发现一座元代壁画墓。该墓由墓道和墓室两部分组成。墓室四壁以砖雕斗拱、滴檐、立柱装饰，主体部分以彩绘壁画为主。墓室北壁绘有夫妇宴饮图。墓室东、西两壁壁画漫漶剥落严重，可分辨的有王祥卧冰、孟宗哭竹、郭巨埋儿、田真分家、芦衣顺母、伯俞泣杖、拾葚异器等图。墓门内侧绘有男女两位侍者。根据壁画人物形象、衣饰、家居环境等初步判断，此墓年代为元代晚期。元代壁画墓在河南少有发现，在南阳地区也是首次发现。

开封明代考古最重要的发现，当数明代周藩永宁王府遗址。遗址位于鼓楼区城隍庙街中段路西，所在区域在明代开封城是官署的集中分布区。发掘表明，王府遗址南北通长约200米，东西宽约115米。遗址发掘清理区域是沿中轴线对称分布的四重三进院落主体建筑群，自南向北中轴线建筑及景观分别为王府大门、隔墙（照壁）、仪门、前厅房、后厅房及假山。发掘出土陶、瓷、石、玉、金、银、铜、锡、琉璃、木、骨、角、贝等各类遗物1600余件（套），主要为生活用品及建筑构件。另外，在大门台阶前出土万历四十年（1612年）"昭代贤宗"木匾额1块，上书"永宁王府掌理府事肃溁立"字样，落款年代为"万历壬子岁仲冬吉旦"。该匾的出土为遗址性质的判断提供了最直接的证据，确定了该建筑遗址性质为明代周藩永宁王府。

2018年，河南考古在课题意识的统领下一如既往地取得了较好的成绩。同样值得欣慰的是，这些发掘过的重要遗址都得到了妥善的保护，这就为未来各地文物保护与利用准备好了一批珍贵而重要的资源。

2018年山东考古的主要收获

◎高明奎

2018年，山东省的田野考古工作依然繁重，主要工作仍然是围绕国家基本建设展开，其中基建考古工作量占比80%，主动性发掘约占12%，另有少量的抢救性工作。大量的田野工作，新发现层出不穷，从史前时期至历史时期均取得新的收获。

旧石器的调查和发现又取得新进展。在汶上贾柏遗址大遗址保护勘探过程中，调查20余处采集点，新发现3处，采集石器标本共521件，其中仅岗子地点达456件，集中分布于南北长300米、东西宽100米范围内。所采集石器石料种类单一，以黑色燧石为主，有少量玛瑙；体量较小，基本都在2厘米左右；石制品种类以石片、碎屑为主，工具所占比例较小；未见明显的细石器技术，石制品以凹缺刮器最具特色。岗子地点可能为一处旧石器晚期的小石器加工场所。调查时未发现地层，石制品皆出于耕土层中。根据岗子等地点石制品分布规律，推测这里可能曾经存在一条古老岗地，由于平整土地，岗地消失，只有石制品留了下来，但范围亦不出其左右。新发现临沂马陵山箭眼石细石器地点，在1000多平方米范围内密集分布有1000多件石制品，其中有典型的细石核（船形石核、柱状石核）、细石叶、两面加工的石制品（尖状器），初步判断为细石器工业类型，补充了马陵山地区细石器地点群的内容。

新石器时代考古取得重要成果。大遗址勘探的主要收获有：其一，汶上贾柏北辛文化遗址存在内外两周壕沟，壕沟内房基、墓葬、窖穴、陶窑等各种遗迹布局有序，是目前所了解北辛文化时期聚落规模、布局等聚落信息最清楚、最全面的一处遗址。其二，滕州岗上遗址为20世纪50年代发现的一处重要的大汶口文化遗址，经大规模勘探，显示该遗址有夯土墙和壕沟环绕，面积约40万平方米，可能为一处大汶口文化晚期的城址，其规模、城内布局、内涵有待进一步发掘。发掘工作也取得多项重要收获：定陶何楼遗址发现了鲁西南地区最早的新石器文化遗存，年代约为北辛文化晚期至大汶口文化早期阶段，为鲁西南地区迄今所发现该阶段最丰富的一批实物资料，对完善该地区史前文化发展序列及文化面貌的认识具有重要价值。在梁山至宁阳的高速公路建设中，宁阳于庄遗址发现大汶口文化晚期刻有"日""月""山"图像符号的大口尊，这是汶泗流域首例发现，改变了现有的刻符大口尊的分布格局，对于研究大汶口文化阶段泰沂山东、西两侧人群的迁徙和交流具有重要价值；滕州西孟庄龙山文化遗址是在配合枣庄至菏泽高速公路建设工程中的考古新发现，为一处有圆形围墙的完整小型聚落，围墙内清理10多座房基，其聚落模式在全国新石器考古发现中实属首见，对认识海岱地区龙山时代基层社会的状况及聚落模式提供了全新资料。

夏商时期考古新突破主要是章丘城子崖岳石文化晚期城门址的发掘，基本摸清了门址的结构及规模。根据现存夯土墙保存状况，在西北—东南向近100米的范围内，由南、北两段相对独立的隔墙构成了三个相毗邻的缺口，由北向南三个缺口宽度分别为8米、25米、5米，其中中间缺口又被两个2米多长的近椭圆形夯土基坑等分为三个等宽缺口，宽约7.5米。这样的结构有专家认为可能是中国古代"一门三道"结构城门址的最早实例。但由于破坏严重，现存皆为基槽，路面无存，要想得到实证还需进一步的工作。

周代考古硕果累累，西周遗存发现较少，突出成就集中于几处东周贵族墓地，清理了大量墓葬。章丘牛推官南遗址是在配合省道102改建工程中的新发现，保存有西周早中期的房基、牛牲、人牲祭祀坑及大量规则的圆形窖穴，大多窖穴或灰坑内底部有陶器，并普遍夹杂较多石片，有的窖穴底部还存有灶、踩踏面，综合所有遗迹现象，初步判定发掘区域可能为西周中期偏早阶段的一处石器加工场所，该类性质的西周遗存在山东地区尚属首见。东周墓葬的发现最引人关注，主要为4处墓地的发掘。通过对滕州大韩墓地连续两年的发掘，共揭露墓葬139座，其中大、中型墓36座，大多为宽墓道，平面普遍呈刀把形，出土大量青铜器、陶器、玉器等随葬品，由铜器铭文判断，当为郳国的贵族墓地。持续两年的工作，墓葬基本清理完毕，应为目前山东地区少有的完整揭露的东周列国公墓地。在曲阜鲁国故城内发掘了2处贵族墓地，曲阜老农业局墓地清理34座墓葬、5座车马坑，望父台墓地清理35座墓葬、2座马坑及1座拐尺状的大型夯土建筑基址。两处墓地南北直线距离为1000多米，均出土了大量随葬品，且墓葬排列有序，规模相当，墓地成员可能属中下层贵族，可作比较研究。曲阜杏坛学校墓地是于鲁故城城外东南部新发现的一处大型墓地，清理墓葬300多座，是目前鲁故城及周边区域揭露最完整、规模最大的一处墓地。整个墓地规划布局有序，分组埋葬，部分成组墓葬呈"八"字形排列，可能是西周昭穆制度的反映，从墓葬规模及出土器物分析，该墓地级别明显低于望父台和农业局墓地。三处墓地时代基本一致，均为春秋晚期至战国，但墓地成员身份等级有别，可相互补充，成为鲁国中下阶层埋葬制度研究的完整资料。

汉代考古收获主要有两方面。其一，墓葬考古。大量小型汉代墓葬是每年常规考古的收获，新的突破性成果主要集中于鲁西南地区。以往鲁西南地区的考古工作开展得较少，汉墓虽有零星发现，但缺乏大规模的科学发掘，对葬制葬俗了解较少。在菏泽青丘堌堆遗址清理了70多座墓葬，定陶何楼遗址发掘的60余座，皆为小型墓葬，是迄今该地区最丰富的两批汉墓资料。与山东其他地区比较，在墓葬形制、结构、随葬品组合上均呈现一定的区域性特点，尤其是几乎所有墓葬都有丘状封土，封土的外表常用一层青灰泥封护。小型汉墓普遍有单独封土的现象尚不见于山东其他地区。通过对墓葬堆积的清理，了解了堌堆遗址常见的夯土遗迹的性质及其形成过程，对于理解堌堆遗址堆积成因及汉墓的清理均具有启示、指导意义。对定陶王墓M2墓道的清理，则为了解"帝王级"大型墓葬提供新的信息。墓道中部活动面上发现一条长约21米、宽0.70米、深0.40米的箱式木槽，木槽顶部盖板上放置4块双孔玉璋，近墓室入口处放一个边长约2米的木箱，内空。墓道内的木槽和木箱的性质、功能及其意义有待进一步研究。其二，汉代考古的另一重要发现是枣庄海子聚落的发现与研究。该遗址面积约5万平方米，西部边缘有界沟，发现有地面式房址、10座囷厕（畜圈厕所），居住区内房前还保存有立石板界隔形成的规则田块，形成了由居住、家猪饲养及农田共同构成的理想生态格局，这是山东地区揭示的首座汉代农耕聚落。

汉代以后的考古工作虽然较少，也取得多项收获，主要有以下几方面。其一，佛教考古取得新进展。博兴龙华寺遗址的发掘，揭露了2座隋代大型建筑台基，因发掘面积受限，均未完整揭露。东部的TJ1呈南北长条形，东西宽约29米，南北长大于东西宽；西部TJ2仅暴露出东、北两边缘，台基的边缘均为青砖铺地的散水。在上述2座台基的外围边缘均发现窖藏坑，出土几十件石质佛造像残块、白瓷佛像、莲花造像底座等精美佛教遗物，时代上限可追溯到北齐。其二，聚落考古有了新资料。高唐陈庄为唐、五代遗址，发现房址2座，被淤埋于地表下数米，仅存砖砌墙基，最大者面积近50平方米，2座房基可能构成一处院落，由于发掘面积有限，院落的整体布局情况有待进一步的工作。其三，瓷器手工业考古遗存有新发现。通过对宁阳柳沟新村西南遗址的发掘，证实该遗址为北朝晚期至唐代中期瓷器生产作坊，未发现瓷窑，但清理了与烧瓷有关的水井、灰坑、灰沟等遗迹，出土支柱、垫圈、支钉、匣钵等窑具近万件，碗、杯、高足盘、壶瓷器标本近千件，大多属隋唐时期。其四，在章丘城子崖考古遗址公园考古体验中心建设用地发现金代的冶铁遗址，清理冶炼炉5处，出土与之有关的坩埚、铁矿石及大量炉渣、炉灰等冶炼遗物，还有房基3座及圆形窖穴、水沟等遗迹，可能为文献所载宋金时期的龙山冶。

2018年安徽考古的收获

◎宫希成

2018年，安徽地区的考古工作仍以配合建设工程中的考古工作为主，主动性发掘项目和配合大遗址保护及国家考古遗址公园建设的考古工作也取得丰硕成果。

旧石器时代考古方面，2006年发现的东至县华龙洞旧石器时代遗址，由安徽省文物考古研究所与中国科学院古脊椎动物与古人类研究所合作，于2014年至2018年连续开展了5年的系统考古工作。已累计发现动物化石上万件，包括鸟类、龟类和哺乳动物，经初步研究，确定华龙洞动物群包括40余种动物，其中已灭绝种类有剑齿象、巨貘、巴氏大熊猫、谷氏大额牛、肿骨鹿及小猪等。动物骨骼大部分非常破碎，表面存在人工切割、砍砸等痕迹。石制品百余件，原料取自周边岩石内的脉石英和磨圆度较高的石英岩及燧石砾石，石制品类型包括石核、石片和石器及各类剥片和修理石器产生的碎片和断块等，个体以小型居多，硬锤锤击法为剥片主要方法，砸击法次之，石器类型主要为刮削器及尖状器。石制品组合总体显示早期人类的模式Ⅰ工业类型。石制品中存在的可拼合现象和多数动物骨骼表面的砍砸和切割痕迹显示，华龙洞为一处古人类多功能的生存和活动遗址，早期人类在遗址进行过原料采办、石制品生产和肢解动物等行为。

在华龙洞发现的人类化石共有30余件，代表大约16个古人类个体。其中编号为HLD-6的头骨保存最为完整，包含面部和大部分脑颅部以及一侧下颌骨，代表一个十四五岁少年个体。华龙洞人类头骨具有一系列与周口店等东亚更新世中期人类一致的原始特征，包括低矮的颅穹隆、颅骨最大宽位置低、额骨矢状脊、发达的眶上圆枕、宽而低矮的鼻部梨状孔、缓坡型鼻腔底部结构、第三臼齿先天缺失等。这些解剖学特征与多数中国更新世人类化石特征相似，体现了东亚地区更新世人类演化的区域连续性总体趋势。同时，华龙洞人类头骨、下颌骨和牙齿化石还呈现出一些与更新世晚期人类及现代人相似的特征，表现为上面部扁平、颅穹隆部和面部形态纤细、下颌骨联合接近垂直并出现颏三角、牙齿结构简单及尺寸较小等。这些相对进步的特征揭示这一时期东亚大陆人类已经出现向早期现代人演化过渡的趋势。因而华龙洞人类化石提供了东亚地区人类演化区域连续性以及从古老型人类向早期现代人演化过渡的新证据。通过同位素测年、动物群组成分析及地层对比等多种方法的综合研究，人类化石的年代被确定为距今33.1万~27.5万年之间。

华龙洞是继周口店之后，在中国发现的出土人类化石最为丰富，同时还包含石器及其他古人类生存活动证据的综合性古人类遗址。长期以来，古人类学界对支持东亚古人类连续演化以及现代人当地起源的化石形态特征一直存在争议。华龙洞人类化石的发现和研究为探讨这些问题提供了新的证据，是在人类演化研究领域取得的又一项突破性成果。

迎水寺遗址位于阜南县许堂乡大桥村，为配合305省道拓宽工程，于2018年3月至7月，对被工程占压的遗址西侧部分进行了抢救性发掘。该遗存中最丰富的是商代遗存，年代约在商代中期。发现房屋、灰坑等遗迹，出土陶器以灰陶为主，器类包括鬲、甗、罐、瓮、豆、大口尊等，形制与皖西北地区以台家寺遗址为代表的相关遗址基本相同。此外，还出土大量陶范、坩埚残片、炼渣等铸铜遗物和制作角镞的原料、坯料、边角料和切割鹿角产生的废料等。

2018年，引江济淮工程开工建设。本年度在引江济淮工程沿线发掘了10余处西周—春秋时期遗址，主要有肥西武斌大墩、合肥大包墩以及庐江丁家畈、三板桥、坝埂、佘老、佘庄、岳庙双墩等遗址。陶器以折肩绳纹鬲、曲柄盉、附加堆纹甗等为典型。西周—春秋时期，台墩型遗址是江淮地区较典型的形态，很多地方遗址分布十分密集，面积一般在几千至数万平方米，少数规模较大的中心遗址达数十万平方米，文化堆积较厚，多2~4米。在大别山以东的肥西、庐江等地，还发现多个台墩紧邻并立的情况，以两墩并列存在的较多，但也有如庐江丁家畈3个或4个台墩并立的现象，各台墩时代和文化面貌完全一致，但是堆积性质一般有较大区别，一个有较多的生活堆积，另一个则有较多的生产或人工堆垫堆积，表现出完全不同的使用功能。以庐江坝埂遗址为例，该遗址由东、西两处台墩组成，外围有环壕。

东墩地层可分为12层，富含烧土与草木灰堆积，台墩的形成过程可分为三大阶段，遗迹及包含遗物丰富；西墩地层可分为5层，堆积相对较纯净，包含物少。两墩应当属于同一个聚落，从堆积结构与遗存特征来看，东、西墩功能有明显不同。对此类台墩型聚落遗址的营造过程、形态、构成、功能分区、堆积特点以及聚落的生业状态等，仍需开展进一步研究。

烈山窑址位于淮北市烈山区烈山镇烈山村，是淮北市重点工程局在实施新湖路建设项目过程中发现的，经国家文物局批准2018年进行了发掘，清理出土唐宋时期各类遗迹70余处，包括6座窑炉及灰坑、道路、灰沟、墓葬，出土数以吨计的各时期陶瓷器残片，可复原器物2000余件。该遗址可分两区。

金元窑址区，发现2处窑炉及道路、灰沟等遗迹。2座窑炉在空间上有重合，存在叠压关系。Y3叠压在Y2之上，Y3在原Y2的位置外围扩建而成，是在Y2基础上改造再利用。改造最大的部位是操作间和火塘，范围均增大。两座窑的烟囱被破坏，其他部分保存完好，由操作间、火门、火塘、窑室组成。出土瓷器包括白釉、白釉黑褐花、酱釉、青黄釉、茶叶末釉、绿釉、青釉及黑釉。除了碗、盘、盏等生活用瓷器，还发现人物俑、动物俑及围棋子等。有的瓷器上有墨书、刻画或彩绘文字等，可辨识文字有"祐德观""华严寺""公用"等。唐代晚期至北宋窑址区，共清理窑炉3座。其中4号窑炉由操作间、火门、火塘、窑床构成，窑室面积近24平方米。出土产品主要是白瓷、绿釉瓷、黄釉瓷、琉璃器及三彩瓷等。器类有碗、盘、盏、罐、枕、俑及建筑构件等，窑具有窑棒、垫板、垫饼、三叉支托及垫圈等。

烈山窑址除生产日用品外，大型琉璃建筑构件也是其产品的一大特色，如黄釉琉璃印花大砖等，这类琉璃砖在广州南汉国宫殿遗址中和开封铁塔上都有发现。烈山窑址出土大量三彩窑具，有三叉支托、托珠及窑柱等，这是在安徽地区发现的唯一兼烧宋三彩的窑址。唐代晚期北方白瓷制瓷技术向南方传播。烈山窑址生产的北宋白釉瓷器采用了覆烧技术，覆烧技术是北方窑系烧制技术，金元时期的涩圈支烧技术同样是来自定窑的支烧方法，尤其是白釉黑褐彩类瓷器，受到了磁州窑系技术的影响。这说明烈山窑是北方白瓷向南方传播的中转站。周辉在《清波杂志》中记载金代以仿定瓷为主要特色的宿州窑和泗州窑在萧县窑的南面与东南面，与萧县窑接壤并存。宋金时期烈山窑址所在地归宿州管辖，可能是文献记载的宿州窑。

凤阳明中都城位于淮河南岸，是洪武二年（1369年）诏建，洪武八年（1375年）罢建，

《明实录》记载，明中都在罢建时已"功将完成"。从记载和调查看，已经营建的建筑有城墙、宫殿、坛庙、中央官署、军事卫所和一批市政建筑，大多遗址尚存，与水系、建城时产生的窑址、石料场等工程遗存共同构成了现今庞大的明中都遗址群。当时的明中都系举全国之力修建，以"创一代制作"的决心，做出了许多创新之举，体现了明初最高的规制和工艺，其规划布局对南京、北京两都的规划产生了深远影响。城址布局方正、严谨，建筑讲究中轴对称，呈三城相套格局：内为宫城，面积0.84平方千米，开四门；中为禁垣，面积约3.8平方千米，开四门，与宫城四门对应；外为郭城，面积约50平方千米，原设十二门，罢建后缩减为九门。

以往曾对明中都零星进行过一些考古工作，但缺乏系统性，所取得的认识也有限。2014年以来，以明中都国家考古遗址公园建设为契机，按照大遗址考古工作的要求，开展了系统的考古勘探和发掘研究工作，明确了明中都宫城的布局，逐步揭示了主要单体建筑及城墙、城门的形制结构。考古发掘以中轴线为核心，先后发掘了奉天殿、承天门、外金水桥等遗址，并对宫城东城墙、西禁垣外窑址做了解剖和试掘，清理了东华门、东南角台、东北角台、西华门城台顶部和午门门洞内甬路及外侧散水。

外金水桥横跨于午门与承天门之间的外金水河河道之上，2018年发掘清理出桥基7座、河道1条、节水闸1座、道路1条。7座桥基分为三组，中间组3座，正对午门中间的3座门洞，主桥宽约9.6米，两侧桥宽约6.4米，间距3.1米；两侧各有一组桥基，每组2座，各自正对午门的2观。7座桥均为单孔砖券桥，随河道驳岸同时修建，桥下的河道内用木桩做地钉。桥券拱腹部分用石券做券脸，券石间均以卯榫扣合，多处卯榫接合处以熔铁灌缝。桥的其余部位用砖砌筑，拱腹的券砖部位用扒钉横向连接加固。外金水河的河道在金水桥处较宽深，桥以外则较浅窄，河道两岸用砖砌筑驳岸，河底以砖做海墁，墁砖前先在桥下埋设地钉，再找平河底，用碎砖块铺地。在西部浅窄的河道与桥区的深河道的连接处设节水闸，控制自西过来的水流。

此次发掘明确了明中都城外金水桥的数量、位置、形制，以及该段河道的形制、尺寸，7座桥为目前各都城的皇城金水桥布局中所仅见。目前我国保存的古桥大多数都是明代修建或复建的砖、石拱桥，反映出明代的桥券制作技术成就。明中都外金水桥是明代最早一批修建的拱桥，也是目前极少的经过科学发掘的拱桥，其结构和工艺的揭示可为中国桥梁技术史研究增添一个重要的范例。

2018年江苏考古新发现

◎林留根

2018年是江苏考古成果丰硕的一年。江苏考古始终遵循探索地域文明、保护文化遗产和服务社会公众的宗旨，尤其是在文旅融合以来，在全省考古工作者的努力下，江苏考古工作紧紧围绕配合基本建设的抢救性考古发掘、学术课题研究的主动性考古探索以及大遗址保护工程的科学性考古支撑等方面展开，对淮河下游和长江下游的早期文明探源，历史时期的城址、墓葬和港口等重要遗址、遗迹的发掘和研究成果显著。

新石器时代考古工作取得突破性成果。20世纪50年代南京博物院考古工作者调查发现并试掘了位于淮河故道南侧的淮安青莲岗遗址，并以"青莲岗文化"命名，近60年来，该区域史前考古工作除阜宁陆庄等良渚时期遗址经小规模发掘外，再未取得重大突破。关于青莲岗文化之内涵、时空框架乃至存废等一系列问题曾一度引起学界热烈讨论，时至今日仍无定论，甚至被部分学者全盘否定。2018年淮安市黄岗遗址的发现和大面积发掘，让我们基本厘清了淮河故道沿线区域公元前5000年前后至公元前3500年之间新石器时代文化谱系框架，足够丰富的各类遗存使得青莲岗文化"重生"成为可能，可谓近60年来该区域史前考古最为重大的突破。常州市青城墩遗址位于常州市经开区横林镇后青墩村北，是一座典型的江南史前土墩遗址，遗址主要文化遗存以崧泽和良渚文化时期为主。土墩最早形成于崧泽文化晚期，良渚文化土墩叠压于崧泽土台之上，规模更大，其上有红烧土护坡、房址及墓葬等。发掘清理的墓葬的葬俗、随葬品组合及器物形制等方面既有崧泽文化风格，又有良渚文化早期特征。该遗址的发现和发掘极大地丰富了崧泽文化晚期至良渚文化早期阶段的考古资料，对研究崧泽文化与良渚文化之间的过渡问题具有重要意义。

商周时期的考古工作富有地域特色。近年来，江南土墩墓的考古工作不断展开，收获颇丰。金坛旅游大道土墩墓抢救性考古发掘工作，规模较大，成果突出，九角墩土墩墓和井头村土墩墓群均属典型的一墩多墓向心式结构，土墩中墓葬的形制非常多样，基本形制有平地封土墓、竖穴土坑墓、石床封土墓、竖穴石框墓、"土椁墓"以及带墓道"人"字形木椁墓等，出土大量陶、瓷（原始）、铜、石等随葬品。本次土墩墓的发掘，既有新发现、新认识，亦有新方法、新技术，不仅在考古发掘、文物保护、大遗址保护等专业领域内有拓展创新，而且开展了多项公众考古活动，真正做到"探索地域文明，服务社会大众"。南京市西街遗址内涵丰富，意义重大。西街遗址发现的西周环壕、墙基，是南京主城地区同类遗迹时代最早的，为探讨文献记载的南京最早城池——越城遗址提供了重要的线索。六朝时期遗存最为丰富，环壕、道路、路沟等遗迹为复原长干里越城遗址的地理格局提供了珍贵资料，水井、窑、竖穴灰坑等遗迹以及出土的大量青瓷、陶器及砖瓦等建筑构件，充分反映了六朝古长干里人烟阜盛的局面。宋代至明清时期的遗迹，以大量水井、灰坑为主，反映了随着南唐金陵城的兴起，古长干里的变迁和平民生活区进一步扩大。西街遗址是解决南京城市发展史问题的一个关键点，具有重要的学术研究与文化遗产保护价值，是南京历史文化名城的厚重载体。

汉代考古以墓葬发现为主。连云港张庄古墓葬群是一处重要的汉代和唐宋时期墓地。墓群中发现最早的墓葬为西汉时期，历经东汉、唐宋、清代，延续时间较长。连云港市博物馆组织人员对墓群进行了抢救性考古发掘，墓葬规模较大且分布密集，墓葬形制特殊多样，出土器物种类丰富且价值较高，在连云港地区尚属首次发现，为研究连云港海州地区汉代、唐宋时期的历史文化面貌提供了丰富的资料。

汉代以后的考古工作在城址、墓葬、港口等多样遗址中均有重要收获。睢宁下邳故城城址的发掘工作继续开展，经过三个月的野外发掘，弄清了不同时期下邳故城的叠压关系，而且在宋代地层下发现各时代的文化层和重要遗迹。晚期下邳故城的始建年代至少能到宋代，一直到明清继续使用。早期下邳故城的城墙并没有被晚期下邳故城继续使用。城内的文化层堆积达6米深，虽然发掘面积较小，但是每层都有人类生活的典型遗迹，反映了下邳故城城市文化的延续性。这为接下来的发掘和研究工作都提供了重要资料。"出江大口"黄泗浦遗址，已经经历了10多年的考古工作，遗址的文化面貌越来越清晰。通过揭示唐代和宋代河道，河道内大量的砖瓦瓷片堆积以及栈桥遗迹，都说明了黄泗浦作为港口曾有的繁华及在江南地区重要的历史地位，是目前长江下游港口型遗址中非常重要的发现，为今后港口型遗址的发掘提供了重要参考。遗址东部揭示的唐代大型院落具有寺院类建筑的中轴线结构布局。在唐代和宋代河道内出土的石雕佛像，以及宋代河道内和明代桥墩内出土的大量的宋代风格的文字砖，均显示了唐宋时期寺院的存在，这与文献中的记载极其吻合，从而也从侧面反映了庆安千年古镇曾有的繁华。镇江铁瓮城遗址的考古工作断断续续开展了近30年，遗址的城垣大致走向、城垣建筑方式、城门位置等方面都取得了初步成果，但存在局部化、碎片化，缺乏整体性和系统性，对城垣建筑形制、城门、城垣内外总体布局以及城垣内遗迹分布等都没有进行深入系统的发掘与研究，不能适应对遗址的保护需要。2018年度对西城门遗址以及后续有计划地对铁瓮城遗址进行系列的考古工作，对于了解铁瓮城遗址的文化内涵及对铁瓮城遗址的保护、利用、展示，提供了科学、详实的资料。

近年来，江苏考古更加注重发掘过程中的课题意识和创新意识，从发掘技术方法到课题研究理念，从田野考古到遗址保护利用，从学科构建到成果转化，无不取得了显著成效。业务工作科学规范，制度体系健康健全，一直是全省考古工作的追求与实践。

今后，江苏考古将继续遵循"抢救第一、保护为主、合理利用、加强管理"的制度方针，践实"文明探源、遗产保护、社会服务"的行业宗旨，秉持"安全、干净、清楚、科学、高效、惠民、和谐"的事业追求，积极作为、勇于创新，推动江苏全地域、全时段的考古工作不断深入，稳步提升。

河北省文物研究所2018年度考古新发现

◎张文瑞

2018年河北省文物研究所共承担田野考古发掘项目39项。其中，课题性田野考古项目16项，基本建设工程考古项目23项。考古调查累计行程3000余千米，勘探面积约555万平方米，发掘面积约14000平方米。

一、全力推进雄安新区、冬奥会考古工作

为配合雄安新区和崇礼冬奥会建设工程而进行的考古工作是我所2018年工作重中之重。2018年3月至5月，雄安新区联合考古队对雄安新区起步区48处古遗址、古墓葬进行了考古勘探，实际勘探面积213.5万平方米。对南阳遗址和东小里-白龙墓群进行考古发掘，开展双堂乡宋辽地道考古勘察和试掘以及雄安新区环境考古工作。继续对张家口冬奥会太子城金代遗址3号院落、9号基址等建筑遗存进行考古发掘工作，全面了解了太子城遗址的建筑布局。

（一）南阳遗址考古勘探和试掘

2017年7月至2018年12月，我们对南阳遗址及其周边区域进行考古调查、勘探和发掘。考古调查面积为20平方千米，勘探面积为78万平方米，揭露遗址面积1535平方米；解剖战国时期城垣2处、汉代城址南城垣1处，基本确定遗址内分布有1座战国时期城址、1座汉代城址。清理灰坑134座、房址12座、沟9条、窑址1座、墓葬6座、灶2座。出土遗物种类丰富，

以陶质、骨质、铜质及铁质最为常见，石质、瓷质、蚌质较少，小件标本及可复原器物318件。文化遗存年代为战国、汉、魏晋北朝、唐、宋金、金元时期。

2018年，对南阳城址中部偏北"内城"区域西北隅进行考古发掘（第3发掘地点）。解剖2处城垣遗存，确定该区域为战国时期小型附属城址，推测其北侧或附近应有大型战国时期城邑。发现战国中晚期、汉、魏晋、唐、宋金、金元等时期的文化遗存。分别发现南北向、东西向战国晚期夯土城垣，为寻找战国中期燕文公的"易"城邑提供了重要线索，为确定南阳遗址的性质和文化内涵提供了重要的科学依据。

（二）东小里-白龙西南墓地考古发掘

东小里-白龙西南墓地位于雄安新区容城县小里镇东小里村东南800米，2018年度发掘总面积约1400平方米。分东、西两区，共计清理各类砖室墓40座，其中有几座为精美的花纹砖墓。墓葬随葬大量器物，除大部分为实用陶器外，还出土一些生活冥器，动物模型和铜、石、骨器。综合墓葬形制、出土器物及组合关系来看，这批墓葬的时代为西汉晚期到汉魏之际。该墓群对研究雄安地区汉代的物质生活、丧葬习俗、文化艺术水平等都具有重要的意义。

（三）助力冬奥会，持续推进崇礼太子城金代遗址考古发掘

2018年，对太子城南门、9号基址、3号院落、城西外基址等6处地点进行了考古发掘，共发掘6500平方米。弄清了南门进入太子城后的道路情况；对9号台基进行了解剖，确认其存在着两次营造过程；对3号院落进行全面揭露，明确其由南、北两院组成，南北总长105.38米，东西宽46.7米，其中南院由主殿、东西配殿及后殿组成，北院由2组长条形基址及5组方形基址组成；1号院与2号院位于3号院西侧，平面布局与3号院相似，规模小于3号院。

出土遗物以各类泥质灰陶砖瓦、鸱吻、迦陵嫔伽、凤鸟、脊兽等建筑构件为主，另有部分绿釉建筑构件、铜铁构件、瓷器、陶器、鎏金龙形饰件等，其中青砖上多戳印有"内""宫""官"字。新发现部分螭吻上刻有"七尺五地""四尺五地""天字三尺"等文字。发现的瓷器以定窑白瓷为主，已发现刻有"尚食局"款18件，另有仿汝窑青瓷盒、

碗，黑釉双系罐、鸡腿瓶等。铜器有坐龙、铜镜等残件，另有大量各类木构建筑的包角、铜帽铁钉等。通过考古发掘，结合史料记载，初步推断太子城遗址是金章宗夏捺钵的泰和宫，为金代行宫性质城址的首次发现，对研究辽、金、元时期城址具有重要意义。

二、继续推进考古课题研究工作

（一）继续推进泥河湾东方人类探源工程

为寻找马圈沟遗址最早文化层，开展鱼咀沟1号地点考古发掘工作。发掘面积约120平方米，发掘剖面总高度约25米，共发现7个文化层、3个化石层，文化层介于马圈沟遗址Ⅰb文化层与马圈沟遗址第Ⅲ文化层之间，时代在距今166万～140万年，进一步完善了该区域早更新世古人类演化的文化序列。在第Ⅴ文化层底面，揭露一处古地面，发现草原猛犸象脚印20多个，周围散布有少量打制石器、动物化石，丰富了该遗址的文化内涵。

（二）行唐故郡遗址考古发掘取得新的成果

2018年，对行唐故郡遗址进行勘探，面积达10万平方米，发现墓葬、灰坑等遗迹400余处。发掘遗址面积3000平方米，清理墓葬22座、车马坑2座、陶窑3座、灰坑210个、水井13眼、灰沟3条及城壕1段。出土青铜、玛瑙、水晶串饰，虎形贴金铜饰件以及陶器等珍贵文物100余件。二号车马坑5号车经过实验室考古发掘清理，基本弄清了车的结构，5号车拥有两个直径达140厘米的较大型车轮，每个车轮拥有辐条38根。车厢横宽142.5厘米，纵长106厘米，车厢残高达50余厘米，一条残长近280厘米的车轴横亘于车厢底部。车厢左右侧和前后端立板的外表除了饰有繁复的髹漆彩绘图案，还镶嵌有成组对称的金属质兽形牌饰，其表层粘贴有刻画纹饰的金箔饰片。车厢上下还有8柄带秘青铜戈。

行唐故郡遗址的考古发现与研究，填补了中山国前期历史及考古研究的空白，不仅为复原先秦时期车马系驾方式提供了极为珍贵的实物资料，而且还弥补了河北省春秋战国史缺环，有助于研究戎狄等北方族群的华夏化进程与中华民族多元一体格局的形成。

三、推进城市考古工作

在2017年度工作的基础上，对正定开元寺南广场遗址晚唐、五代时期夯土城墙、寺庙建筑基址及其历史时期居住遗存进行考古发掘，共发现71处房址、城台、灰坑等遗迹，出土文物2000余件。明晰了开元寺南广场遗址晚唐、五代时期城墙的结构和建造过程，对开元寺布局和轴线的变化也有了新的认识。

四、建设工程考古工作取得新收获

为做好天津至石家庄国家高速公路津冀界至保石界段工程文物保护工作，我所于2018年5月至8月对该工程涉及的南陵城遗址进行考古发掘工作。发掘面积约600平方米，主要遗迹为灰坑，有少量瓮棺葬、灰沟、井。出土大量遗物，大部分为陶质器物，少量为骨质、铜质、铁质器物。在陶器中存在一部分带陶文陶器，文字风格为齐系文字风格。根据出土遗物和陶文初步判断南陵城遗址是一处战国晚期遗址，由于其在齐国境内，应与齐国在"河间"地区建立的"狸邑"有直接关系。同时，由于遗址处于战国时期燕国和齐国的交界地带，出土文物中燕、齐两国文化因素并存。因此，该遗址的发现，对研究战国时期燕、齐两国的社会经济和文化交流提供了重要实物资料。

2018年陕西省考古研究院考古发现总结

◎孙周勇

2018年陕西省考古研究院考古工作持续推进，重要发现备受关注，资料发表和相关研究及时跟进。全年共开展考古工作146项，发掘遗址近5万平方米，清理墓葬2527座，调查面积194.5平方千米，勘探面积1657.7万平方米；入选全国十大考古新发现1项，获中国田野考古奖2项；出版考古报告及专著11部，发表学术论文、发掘简报85篇；国家社科基金项目立项4项，其中1项为重大招标项目。

陕西省考古研究院考古工作大致可分为以下三项：主动性考古项目、基本建设考古项目和域外考古项目。其中，主动性考古项目又可分为大遗址考古项目、课题性考古项目和抢救性考古项目，域外考古项目主要是"一带一路"考古项目工作。

2018年，陕西省考古研究院大遗址考古稳步推进，课题性考古深入开展，基本建设考古大幅攀升，"一带一路"考古打开新局面。全年开展的大遗址考古项目7项，课题性考古项目7项，抢救性考古项目4项，基本建设考古项目126项，"一带一路"考古项目2项，新发现和新收获层出不穷，新认识和新观点不断涌现。

一、主动性考古

2018年度实施的主动性考古项目涵盖史前、商周、秦汉、隋唐等不同阶段，均取得了丰硕的成果。

史前考古方面，高陵杨官寨遗址新确认庙底沟文化墓葬73座，截至2018年年底已累计清理庙底沟文化墓葬416座，通过对墓葬的综合分析，进一步了解了当时先民复杂的丧葬习俗与丧葬制度；引入碳十四测年、体质人类学、DNA全基因组、碳氮同位素等多学科合作研究，为探讨庙底沟文化时期的生业、环境、人群血缘关系提供了依据。研究表明：杨官寨遗址先民男性基因稳定，女性基因多变，且男性与男性、女性间有稳定的遗传关系，这说明杨官寨遗址男性在社会中可能已经占主导地位，或已出现"从夫居"及"族外婚"的婚姻形态。该遗址荣获"2017年度全国十大考古新发现"及"2016—2017年度田野考古三等奖"。石峁遗址完成了皇城台门址和东护墙局部揭露清理，皇城台门址历时三年，终见全貌。本年度最重要的发现是在大台基南护墙下发现30余件神人兽面石雕遗存，这些石雕大部分为雕刻于石块一面的单面雕刻，以减地浮雕为主，精美的纹饰、对称的造型体现出成熟的艺术构思和精湛的雕刻技艺。芦山峁遗址确认了遗址范围与主要内涵，厘清核心区建筑群的布局结构，最重要的发现是，在遗址核心区——"大山梁"的顶部确认了至少4座大型夯土台基，每座台基上坐落着规划有序的院落围墙和建筑群。其中，大营盘梁人工台基及其上构筑的3座院落始建年代为庙底沟二期文化晚期。该遗址核心区的多座人工台基及其上构建的规整院落或为中国最早的宫城雏形或高等级公共活动场所。

商周考古方面，继续与西北大学联合开展"古豳地"调查与发掘，与中国社会科学院考古研究所合作重点开展丰镐遗址手工业考古。主导镐京遗址考古，在花园村发掘清理灰坑、墓葬、道路及水井等遗迹，出土铜、石、骨及蚌等各类材质器物，陶器以鬲、豆、罐、盂为主，通过发掘进一步证实花园村东街发掘地点应是丰镐遗址铸铜作坊所在地。周原遗址以考古勘探工作为主，进一步丰富对遗存分布情况的了解。出版《周原遗址东部边缘》考古报告。通过区域调查、重点勘探，初步厘清澄城刘家洼遗址周代聚落的布局结构，发掘清理出大量青铜器，以及金器、银器、玉器、铁器、陶器等器物。从出土的文物形制及纹饰分析，遗址的时代属于春秋早期。根据遗址内的夯土建筑、城址、壕沟、铸铜、制陶等手工业遗存，出土的大量青铜器中七鼎六簋、五鼎四簋等青铜器组合，以及"芮公""芮太子"等青铜器铭文综合分析，这里当为一处芮国后期的都城遗址及墓地。出土物中的金首权杖、青铜鍑及铁矛等具有浓厚的北方草原文化特征。

秦汉考古方面，秦都雍城考古，以"全面调查、区域勘探、重点发掘"理念为指导，调查、勘探血池及周边祭祀遗址区域，发掘血池遗址祭祀坑49座，并在灵山新发现1处祭天遗址，该遗址获"2016—2017年田野考古一等奖"。同时，配合北京大学考古文博学院考古专业学生田野考古实习，通过对雍城遗址核心区马家庄三号建筑西侧附属建筑遗址进行的发掘，进一步了解该区建筑遗址的年代、布局结构和性质。现阶段发掘表明：该区域保存较好，时代单一，未经后期建筑扰乱，发掘情况与勘探成果基本相符。勘探表明：马家庄宫区由内城和外城组成，内城以2014年发掘的马家庄一号建筑为中心，从其他建筑与一号建筑的位置及"左祖右社"的关系推断，可能为春秋时秦穆公所筑之宫殿群。秦都咸阳考古，在完成府库遗址考古发掘的基础上，启动秦咸阳宫区六号建筑与聂家沟建筑遗址的考古工作，拓展了对秦咸阳城宫殿区的范围和内涵的认识。陕西西汉帝陵考古，在灞桥区江村附近勘探发现了一座"亚"字形大墓，据其位置、形制与外藏坑分布情况，初步确认为汉文帝的陵墓。

唐代帝陵考古，重点对唐文宗章陵陵园内石刻和西侧蕃酋殿遗址进行发掘和清理，清理石刻39件，多处发现文字题刻信息，对研究唐中后期对外交往史、补充唐代服饰制度等方面均具有重要意义。

二、基本建设考古

2018年基本建设考古，配合国家重点工程建设，完成了新建银川至西安铁路、蒙西至华中铁路陕西段考古，以及神靖铁路、绥德至延川高速公路等项目考古发掘工作。

洞耳村蒙元壁画墓为蒙古至元六年（1269年）夫妻合葬墓，曾于1998年进行过发掘，后对墓葬进行了保护性回填。2018年3月报请国家文物局批准同意后，重启该墓的考古发掘工作，并对壁画实施异地搬迁保护。西咸新区雷家村十六国墓地位于咸阳市渭城区周陵镇，系咸阳北原三级台地，为古代墓葬密集分布区。该墓地共发现12座墓葬，分南北两排，每排6座。墓葬内出土随葬品丰富，有"丰货"钱、"副部曲将"和"军司马"印等遗物出土，根据墓葬形制及出土遗物推断，这批墓葬应为十六国早期至前秦、后秦时期的保存较为完整的家族墓地。

三、"一带一路"考古

2018年，陕西省考古研究院继续组建考古团队赴中亚开展考古调查与发掘工作。一是与哈萨克斯坦伊塞克国家历史文化博物馆合作，再次对该国拉哈特（Rahat）古城进行了调查与发掘。完成居址发掘278平方米，清理墓葬15座，马坑2座，以及灰坑和沟道等遗迹。测绘调查伊塞克博物馆保护的墓地区域2000万平方米、喀斯特克中世纪古城遗址60万平方米，共计2060万平方米。为今后在哈萨克斯坦等区域继续顺利开展考古工作，对拉哈特遗址进行深入全面研究，积累了重要考古资料。二是与吉尔吉斯斯坦科学院历史与文化遗产研究所，对红河古城西侧佛寺遗址进行了全面的调查和测绘，并对古城西侧佛寺遗址进行了考古发掘，完成调查200万平方米，发掘200平方米。初步搞清了西侧佛寺遗址的围墙范围，第一次对整个红河古城遗址进行了比较精确的测绘，同时也积累了在中亚地区发掘土坯类遗迹的相关经验。

综 述

2018年山西考古新发现

——追寻文明火花　续写熔炉华章

◎王晓毅

山西作为中华文明的重要发祥地和多元一体国家的民族熔炉，在我国历史上创造了灿烂的物质文明。从200万年前寥若晨星的西侯度遗址到绵延不断的丁村文化，再到满天星斗的庙底沟文化，从尧舜文明古国到夏商边陲方国再到宗周姬姓封国，从汉唐军事重镇到金元的文化重心再到明清商贾要道，这些构成了恢弘的山西古代文明史，也给当代山西省考古事业留下了丰富的文物资源。

2018年是山西考古继往开来、凝神聚力、再创佳绩的重要一年。本年度开展的考古发掘调查项目共计16项。其中基建9项，包括夏县辕村遗址、榆社偶尔坪遗址、侯马郭村堡墓地、汾阳北门墓地、榆次郝家沟墓地、襄垣付村金墓、榆次龙白金墓、长治柳林墓地、文水汾曲墓地等发掘项目；临时抢救性项目2项，为盂县后元吉元墓、盂县下曹明墓与窖藏等发掘项目；主动性发掘项目3项，为兴县碧村遗址、闻喜酒务头墓地、襄汾陶寺北墓地等；专题调查项目2项，包括古交市大川河流域史前考古调查、河津古瓷窑址调查。2018年，山西夏商周考古成果在全国别具一格，绛县西吴壁、忻州刘沟、闻喜酒务头、襄汾陶寺北等地点的考古工作，使得在夏商方国文化的探索、晋文化与晋国社会政治结构的研究方面取得了一些新突破，特别是闻喜酒务头商代墓地还荣获了"2018年度全国十大考古新发现"。同时，史前文明、金元多民族融合等方面的考古探索也取得了重要收获。

一、黄土高原前沿地带史前文明的新探索：碧村遗址

山西史前文化格局大体分为两大板块，分别是作为中原一部分的晋南和面向中原的黄土高原前沿地带，在这种先天的地理环境基础上形成的文化格局，对于探索以中原为中心的历史趋势的形成具有重要参考价值，近年发掘的碧村遗址就是其中一个重要着力点。

碧村遗址与陕西省神木县石峁遗址、内蒙古清水县后城咀遗址是同处于黄河沿岸地区的典型石城聚落，其主体年代相当于龙山文化时期，下限已进入二里头文化早期。

近年对该遗址的工作主要集中于小玉梁，2018年继续2017年的工作任务。首先，基本明确了小玉梁的聚落结构，确认该台地经历了半地穴房址和石砌排房早晚两大阶段，在石砌排房时期完善了台地外维护设施。其次，在南部垃圾区发现少量与游邀晚期、北垣底W1等同时段的遗存，年代相当于二里头文化早期。

二、夏商王朝西陲方国的新线索：西吴壁遗址、刘沟遗址、酒务头墓地

晋南以其丰富的铜矿、盐池资源，毗邻中央王朝的有利地理位置，成为夏商国家的重要组成部分。21世纪以来，在中条山两麓地带，相关资源的考古发现层出不穷。西吴壁遗址是其中规模较大的一处矿冶遗址，面积约40万平方米。2018年，中国国家博物馆、山西省考古研究所与运城市文物保护研究所联合组队，在西吴壁遗址发掘1100平方米，发现大量二里头、二里岗时期居址遗存和冶铜遗存，包括房址、窖穴、干燥坑、木炭窑、冶铜炉等遗迹，以及炉渣、炉壁、铜矿石、陶器、铜器、石器、骨器等遗物。冶铜遗存中，以炉渣的数量最多，已发现的达100余斤。另发现多件形制简单、用于铸造小型工具的残石范。

西吴壁遗址的发掘，明确了中条山开采铜矿的去向问题，进一步坐实了晋南是夏商王朝青铜冶铸工业的重要原料供应地，也为研究我国早期冶铜工业链提供了直接证据。

刘沟遗址是继柳林高红之后，山西北部商代考古的又一重要发现，其与含有浓厚早商文化因素的忻州尹村遗址相距约30千米，年代相当于殷墟早期，出土器物以花边蛇纹鬲、折沿扁足甗、小口瓮等为陶器基本组合，还发现有在汾阳杏花、洪洞双昌墓地中所见的云形耳

饰，总体面貌与朱开沟文化晚期重合度较高，也有一定地方传统因素的影子，如实足的蛋形瓮等。

闻喜酒务头商代墓地地处运城盆地东部，与灵石旌介、临汾庞杜同为太行山西麓地区的晚商贵族墓地，文化面貌均属于商文化系统。酒务头墓地共发现5座"甲"字形大墓、7座中小型墓、6座车马坑，还有少量灰坑，截至2018年已全部发掘完毕。

酒务头墓地的发现不仅是商代考古的重大突破，也进一步弥补了方国林立的晋南晚商考古的缺环。该墓地大型墓葬与中小型墓葬相对独立的墓地形态，承袭了商王都殷墟西北岗王陵区的葬制，表明至迟在殷墟四期，这类公墓制度已趋成熟。酒务头大型墓葬随葬青铜礼器组合、腰坑、殉狗等特征鲜明的丧葬习俗，和殷墟典型商文化如出一辙，而与吕梁山区这一时期的高红、杏花等墓地风格迥异，两者的差异再现了西部边界的商文化。该墓地所处时代为紧邻周初分封的这一时间节点，且毗邻西周晋、倗、霸三地，为我们探索晋南晚商的势力格局提供了参考。

三、晋文化考古的新篇章：陶寺北墓地、偶尔坪遗址

晋文化考古是山西两周考古的焦点，20世纪的侯马大会战之后，这一领域研究始终坚持墓地与城址两手抓，襄汾陶寺北墓地和榆社偶尔坪遗址就是新时代晋文化考古的一次重要展示。

襄汾陶寺北是晋国一处大型的邦墓地，墓地总面积24万平方米左右，墓葬数量万座左右，时间从两周之际延续至战国。2018年发掘完成的M3011是近年来山西东周考古的重大发现，该墓口长6.40米，宽5.20米，深约10米，葬具为一椁双棺。在棺椁间西部、南部发现青铜礼乐器50余件，其中铜鼎、铜鉴、铜壶、铜方座豆、铜鬲、铜盘、铜簠、铜豆等20余件，乐器有编镈13件、编钟1套13件、鼓座1件、石磬2套共10件等。此外，还发现有车马器、兵器、工具等百余件，更为重要的是发现1套卫国刻铭编钟，揭开春秋晚期晋卫两国一段尘封的重要史实。

偶尔坪遗址2017年至2018年共计发掘面积约2440平方米，除发现石砌仓廪基址和夯土建筑基址外，还发现大量灰坑及少量水井等生活设施，这些设施集中反映了东周时期远离都邑

的太行山腹地的城邑规模与布局，也为晋文化的城址考古增添了新案例。

四、熔炉华章与贤孝齐塢的新发现：两汉至明清考古

2018年，山西省汉唐时期的工作主要是汾阳北门、榆次郝家沟两个墓地的发掘，共清理汉墓102座、唐墓11座。金元明清时期的考古工作地点较多，集中体现了山西地区该阶段的文化繁荣和深厚的儒释传统，如榆次龙白金墓、襄垣付村金墓，发达的贤孝思想和浓郁的家族观念充斥着墓葬壁画。在2018年发掘的盂县下曹明代早期的壁画墓中，也可以看到这种思想的影响，壁画内容仍是宋金以来的孝行和侍奉图。

同时，作为家族观念表现形式的明堂，在盂县后元吉墓地中也有发现，山西汾阳东龙观第一次发现了墓地中的明堂，后元吉墓地的明堂则在元代考古中尚属首见。

此外，2018年，盂县下曹发现一组明代佛教泥塑造像，以罗汉菩萨为主，共计30余尊，其中部分保存较好。这类发掘出土的明代造像较为罕见，也是一组难得的室内展陈材料，展现了明代的地方信仰。

旧石器时代

{ JIU SHIQI SHIDAI }

人类自出世以来，大约已经历了300万年的历史，而漫长的旧石器时代，既是人类历史的开端，亦占去了人类历史的99%以上。在这漫长而艰辛的岁月里，"人则通过他所做出的改变来使自然界为自己的目的服务，来支配自然界"（《自然辩证法》），并最终成为地球文明的开创者。当然，在人类蒙昧初开的旧石器时代，是不会有只言片语留下以供后人去追寻、探索古人的足迹的。那么，就让我们从石器及遗址出发，去探寻人类初期的生活面貌吧。

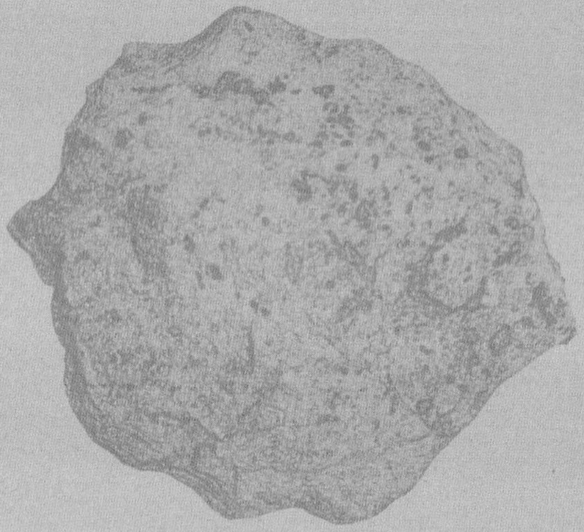

河北泥河湾马圈沟遗址鱼咀沟1号地点

◎王法岗

> 鱼咀沟1号地点为马圈沟遗址北部的一处早更新世旧石器地点。2018年在2016年发掘区的东侧继续发掘，发掘面积约120平方米，发掘剖面总高度约25米，共发现7个文化层、3个化石层，文化层时代介于马圈沟遗址第Ⅰb文化层与马圈沟遗址第Ⅲ文化层之间，距今166万年至140万年。这些发现进一步完善了该区域早更新世古人类演化的文化序列。在第Ⅴ文化层底面，揭露一处古地面，发现草原猛犸象脚印20多个，周围散布有少量打制石器、动物化石，丰富了该遗址的文化内涵。

马圈沟遗址位于河北省张家口市阳原县大田洼乡岑家湾村西南1.5千米处的马圈沟南段，地处泥河湾盆地东缘，大田洼台地的北坡。遗址发现于1992年，河北省文物研究所曾于1993年、2000年至2005年对其进行发掘，确认马圈沟第Ⅰ~Ⅵ文化层，发现了丰富的早更新世时期古人类文化遗存。2014年至2017年，考古人员继续调查发掘该遗址，发现多处石器地点，连同该区域1990年发掘的半山遗址，共确认7个石器地点，包含文化层15层，时代距今176万年至120万年，是东北亚地区时代最早、文化遗存最丰富的旧石器遗址。

为进一步了解马圈沟遗址的文化内涵，补充完善该区域早更新世文化序列，2018年河北省文物研究所继续对鱼咀沟1号地点进行发掘。鱼咀沟1号地点地处马圈沟遗址的北部，位于马圈沟中部与东侧支沟鱼咀沟交会处的东北侧。2018年发掘区在2016年发掘区东侧，发掘面积约120平方米，发掘剖面总高度约25米，共发现7个文化层、3个化石层。

在第Ⅴ文化层底面，低于第Ⅳ文化层约2米的位置揭露一处古地面。古地面被一层黄沙覆盖，遍布整个发掘区，向发掘区外的东、北两个方向继续延伸。在古地面上发现了因地表径流侵蚀形成的小水沟、水坑，还发现20多个草原猛犸象的脚印，脚印多数保存较好，可见清晰的趾间结构，周围散布有少量打制石器、动物化石，共发现石器、化石78件。

遗物主要为石制品、动物化石，共发现700余件，第Ⅳ文化层文化遗物相对丰富，发现石制品129件、动物化石55件。石制品简单原始，类型单一，剥片不成功的石料或废弃品比例较高，有一定数量的石核、石片，经过第二步加工修理的石器仅有刮削器，但比例非常低。

关于遗址的年代，剖面最顶部的第Ⅰ文化层，年代与马圈沟遗址Ⅰb文化层相同，早于半山遗址文化层（距今132万年）；第Ⅳ文化层，年代与马圈沟遗址第Ⅰ文化层（距今155万年）相同；最下部的第Ⅶ文化层，年代与马圈沟遗址第Ⅲ文化层（距今166万年）相同；其余文化层分布其间，总体年代距今166万年至140万年。

目前，马圈沟遗址发现的有古人类活动遗存的早更新世时期文化层的数量已确认16层，由早及晚依次为：马圈沟遗址第Ⅶ、第Ⅵ、第Ⅴ、第Ⅳ、第Ⅲ、第Ⅱ层，鱼咀沟1号地点第Ⅵ、第Ⅴ层，马圈沟遗址第Ⅰ层，鱼咀沟1号地点第Ⅲ层，马圈沟遗址Ⅰa层，马圈沟遗址Ⅰb层，半山遗址文化层，以及鱼咀沟2号地点第Ⅲ、第Ⅱ、第Ⅰ文化层。依据已有的古地磁年代数据，最晚的鱼咀沟2号地点第Ⅰ文化层的年代为距今120万年左右，最早的马圈沟遗址第Ⅶ文化层的年代为距今176万年，基本建立起距今180万年至120万年古人类文化序列框架。

该遗址年代古老，时间跨度非常大，地层序列清楚，文化层丰富，为建立东亚地区早更新世古人类的文化序列提供了标准剖面,是华北地区最早人类出现、连续演化的直接证据。虽然发现的文化遗物相对较少,石制品多简单原始,但人工特征明确,石器工业非常统一,皆属于典型的小石器工业,是华北地区分布广泛、延续100多万年的小石器工业的源头,为认识古人类最初制作石器的技术及石器技术的演化提供了直接材料。

英文摘要

Yuzuigou No.1 is in the north of Majuangou Site. An area of approximately 120 square meters, in the east of a land excavated in 2016, was explored and dug in 2018. The digging was about 25 meters deep into the ground. Seven layers containing traces of human activities and three layers containing embedded fossils were discovered. The seven layers, dating back to 1,660,000 to 1,400,000 years ago, were accumulated during the timespan when Layer Ⅰb and Layer Ⅲ of Majuangou Site formed. Discoveries made at Yuzuigou No.1 have completed the cultural sequence of human evolution in this region in early Pleistocene epoch. On the bottom of cultural Layer Ⅴ, there is a patch of ancient ground where over 20 footprints of grassland mammoths are found. A small number of chipped stone vessels and animals fossils were found scattered near the footprints. All these discoveries have enriched the cultural content of the site.

马圈沟遗址远景

第Ⅰ文化层
（马圈沟第Ⅰb文化层）

动物化石层Ⅰ

第Ⅱ文化层
（马圈沟第Ⅰa文化层）

第Ⅲ文化层
动物化石层Ⅱ
第Ⅳ文化层
（马圈沟第Ⅰ文化层）

第Ⅴ文化层

第Ⅵ文化层
动物化石层Ⅲ
第Ⅶ文化层
（马圈沟第Ⅲ文化层）

鱼咀沟1号地点文化层分布情况

第Ⅴ文化层底面发现的古地面

第Ⅶ文化层及遗物

第Ⅰ文化层

第Ⅱ文化层

第Ⅲ文化层

第Ⅳ文化层

第Ⅵ文化层

鱼咀沟1号地点文化遗物

旧石器时代

山西古交市大川河流域旧石器时代遗址

◎任海云

> 2018年5月至7月，山西省考古研究所对古交市大川河流域进行了系统的史前考古调查。调查总面积约80平方千米，在大川河两岸共发现旧石器遗址或地点60处，在古交到太原土堂村段的汾河两岸发现旧石器遗址或地点14处，其中在原生地层发现石制品的遗址为51处，并重新核查了李家社和黄崞石岩遗址。此外，在6处地点地表发现较多陶片，为寻找原生地层提供了线索。通过本次调查和初步的资料整理，确认大川河流域广泛分布着旧石器时代早期、中期和晚期文化遗存，填补了该流域旧石器时代遗存发现的空白，为进一步的发掘与保护工作提供了依据。

山西是我国旧石器文化遗存数量较多的省份，但多数遗存发现于20世纪，21世纪以来山西考古工作者进行的关于旧石器文化考古工作集中于汾河下游和吕梁山南端，在大同盆地和太行山西麓也开展了一些工作，其余大部分区域相关工作开展较少。

汾河是山西的母亲河，自北而南再折而向西，在古交至太原段为东西向，进入万荣县后，与黄河并行，最后在河津市汇入黄河。汾河流经区域是我国第四纪黄土堆积较为深厚的地区之一，优越的地理地质条件孕育、滋养了一代又一代人。汾河下游以襄汾县为中心，分布着以丁村遗址为代表的旧石器遗址群。而在其南面的运城盆地，是我国著名的旧石器早期遗址——西侯度和匼河遗址。古交市位于汾河上游，在大川河、原平河与汾河交汇处发现了古交遗址。

为了解古交遗址的打制石器与丁村遗址、西侯度遗址的打制石器的技术关系，以及汾河流域古代人类的流动、扩散路线，山西省考古研究所对位于吕梁山中段东部与汾河谷地之间的黄土堆积区开展了为期三年的系统调查，2018年是"吕梁山中段史前考古调查"项目实施的第一年。5月至7月，山西省考古研究所重点对古交市大川河流域进行区域系统调查。大川河是汾河支流之一，自南向北在古交市汇入汾河。调查路线从大川河入汾河处向上游方向，沿着河流两岸各延伸1~2千米，一直到峪道川与大川河交汇处，调查路线总长度约30千米，实际调查面积约70平方千米。同时，在古交市河口镇河口村以东至太原尖草坪区土堂村一带，沿汾河两岸开展调查，调查面积约10平方千米。

通过本次调查，在大川河两岸新发现旧石器遗址或地点60处，其中于原生地层发现石制品的遗址为44处。重新核查了李家社和黄崞石岩遗址，在地表或地层中采集到较多的打制石器，确认李家社是一处时代跨越旧石器早、中、晚期的遗址，并在遗址东北方向1千米处的基岩内找到了角页岩条带，此处应是李家社遗址石器的重要石料来源地。此外，在古交市向东至太原土堂村汾河两岸，发现旧石器遗址或地点14处，其中包含石器的原生地层7处。

本次调查共获得打制石器252件、化石标本15件。打制石器类型有单台面石核、双台面石核、盘状石核、石片、刮削器、砍砸器及断块等，石料岩性主要为角页岩，另有砂岩、火成岩和石英岩等，打片和石器加工技术主要为锤击法，个别石核和石片标本上遗留有砸击痕迹。

比对石制品出土层位与黄土堆积状况，我们认为本次调查发现的遗址或地点的时代涵盖了旧石器时代早、中、晚期，以旧石器早期文化遗存为主，共有52处，表明在大川河流域分布着较多的史前时期人类文化遗存，古交市的旧石器文化遗存不但分布在三川（原平河、屯兰河、大川河）与汾河的交汇处，也分布在各支流两岸黄土或阶地堆积内。通过此次调查，除了李家社、皇帝峁、王家沟、明扶岭、长峪沟外，大川河流域新发现旧石器遗址或地点较多，填补了该流域旧石器时代遗存发现的空白，促使我们重新考量史前时期人类在汾河上游一带的活动范围，而发现的石制品为研究旧石器时代石器打制技术提供了更多的实物资料。此外，在6处遗址或地点地表采集到了红陶、灰陶、褐陶残片或鬲足，为寻找该流域新石器时代文化遗存提供了线索。

下一步我们将继续对汾河上游的重要支流开展系统调查。同时，要对地层连续、文化遗存埋藏较丰富的遗址进行小面积试掘，以期获取一定数量的石制品，并提取年代样品，为对比研究提供资料并建立较为精确的年代框架。

英 文 摘 要

From May to July in 2018, archaeologists from Shanxi Provincial Institute of Archaeology conducted a systematic prehistoric archaeological survey in the basin of Dachuan River, Gujiao City. The surveyed area stretched for approximately 80 square kilometers. As many as 60 Paleolithic sites/spots were discovered along the banks of Dachuan River. Another 14 Paleolithic sites/spots were found on the banks of a segment of Fenhe River running from Gujiao City to Tutang Village of Taiyuan City. At 51 of these sites/spots, stone implements were revealed on the primary sedimentary stratum. Archaeologists re-examined the conditions of Lijiashe Site and Huangmaoshiyan Site. Besides, a considerable number of pottery shards discovered at another 6 spots constituted clues for locating the primary sedimentary strata. After this survey and preliminary data compilation, it has been confirmed that, in the basin of Dachuan River, there are widely distributed sites and ruins dating back to lower, mid and upper Paleolithic Age. The discoveries have filled the blank of Paleolithic archaeology in this region and are of fundamental value for further excavation and preservation of these sites.

大川河流域地貌（马头山村一带）（由西南向东北）

打制石器（李家社遗址）

王家沟遗址（由东南向西北）

砂岩石片（三家村）

堡山村青龙山遗址

角页岩石片
（青龙山遗址第2地点地表）

旧石器时代

古交市大川河流域及汾河两岸发现的史前遗存

多台面石核　　盘状石核　　　　　　　　　　石片

盘状石核　　　　砍砸器　　　　双台面石核

大川河流域发现的打制石器

陕西汉中市南郑区疥疙洞旧石器时代洞穴遗址

◎张改课 王社江 赵汗青 王海明

> 2018年，南郑区疥疙洞遗址发现人类活动面1处，出土石制品、动物化石、烧骨等遗物4500余件。遗址地层堆积主体为胶结较浅的黄棕色、灰棕色堆积，石器工业接近中国北方旧石器主工业类型，动物群属中国南方"大熊猫—剑齿象"动物群较晚的阶段。该遗址是汉中盆地首次发掘的旧石器时代洞穴遗址，充实了有关汉中盆地及陕西秦岭山区晚更新世人类活动的资料，为研究该地区的人类行为、技术、文化及其环境背景提供了新资料。

秦岭南麓的汉中盆地，地处我国南北地区的过渡地带，不仅是陕西省旧石器时代遗址的重要分布区，也是我国秦岭以南发现旧石器时代遗址比较集中的地区之一，其丰富的文化遗存对研究早期人类迁徙与演化、环境适应、石器工业技术发展和南北旧石器文化交流具有十分重要的价值。

早在1951年，西北大学郁士元教授曾在南郑梁山一带发现旧石器[1]。20世纪80年

---

[1] 西安《群众日报》消息，成都华西大学古物博物馆《华西文物》1951年9月创刊号转载。

代，西安矿业学院[1]、陕西省考古研究所[2]、中国科学院古脊椎动物与古人类研究所[3]等单位在汉中盆地相继开展了广泛的田野调查，发现了10余处旧石器地点，采集了大量旧石器及少量第四纪哺乳动物化石，一度使汉中盆地成为我国旧石器考古研究的热点地区之一。2009年至2016年，陕西省考古研究院等单位在汉中盆地开展了连续的旧石器考古调查和发掘工作，新发现20余处旧石器地点，并对南郑龙岗寺、洋县金水、洋县范坝等遗址进行了系统的发掘[4]。

基于汉中盆地已发现的旧石器遗址均为旷野阶地遗址，文化遗物以石制品为主，少见动物化石等遗存的情况，2017年至2018年，陕西省考古研究院、中国科学院古脊椎动物与古人类研究所、南郑区龙岗寺文物管理委员会等单位联合组队在汉中市南郑区梁山地区开展了以探寻更新世洞穴遗址为导向的专项调查，并于2018年3月至9月对新发现的存在严重安全隐患且文化堆积保存较好的疥疙洞遗址进行了抢救性发掘。

疥疙洞遗址位于汉中市南郑区梁山镇南寨村西的梁山余脉上，距龙岗寺遗址西北约3千米。2018年的主要工作是对洞内堆积进行发掘，布1米×1米探方12个。遗址地层堆积共分13层，文化堆积厚约1.60米，其中第②～⑥层出土遗物最丰富，是遗址的主要文化堆积层，主体为黄棕、灰棕色粉砂质，夹灰岩风化角砾，胶结程度较低。目前已发现人类活动面1处，出土石制品、动物化石、烧骨等遗物4500余件。后因雨季来临，地下水

---

[1] a.阎嘉琪：《陕西汉中地区梁山龙岗寺首次发现旧石器》，《考古与文物》1980年第4期。
 b.阎嘉琪：《陕西省汉中地区梁山旧石器的首次发现和初步研究》，《西安矿业学院学报》1981年第1期。
 c.阎嘉琪：《陕西省汉中地区梁山旧石器的再调查》，《考古与文物》1981年第2期。
 d.阎嘉琪、魏京武：《陕西梁山旧石器之研究》，《史前研究》1983年第1期。
 e.阎嘉琪、黄慰文：《梁山旧石器工业的发现意义》，《西安矿业学报》1988年第4期。
[2] 陕西省考古研究所汉水考古队：《陕西南郑龙岗寺发现的旧石器》，《考古与文物》1985年第6期。
[3] a.汤英俊、宗冠福、雷遇鲁：《汉水上游旧石器的新发现》，《人类学学报》1987年第1期。
 b.黄慰文、祁国琴：《梁山旧石器的初步观察》，《人类学学报》1987年第3期。
[4] a.王社江、孙雪峰、鹿化煜等：《汉水上游汉中盆地新发现的旧石器及其年代》，《人类学学报》2014年第2期。
 b.王社江、鹿化煜：《秦岭南麓汉水上游旧石器考古研究现状与契机》，《人类学学报》2014年第3期。
 c.王社江、鹿化煜：《秦岭地区更新世黄土地层中的旧石器埋藏与环境》，《中国科学·地球科学》2016年第7期。

位上升，除洞口南部2个探方发掘至底部基岩外，其余探方均停留在人类活动面的上部层位处。

人类活动面位于第④层下，踩踏痕迹明显，动物化石、石制品分布相对集中而有规律。调查和发掘所获的石制品共500余件，原型几乎全为砾石，原料以石英和石英岩为主，有少量硅质岩、石英砂岩。石制品个体以100毫米以下的中小型制品为主，少见100毫米以上的大型制品。类型包括石核、石片、工具、断块、碎片屑等。剥片主要采用锤击法直接剥片。石核多以自然砾石面为台面连续剥取石片。石片形态多不规则，少数较规整，台面多见自然台面，背面以人工面为主。石核、石片特征表明早期人类使用的剥片技术比较简单，但连续剥片特征明显，原料利用较为充分。工具毛坯以石片为主，类型以中小型刮削器为主，兼有少量尖状器、砍砸器，尚未见到以往在梁山地区调查中较常见的手斧、手镐、石球等重型器物。石器工业面貌主体上更接近于中国北方旧石器主工业类型。出土动物化石（含烧骨）4000余件，石化程度多较轻，以碎骨为主，牙齿标本700余件。初步鉴定有鹿科、牛科、大熊猫、剑齿象、犀、野猪、熊、狼、鼬、豪猪，以及一些未鉴定到种的小型食肉类和啮齿类动物，其中绝大多数为鹿科和牛科动物。动物群主体属于中国南方常见的"大熊猫—剑齿象"动物群。

根据洞穴堆积和出土遗物的特点，初步判断疥疙洞遗址应为一处原地埋藏的晚更新世人类居住遗址，其发现和发掘具有重要的学术意义。其一，汉中盆地以往发现的旧石器遗址均位于旷野阶地上，疥疙洞遗址是该地区首次发现和发掘的洞穴遗址。其二，以往在南郑梁山地区的旧石器遗址中较少发现动物化石，疥疙洞遗址发现的动物化石数量众多、种类丰富，且具有浓厚的南方色彩，为研究梁山地区动物种群、生态环境及人与动物之间的关系提供了新的资料。其三，疥疙洞遗址的发现充实了汉中盆地及陕西秦岭山区晚更新世人类活动的信息，其石器工业面貌更接近于中国北方旧石器主工业类型，与本地区中更新世晚期至晚更新世早期阶段常见的含阿舍利类型器物的旧石器主工业类型形成了鲜明对比，为研究汉中盆地晚更新世时期人类行为方式、石器加工技术、文化面貌，以及本地区旧石器时代文化发展及其演变过程提供了新的资料。

Jiegedong Cave Site is located in Liangshan Town, Nanzheng District, Hanzhong City, Shaanxi Province. It was excavated from March to September 2018, One hominin activity ground was identified, and yielded more than 4,500 relics, such as lithic artifacts, animal fossils, burnt bones, etc. The main deposits of the cave are yellowish-brown and gray-brown deposits with light cementation. The lithic assemblage of the site show typical characters of the main lithic industry in northern China. The fauna belongs to the late stage of the Ailuropoda-Stegodon Fauna in southern China. As the first Paleolithic cave site that has been excavated in the Hanzhong Basin, Jiegedong Cave Site enriches the information of human activities in the Qinling Mountains region of Shaanxi Province during the Late Pleistocene, and provides new archaeological materials for the study of human behavior, technology, culture and environmental background in this region.

南郑区疥疙洞遗址远景（由西北向东南）

南郑区疥疙洞遗址近景

旧石器时代

遗址发掘工作照
（由西向东）

遗物分布情况

遗物分布情况

049

5cm

石制品

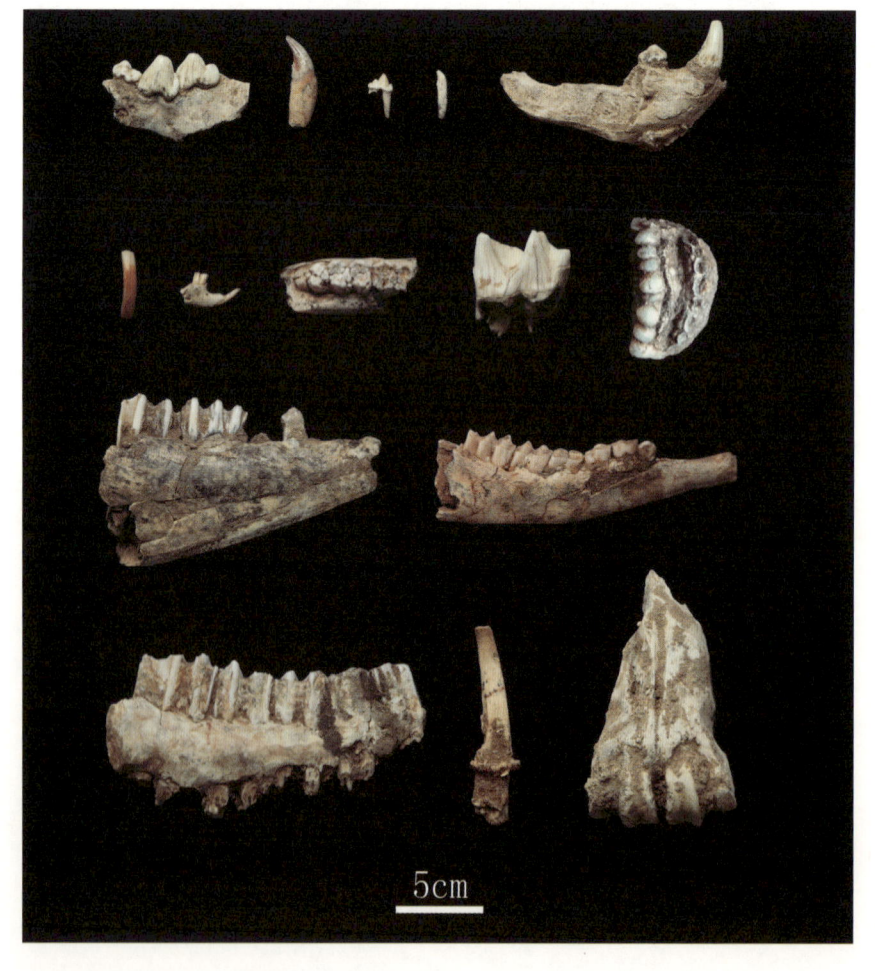

5cm

动物化石

山东临沂箭眼石及汶上岗子旧石器时代遗存

◎孙倩倩　孙启锐

箭眼石地点是2018年5月在郯城马陵山地区新发现的一处细石器地点。箭眼石地点的石制品原料丰富，类型多样，分布面积较大，分布相对集中，且具有典型的细石器工艺特征。此外，箭眼石地点发现了石器埋藏的原生地层。因此，箭眼石地点的发现特别是原生地层的发现，为马陵山地区细石器的研究增添了宝贵的资料。

汶上岗子地点是2018年6月在汶上贾柏遗址勘探调查中重点调查采集的一处小石器地点。岗子地点共发现石制品456件，以黑色燧石为主，未见典型的细石器工业石器。以汶上岗子地点为代表的汶泗流域石器地点群呈现出和临沂马陵山地区石器地点不同的石器工艺特征和文化面貌，为山东地区旧石器时代晚期石器的研究提供了较好的考古材料。

（一）箭眼石地点

箭眼石地点位于临沂市郯城县泉源乡集子村北1千米处，东南距郯城县约20千米。2018年5月，临沂市沂州文物考古研究所为配合基建工程在马陵山地区进行勘探调查时发现了该遗址。

箭眼石地点的石器分布地点主要位于箭眼石西侧样山南麓延伸出的平坦开阔的岭上。此地地表多为风化的粉色砂岩碎屑，基本不见土壤发育。箭眼石地点石制品分布面积较大，且分布相对集中，核心区域面积约为1100平方米，核心区域西侧、北侧石制品分布也十分密集，面积约1.8万平方米，经过系统调查，共采集到测点1082个。石制品类型主要包括石核、刮削器、使用石片、碎屑、断块、石料等。石料种类丰富多样，包括石英、水晶、玛瑙、蛋白石、燧石、泥岩、石英岩等，跟以往调查所见石制品的原料基本一致。

由于石制品分布十分密集，且无理想的自然断面来判断地层状况，在遗址核心区域布0.50米×1米的探方3个，以5厘米为一水平层进行解剖试掘。以N11E24T0509为例介绍。

N11E24T0509共出土13件石制品。除第1层存在扰动因素外，第3、4、5、8层都有石制品出土。（见表1）我们在有石制品出土的4个水平层选取了光释光测年样本，测年结果未出。

箭眼石地点采集了一些典型的细石核（船形石核、柱状石核）、细石叶及两面加工的石

表1　N11E24T0509出土石制品

水平层	距地表深度/cm	出土石制品/件	筛出石制品/件	总计/件
1	0～5	3	1	4
2	5～10		2	2
3	10～15	2		2
4	15～20	1		1
5	20～25	1		1
6	25～30		1	1
7	30～35			
8	35～40	1	1	2
9	40～45			
共计		8	5	13

制品，可基本判断箭眼石地点的石器为细石器工业类型。

箭眼石地点是新发现的细石器地点，丰富了马陵山地区细石器地点群的文化内涵，为马陵山地区细石器的研究增添了宝贵的资料，而原生地层的发现为解决马陵山地区细石器的年代问题提供了重要的依据，并为凤凰岭文化的研究提供了重要的参考对比材料，对于沂沭流域及苏北—鲁南地区的细石器研究及全面认识山东地区旧石器时代的文化面貌具有重要意义。

（二）汶上岗子地点

汶上岗子地点位于山东省汶上县县城东南。2018年5月至6月，山东省文物考古研究院在对贾柏遗址保护范围的勘探调查中，对原分布在贾柏遗址保护范围内的多处石器地点进行了复查。经复查，发现岗子地点的石器分布较为密集，共发现石制品456件。

调查共记录采集点283个，发现石片、石器320件。从空间分布看，由三处石器分布较为密集的区域构成一处面积较大的石器分布核心区域，核心区域内的采集点的数量占到总数的约70%。

岗子地点石制品分布密集，为了找到石器埋藏的原生地层，我们对岗子地点进行了解剖试掘，但是仅在耕土层中发现了石制品，共出土石制品136件。

岗子地点石制品的石料种类非常单一，以黑色燧石为主，另有少量的灰色燧石、玛瑙，水晶个数很少。石器类型主要包括石核、凹刮器、圆头刮削器、石片、使用石片、碎屑、断块等。未见明显的细石器技术，但石核也存在预制修理的过程，我们暂时把它称为"小石器"。汶上地区的小石器在石料选择、工艺类型等方面存在一定的特殊性，虽然尚未找到石器埋藏的原生地层，但石器分布在空间上呈现出集中分布的特征，具有独特的区域特色。

以岗子地点为代表的汶泗流域的石制品在石料选择、石制品组合、地层堆积状况、石制品工艺特征等方面与以细石器工艺为代表的苏北—鲁南地区石器都有较大的差异，代表了不同的旧石器时代晚期石制品工艺特征。汶上岗子地点的调查研究为认识汶泗流域的此类石器提供了宝贵的材料，丰富了山东地区旧石器时代晚期的文化面貌，为研究旧石器时代晚期向新石器时代过渡奠定了基石。

Jianyanshi Site is a microlithic site newly discovered in the vicinity of Hill Maling in Tancheng County in May 2018. A wide range of typical microlithic implements made of various raw materials have been found densely distributed in a large area. Besides, in some parts of Jianyanshi Site, the primary sedimentary strata containing stone artifacts have been revealed. The discovery of Jianyanshi Site, especially its primary sedimentary strata, is of great significance for researches on microlithic implements found in this area.

Intensive exploration and surveys, as a part of archaeological reconnaissance conducted at Jiabai Site in Wenshang County, were carried out at a microlithic site, Wenshang Gangzi Site, in June 2018. As many as 456 pieces of stone artifacts, mainly black flints, were revealed; no typical stone implements of microlithic age was discovered. Craftsmanship and cultural features reflected by relics found at sites lying in the basins of Wenhe River and Sihe River, with Wenshang Gangzi Site as a representative, differ from those showed by items unearthed from sites in the vicinity of Hill Maling in Linyi City. Desirable materials have been collected for archaeological researches into stone tools made in late Paleolithic Age in Shandong Province.

旧石器时代

箭眼石地点远景

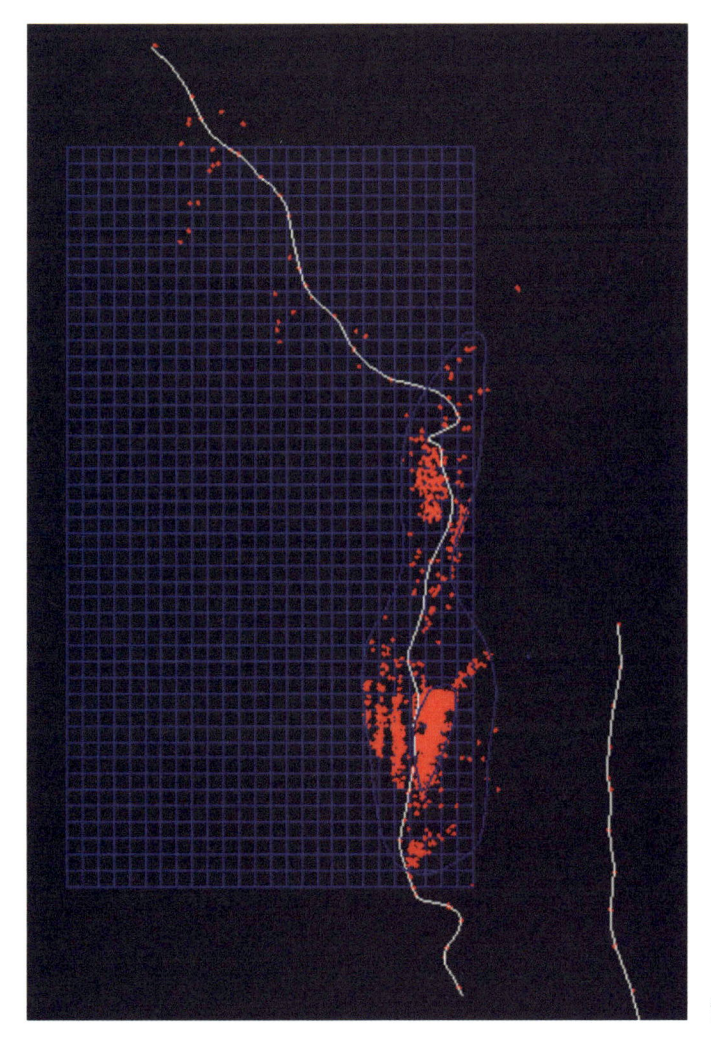

箭眼石地点石制品分布状况

岗子地点试掘及系统调查区域
（上北下南）

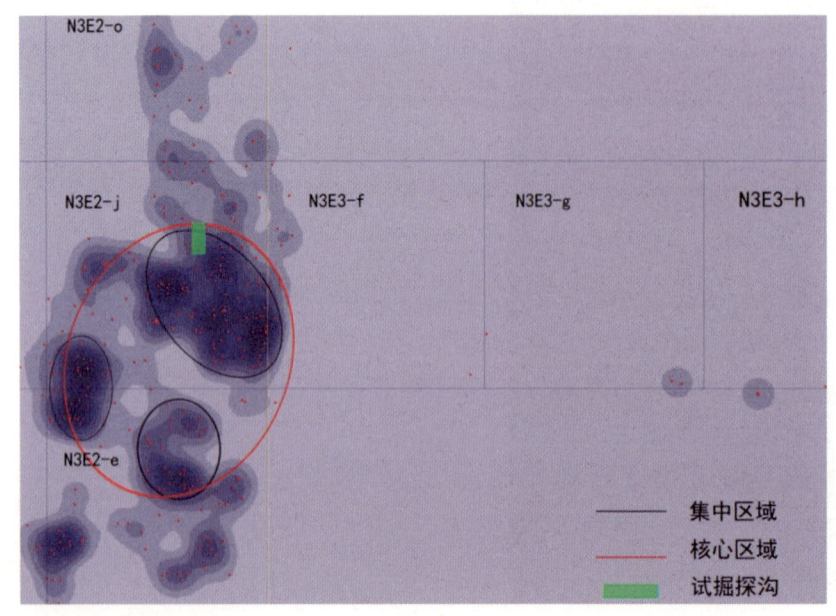

岗子地点石器分布情况示意图

图例：
— 集中区域
— 核心区域
■ 试掘探沟

旧石器时代

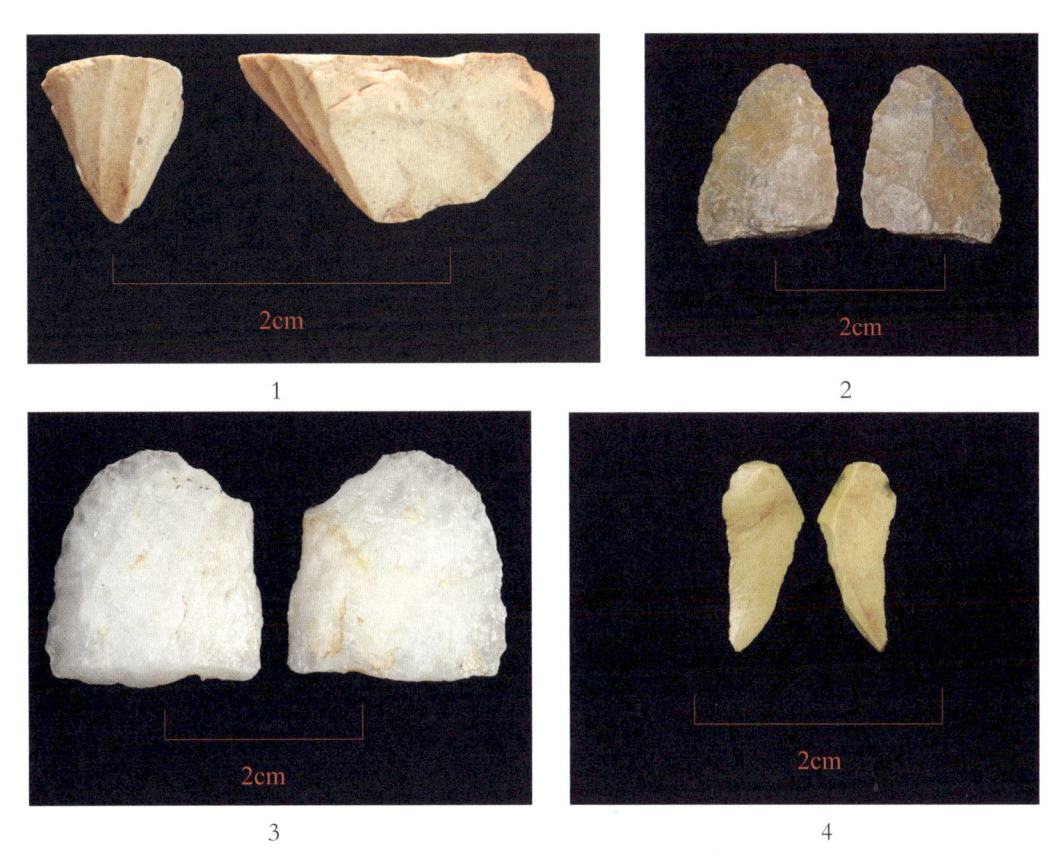

1. 细石核　2. 两面加工镞形器　3. 两面加工刮削器　4. 细石叶

采集的石制品

汶上小石器

河南栾川龙泉洞旧石器时代遗址

◎顾雪军

> 龙泉洞遗址位于洛阳市栾川县龙泉山公园。自2014年至今,洛阳市文物考古研究院联合栾川县文物管理所对遗址进行了连续考古发掘。经过考古发掘,目前发现1处灰烬及4处用火遗迹,出土标本2.3万余件。龙泉洞遗址所出石制品的面貌属于简单石核石片技术传统,年代应属于旧石器时代晚期早段。龙泉洞遗址既有丰富的石制品、动物化石,又存在骨器以及用火遗迹等,发掘和研究该遗址可以更好地了解古人类文化面貌。

龙泉洞遗址位于洛阳市栾川县龙泉山公园内山坡南麓,地理坐标为33°47′43″N,111°36′50″E,海拔734米。全国第三次文物普查时发现该遗址,调查时发现石制品和动物化石。2016年1月22日,龙泉洞遗址被河南省人民政府公布为河南省重点文物保护单位。

2011年洛阳市文物考古研究院、北京师范大学、栾川县文物管理所曾对遗址北部进行过考古试掘,发现了两处火塘遗迹,遗物主要有石制品、动物化石及1件骨锥,同时采集了一些孢粉样品。通过碳十四年代测定,遗址的年代属于旧石器时代晚期。

自2014年3月至今,洛阳市文物考古研究院联合栾川县文物管理所在2011年发掘区以南10米处继续进行考古发掘,布方规格1米×1米,方向正北,发掘总面积约20平方米。本次发掘区域的洞顶坍塌、损坏严重，堆积主要位于西部靠近山体部分以及和2011年相连接的中间部分。遗址南部边缘沿山体走势残存少量堆积，堆积至洞外区域逐渐消失，西部和北部堆积上压有坍塌的巨大山石，推测北部区域的巨大山石应该是整个洞顶塌落后的堆积物，但是巨石西侧及北部边缘情况尚不清楚，巨石往北则与龙泉洞2011年发掘区域相连。

此次发掘共发现1处灰烬及4处用火遗迹，出土标本2.3万余件，包括石制品、动物化石和骨器等，另外还有大量淘洗出的标本尚未统计。2018年主要是对扩方区第4层（4B层）进行考古发掘，发现用火遗迹（H5）。火塘（H5）位于发掘区西北角，平面形状呈圆形，火塘西侧利用了部分自然大石作为边界控制其火势范围，北侧部分应该叠压在北侧未发掘区域内。在火塘中间发现灰烬痕迹，对土样及所有石块进行了采样收集。在火塘周边发现大量石制品及动物骨骼化石，对遗迹周边的土样进行了浮选和淘洗，发现大量细小化石烧骨及石英碎屑。

龙泉洞遗址的出土遗物以石制品和动物化石为主。石制品打片以锤击法为主，偶尔使用砸击法。石器类型多样，基本上都是轻型工具，大多数石器个体很小，以刮削器为主，未发现石叶制品，而且石片的背脊和侧边无明显的规律性。石器加工多为正向加工，多沿整条边缘连续修理，修理较为细致，刃角较钝。修理石器用锤击法，且以向背面加工为主，修理较为精致。龙泉洞遗址石制品的面貌体现了中国旧石器晚期北方主工业的特征，属于简单石核石片技术传统，年代应属于旧石器时代晚期早段。

此外，在整理时发现了大量被烧过的动物化石，动物化石以食草类动物为主，主要有鹿、牛、羊、犀牛以及食肉类动物等，另外在淘洗时发现了许多啮齿类小动物化石。对龙泉洞遗址动物化石的研究有助于遗址周边区域古环境的分析与重建，可以揭示当时人类对肉食资源的获取倾向、获取方式以及人与环境的耦合关系，为研究古人类生存模式、栖居形态以及群体组织形式等提供具有很高科研价值的资料。而发现的较多的骨制品，也为我们研究该时期豫西地区古人类的生活方式及文化面貌提供了重要材料。

通过发掘，我们发现龙泉洞遗址有其自身特色。与周口店第一地点相比，两地所出石器均以小型石器为主，主要是刮削器，不同的是，第一地点的石器打片以砸击法为主，而龙泉洞则以锤击法为主，这体现了北方主工业发展的趋势，即砸击技术日渐衰弱，锤击法处于绝对优势。与周口店15地点相比，两地石器类型有所不同，砍砸器和薄刃斧等器型在龙泉洞遗址中暂未发现，两者的一致性则更多地体现在石器技术上，这表明龙泉洞遗址继承了小石器的文化传统。

与相邻地区时代稍早的河南荥阳织机洞遗址相比，龙泉洞遗址的石器则多沿整条边缘连续修理，修理较为细致，刃角较钝。而织机洞遗址石器工业同样具有中国北方主工业的特点，石制品大多数是小型石器，打片以锤击法为主，石器类型具有多样性，但是其修理工作多粗糙，仅个别石器做过相当细致的修理。而时代稍晚的河南南阳小空山遗址，在打片和石器修理技术上也与龙泉洞遗址有许多相似之处，但是小空山遗址的石器有修理台面，这一点尚未在龙泉洞遗址中发现。

通过连续的考古发掘工作，我们初步判断龙泉洞遗址自2014年以来的发掘区域与2011年的发掘区域同属于一个遗址，发掘区域的文化层显示人类曾在该区域连续活动。此外，龙泉洞遗址既有丰富的石制品、动物化石，又存在骨器及用火遗迹等，而且年代处于距今4万～3万年的关键时期，相信通过进一步的发掘和研究工作，可以对古人类的技术、遗址利用等行为进行更好的分析，能够比较清晰地了解古人类的文化面貌和人群之间的交流情况，并更好地揭露古人类的技术行为模式和适应策略。

英文摘要

Longquandong Site is located in Longquanshan Park, Luanchuan County, Luoyang City. Archaeologists from Luoyang Institute of Cultural Relics and Archaeology and Luanchuan Institute of Cultural Relics Management have been conducting continuous excavations at this site. Ash residues were discovered at one spot; remains of fire use were found at another four spots. Up till now, over 23,000 pieces of specimens have been excavated. Stone implements revealed at Longquandong Site date back to the early phase of late Paleolithic Age and they are all crude stone-core tools. The excavation and researches concerning Longquandong Site, where there are abundant stone artifacts, animal fossils, bone implements and remains of fire use, help better understand ancient human culture.

龙泉洞遗址（由东向西）

发掘区 4L4（由南向北）

H5（由东南向西北）

灰烬

石核

刮削器

遗迹与遗物

新石器时代

{ XIN SHIQI SHIDAI }

新石器时代的人类创造了具有自身特色且连续、多元的新石器时代文化,这为日后辉煌灿烂的中国古代文明的出现奠定了坚实的基础。2018年度黄淮七省的新石器时代考古发现在年代上集中于新石器时代晚期,不仅发现了小的聚落遗址,大规模的遗址群与中心遗址亦有发现,这些发现反映了新石器时代晚期聚落形态的等级分化。就让七省的考古学者,通过这些新发现,告诉我们文明起源的故事,告诉我们人类是如何迈入早期文明社会的门槛的。

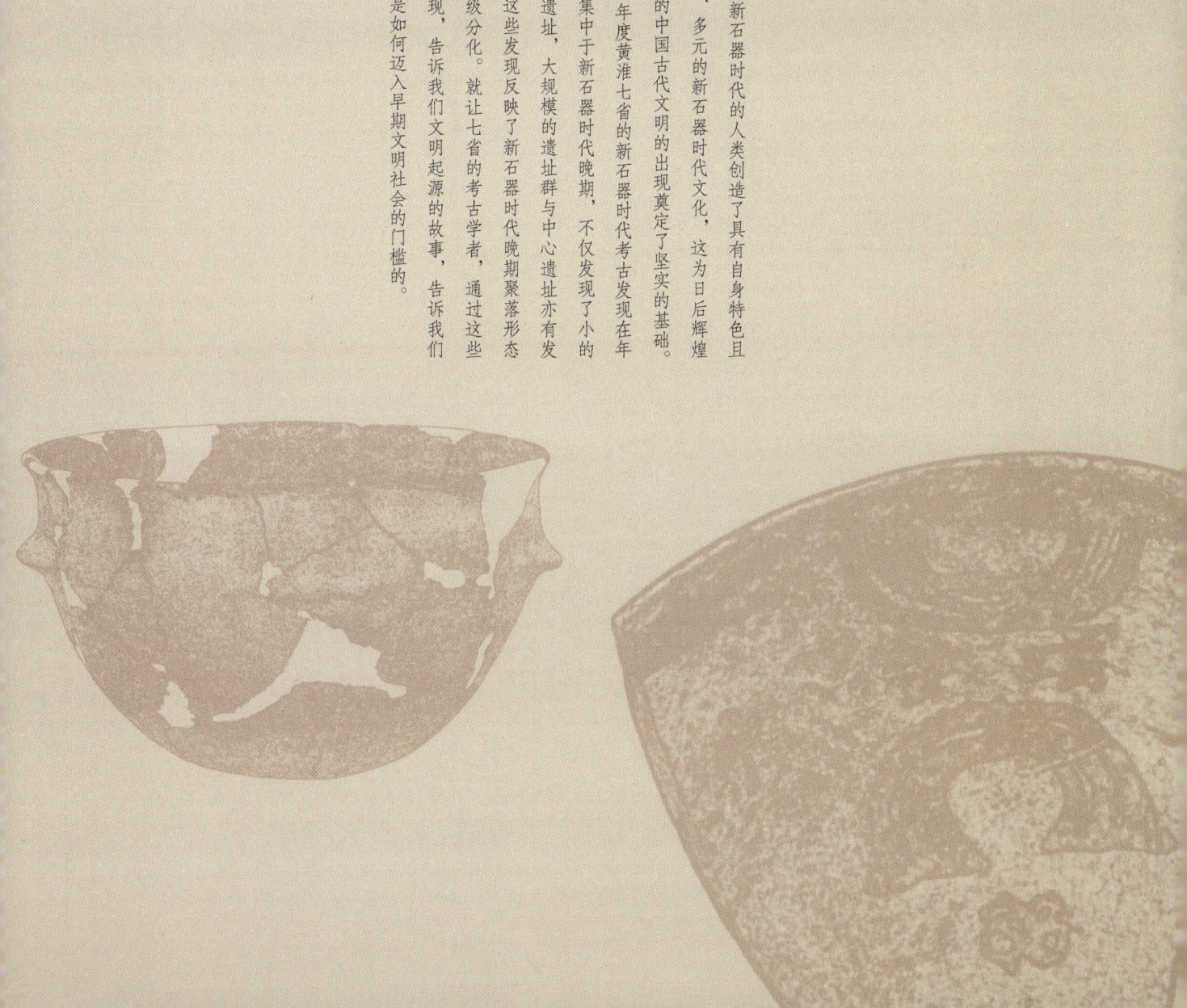

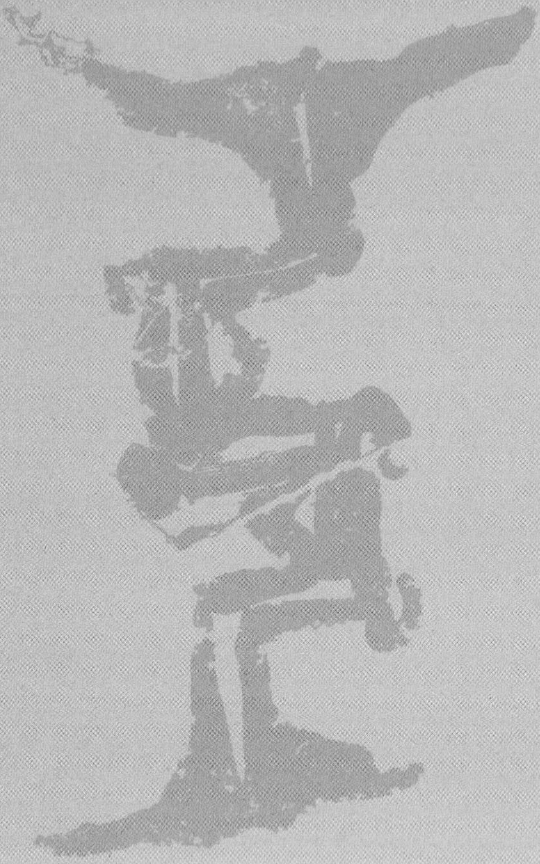
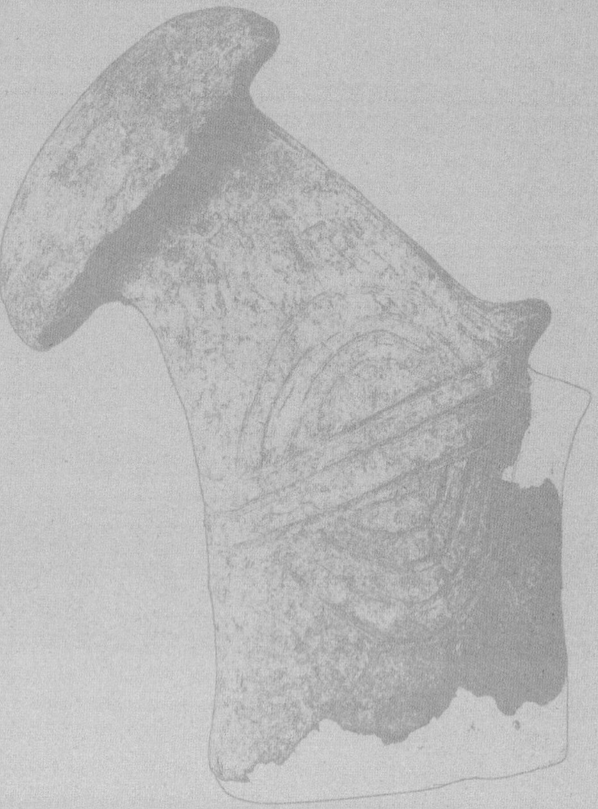
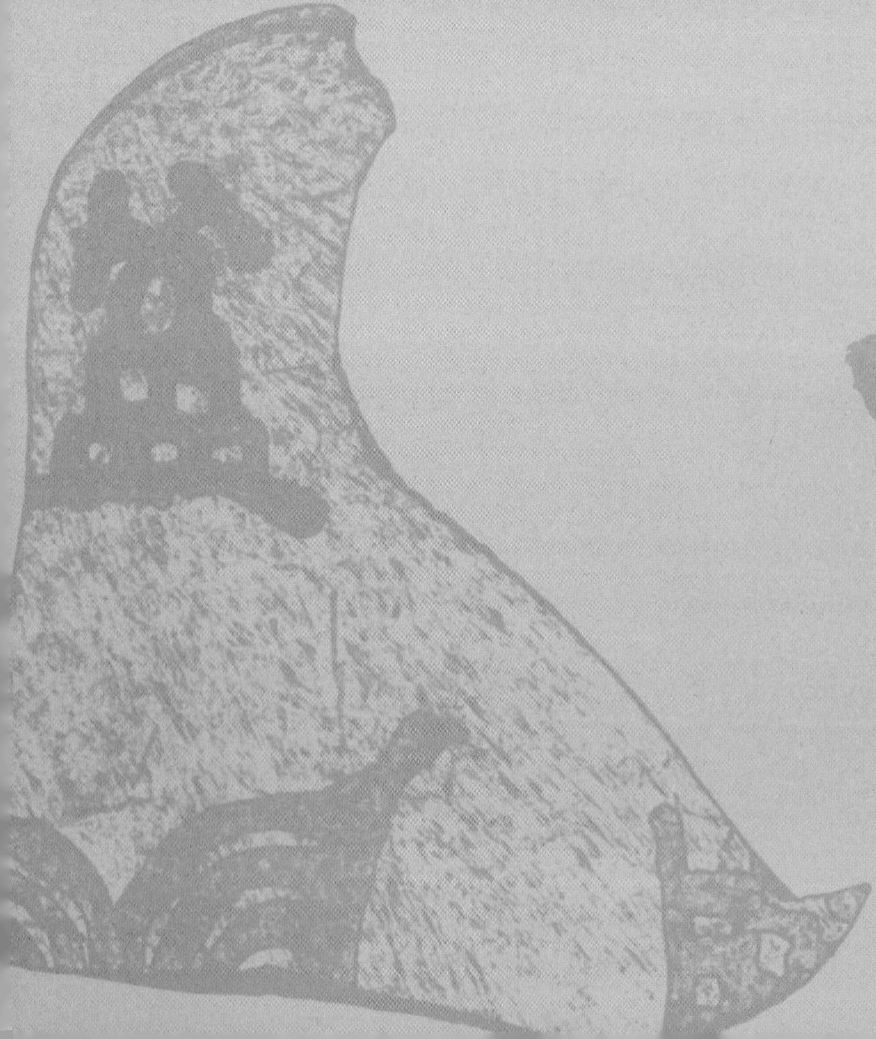
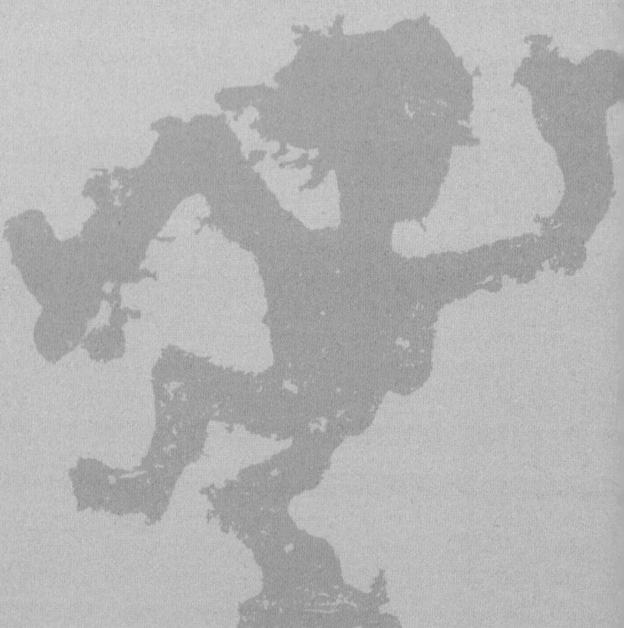

江苏省淮安市黄岗遗址

◎甘恢元 闫 龙 曹 军

> 黄岗遗址位于淮安市清江浦区徐杨乡黄岗村，总面积5.6万平方米，2018年的发掘共清理不同时期房址、墓葬、灰坑、灰沟、烧土堆积及洞类遗迹等3800余处。黄岗遗址新石器时代遗存可分为两大期。经碳样测定，黄岗一期遗存的主体年代当在公元前5000年至公元前4500年，最早可到公元前5100年左右。黄岗二期遗存的年代当在公元前3800年前后。黄岗遗址的发现和发掘，让我们基本厘清了淮河故道沿线区域公元前5000年至公元前3500年新石器时代文化的谱系框架。

黄岗遗址位于淮安市清江浦区徐杨乡黄岗村，在淮安高铁新区水系调整工程茭陵一站引河段项目施工过程中被发现。2018年6月，南京博物院考古研究所等对其开展抢救性考古发掘工作。

经勘探确认，黄岗遗址总面积5.6万平方米，沿岗地东西向分布，文化层一般厚2～3米，局部超过4米。发掘区位于遗址西部，2018年完成发掘面积4000平方米。截至2018年12月底，清理不同时期房址、墓葬、灰坑、灰沟、烧土堆积及洞类遗迹等3800余处，出土了大量陶、石、骨、玉、琉璃、铜、铁、瓷等质地的遗物标本。黄岗遗址时代跨度大，文化内涵丰富，以新石器时代遗存为主体，并见西周、汉、唐、宋、元、明诸时期遗存。黄岗遗址新石器时代遗存是本次考古发掘的主要收获，也是最为重要的发现。就目前发掘所得初步分析，可将其分为两大期，暂且分别称之为"黄岗一期遗存"与"黄岗二期遗存"。

黄岗一期遗存分布于发掘区的中北部，灰坑、灰沟、烧土堆积及洞类遗迹等分布密集，叠压打破关系复杂。陶器以夹砂陶为主，泥质陶比重偏低，常以蚌末或植物末作为羼和料，夹砂陶多为外红（褐）内黑。陶器器形主要有釜、锥足鼎、钵、罐、壶、鬶、盉、豆、支脚、拍、纺轮、网坠，以及人面、动物造型泥塑等。釜为大宗，以圜底釜为主，并有少量平底釜，多为四錾，口下常见一周凸棱。鼎多为敞口釜形或微侈口罐形，常带四个錾手。支脚造型多样，有弯曲柱状、猪首形、顶端呈蘑菇形等。陶拍数量大，主要有舌形把手与环形把手两类，器表均见刻划或戳印纹。一期遗存中玉、石、骨器均较少。此外，黄岗一期遗存可再细分，以H915、H1049为代表的最早期单位几乎不见陶鼎，以釜为主，陶胎更加厚重，陶色偏黄。

黄岗二期遗存主要分布于发掘区南部，局部叠压于一期遗存之上，南临水域。因位于遗址西南坡，二期堆积呈斜坡状，在二期遗存之上有一层厚约1米的纯净间歇层。南侧滨水区域可见明显淤积层，淤积层与遗址地层交错叠压，部分淤积层包含大量动物骨骼、陶片及烧土颗粒。

发掘区内二期遗存因地处遗址边缘，遗存远不及一期遗存丰富，以灰坑及洞类遗迹为主。出土遗物主要为陶器，骨器、石器等其他类材质遗物均不丰富。陶器器形主要有釜、鼎、钵、匜、豆、罐、鬶、盉、盆、杯、陶饼、纺轮等。仅从陶器分析，二期遗存的文化面貌与一期差异较大：一期常见的四錾陶釜、四錾锥足陶鼎均不见于二期，二期陶鼎多为侈口折肩、凹槽足；一期常见的各类陶支脚、陶拍在二期则少见；二期出现大量陶匜、三足钵、豆、杯等器类，彩陶开始流行，彩绘主要施绘于钵、匜之类陶器内壁，外彩少见，多为黑彩，少见红彩，纹饰以各类几何纹或组合纹为主。

通过对一、二期遗存的比较，我们发现二者之间虽似有某些方面的早晚承续关系，但文化面貌之间的差异性更为突出，似可将二者划归于不同的考古学文化。黄岗一期遗存见于本区域的淮安青莲岗、凤凰墩、西韩庄、茭陵集、山头、严码、阜宁梨园等遗址，其与安徽濉溪石山孜二、三期遗存，蚌埠双墩一期遗存，沭阳万北一期遗存及连云港二涧村、朝阳、灌云大伊山早期遗存均具有较多相似文化因素，且自身特色十分明显。采集碳样经美国BETA实验室测定，黄岗一期遗存主体年代当在公元前5000年至公元前4500年，最早可到公元前5100

年左右，与石山孜二、三期遗存及双墩一期遗存的测年数据相吻合。

黄岗二期遗存见于本区域的青莲岗、笪巷等遗址，与淮河中游的定远侯家寨遗址二期遗存（侯家寨文化）具有较多相似性，其彩陶与龙虬庄遗址二期早段关系密切，结合青莲岗遗址、侯家寨二期、万北遗址测年数据，黄岗二期遗存的绝对年代当在公元前3800年前后。

淮安黄岗遗址的发现和大面积发掘，让我们基本厘清了淮河故道沿线区域公元前5000年至公元前3500年新石器时代文化的谱系框架，以青莲岗一期、黄岗一期遗存为代表的青莲岗文化，其所常见的敞口四錾圜底釜、猪形陶支脚、亚腰形陶拍等均继承了顺山集文化的基因，主要分布于淮河故道沿线的青莲岗文化与主要分布于淮河中游的石山孜二、三期为代表的一类文化遗存或均属顺山集文化系统，为顺山集文化的后续发展。同时，黄岗一期遗存与宁镇地区以左湖早期、凤凰墩早期、北阴阳营H70等为代表的一类遗存及环太湖地区的马家浜文化同样关系密切，这为我们深入探讨宁镇地区同时期遗存及马家浜文化与淮河中下游史前文化之间的交流及其自身来源问题提供了新材料。

此外，黄岗遗址一期遗存与二期遗存之间可能存在数百年的缺环，二期遗存及周边同时期遗存"突然"出现并扩散到低洼的里下河地区，类似现象同样存在于青莲岗、侯家寨等遗址，这似乎表明在此期间淮河中下游尤其是下游地区曾遭受过较大的气候变化事件，遗址南侧深厚且多层次的淤积层或许能够予以印证。

英 文 摘 要

Huanggang Site, covering 56,000 square meters, is located in Huanggang Village, Xuyang Township, Qingjiangpu District, Huai'an City. In 2018, the number of excavated sites, including dwelling sites, tombs, pits, ditches, heaps of burnt earth and remains of caves, exceeded 3,800. Remains excavated from the neolithic Huanggang Site can be divided into mainly two phases. Carbon dating result shows that the first phase, existing from around 5000 BC to 4500 BC, dates back to as early as 5100 BC. The second phase can be traced back to around 3800 BC. The discovery and excavation of Huanggang Site have contributed to clarifying the neolithic cultural sequence along the former watercourse of Huaihe River during the timespan from 5000 BC to 3500 BC.

黄岗遗址发掘现场（由北向南）

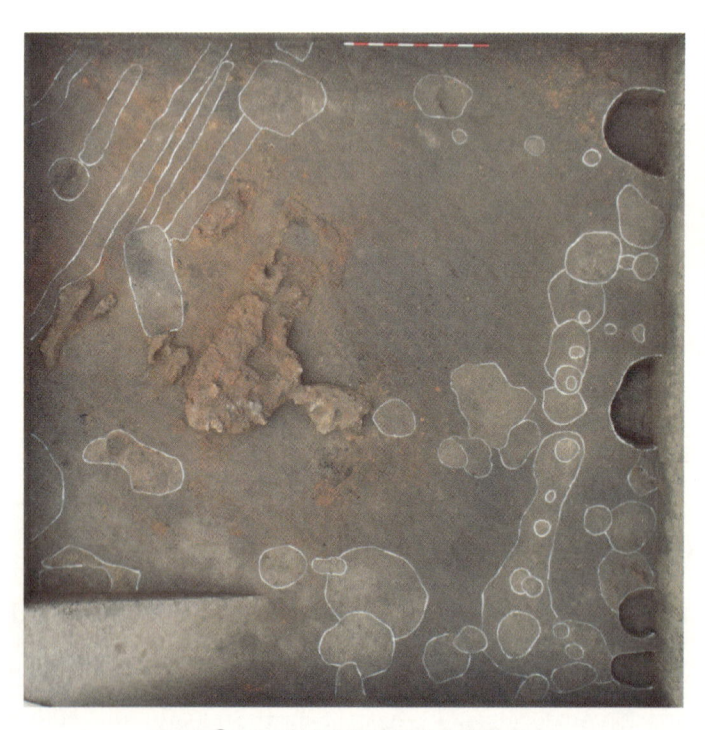

红烧土堆积内的陶器（由西北向东南）

T206③层下遗迹分布情况（由南向北）

新石器时代

黄岗一期遗存

黄岗二期彩陶

黄岗二期遗存

陕西延安芦山峁新石器时代聚落遗址

◎马明志 翟霖林 张 华 杜林渊 王 蕾

> 陕西延安芦山峁遗址是延河流域一处庙底沟二期文化至龙山时代的大型遗址，面积超过200万平方米。遗址核心区的主山梁上分布着4座夯土台城，台城顶部的院落式建筑，是迄今所知中国最早的宫殿建筑雏形。其中，大营盘梁台城宫殿院落内出土了上百件筒瓦和槽形板瓦，是迄今所知中国最早的瓦，夯土内还出土了大量精美的玉器。核心区周边的山坡上沿着等高线分布着数以百计的小型窑洞式房址和居址葬，拱卫着核心区的宫殿区。芦山峁的这些要素表明，该遗址应该是陕北南部一处区域中心聚落，可能具有早期都邑的性质。

芦山峁遗址位于陕西省延安市宝塔区芦山峁村北。1981年2月，芦山峁村民陆续向当时的延安地区群众艺术馆送交了28件玉器。随后，当地文化部门对遗址进行了数次调查，发现了相当于龙山文化晚期的白灰居住面、灰坑、石刀、石斧、陶片等。2014年的调查勘探成果表明，芦山峁遗址面积超过200万平方米，东至碾庄沟，西至延河，北至芦草沟，南至二郎庙。遗址以延河与碾庄沟之间的南北向分水岭——"大山梁"为核心区，大山梁与两侧的横向山梁构成"王"字形地形轮廓。

在遗址核心区——"大山梁"的顶部，钻探确认了至少4座大型夯土台基，由北向南依次为寨子峁、小营盘梁、二营盘梁、大营盘梁。每座台基之上均坐落着规划有序的围墙院落和建筑群，相当于4座相对独立但联系密切的夯土台城和高等级院落遗址。在大山梁两侧山坡上及其横向支系山梁局部，经勘探发现了白灰地面房址、灰坑、墓葬等遗迹，超过300处。有一种现象值得重视，即多处山坡发现的房址内有小型成人墓葬，而有些盗洞内人骨和陶片已经暴露，很有可能是一种"房屋葬"，这种推测在后来的试掘中得到了验证。由此可以初步判断，芦山峁遗址是以4座台城式建筑群为核心，周边拱卫着大量普通居住地点的聚落遗址。

2016年至2018年，芦山峁的考古发掘工作主要围绕遗址核心区最大的人工台基大营盘梁顶部开展。大营盘梁人工台基南北长约160米，东西宽约100米，是在坡状的自然山梁上经人工垫土夯筑而成的夯土大台基，边缘地带垫土厚度5～10米。

台基顶部分布着三座院落，北部一座大型院落和南部两座小型院落呈"品"字形布局。大营盘梁的1号院落为四合院式两进院落。院落大体坐北朝南，东西两侧院墙内侧规整地分布着厢房，门向均朝向院落中心。院落中部偏北分布着三座主建筑，坐北朝南，单个房址的建筑面积均超过200平方米。主建筑将院落分隔为前院和后庭。前院和后庭的地势均低于房屋地基，利于院落集水、排水。其实相对于前后院较低的地势，所有主建筑和厢房均相当于高台建筑。

以1号院落南围墙外的巷道为轴线，对称分布着两座独立的小型院落，其应该是负责警备安全的门塾区，每个小院落内分布着多座中小型夯土房址。小院落之南是一片小型广场，院落内外的道路在此汇集，并有一条通向山体前方其他山梁的主干道。

在大型房址、院墙、广场的夯土中，多次发现用玉器奠基的现象，玉器的器类包括玉刀、玉璧、玉琮、玉环等。此外，还发现多例用猪下颌骨为房屋奠基的现象。在大型房址附近的堆积中，还发现了一定数量的筒瓦与槽形板瓦，数量超过100件，这是中国目前所知最早的瓦。房址和地层内出土的生产工具较少，主要有石纺轮、石斧、石刀、石矛、石镞、石凿、石锤、骨锥等。另外，遗址内出土了较多的陶质泥抹子，形制酷似近现代泥瓦匠使用的铁质泥抹子，这可能与自庙底沟二期阶段开始北方地区大量使用白灰涂抹屋内地面、墙壁的现象密切相关。

发掘确认大营盘梁人工台基及其顶部建筑始建年代为庙底沟二期晚段，与甘泉史家湾、襄汾陶寺遗址早期年代相当，陶器以斝、单耳罐、圜底瓮等器类为代表，属于庙底沟二期文化的区域类型。大营盘梁发现了大量的筒瓦和槽形板瓦,将中国使用瓦的时间提前至庙底沟二期文化晚期(距今4500~4400年)。同时或略晚,神木石峁、灵台桥村、宝鸡桥镇、襄汾陶寺等地也发现了瓦。由此可见,秦岭、阴山、太行山及六盘山之间的区域是瓦的起源地。瓦的出现是建筑材料的巨大进步,瓦也往往最早使用在核心聚落或早期都邑的重要建筑上。

芦山峁遗址发现的大量玉器多为礼器,且一般出土于台基、房屋墙体、房屋基址、墓葬、奠基坑等遗迹内。这些现象表明庙底沟二期文化阶段至龙山时代,这一地区与河套及其周边地区普遍流行以玉为礼,其背后必然隐藏着思想信仰层面的价值认同。

龙山时代晚期至夏商周时期的都邑遗址,其宫殿或宗庙建筑布局均与芦山峁的大营盘梁宫殿院落布局十分接近,如二里头、殷墟及周原凤雏宫殿遗址,均为较严整的四合院式格局。虽然相隔千年,但它们之间很可能存在着非常密切的承袭关系。芦山峁遗址核心区的多座人工台基及其之上构建的规整院落,似可被视为中国最早的宫殿雏形,其对于研究中国聚落形态的演变和早期礼制的发展具有不可替代的地位,也是探索中国社会复杂化进程和国家起源的重要载体。

英文摘要

Lushanmao Site, a large site spanning from the second phase of Miaodigou period to Longshan period, is in Yanhe River Basin in Yan'an, Shaanxi Province. The site covers over 2 million square meters. In the core area of Lushanmao Site, four cities are distributed on the main mountain ridge, each on a rammed earthen terrace. The courtyard buildings on every terrace are the earliest forms of palatial architectures to have been discovered in China. From the dwelling sites in the courtyard on Dayingpan Ridge, hundreds of barrel tiles and grooved tiles, the earliest tiles of China, have been unearthed. The rammed earth here contains a large number of exquisite jade wares. Hundreds of small cave dwellings and tombs, which used to be habitations, are found scattered along the contour lines on mountain slopes surrounding the core area, like guardians of the palace in the center. These factors indicate that, at Lushanmao Site, there used to be a regional settlement center, probably an early capital, of the southerly area in northern Shaanxi.

芦山峁遗址核心区地貌（由南向北）

大营盘梁院落布局鸟瞰（由南向北）

新石器时代

大营盘梁台基上的三座院落（上北下南）

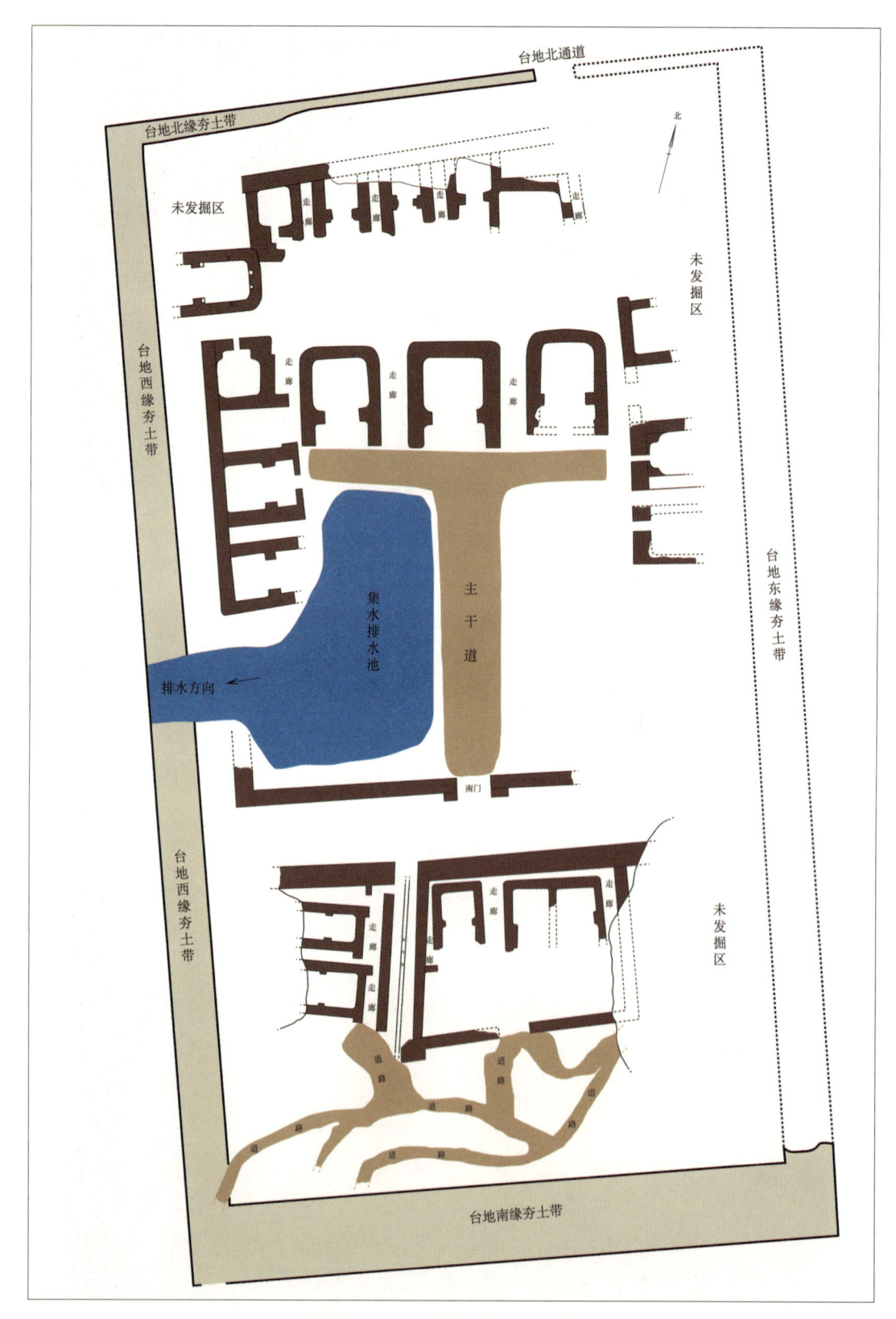

大营盘梁人工台基及遗迹分布示意图

1号院落局部（由西北向东南）

山坡上的普通房址及其居址葬现象（由西向东）

房屋柱洞内的猪下颌骨（由南向北）

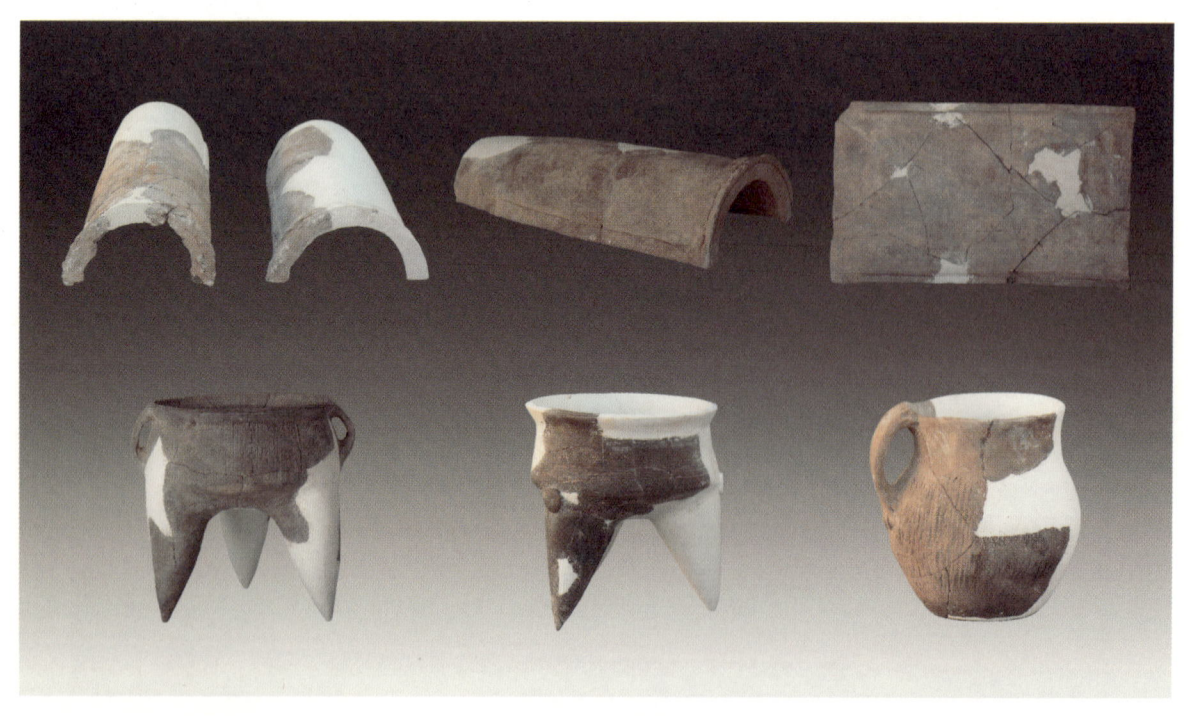

芦山峁遗址遗物

芦山峁遗址玉器

山东滕州西孟庄龙山文化聚落遗址

◎梅圆圆

> 西孟庄遗址位于滕州市界河镇西孟庄村南,是一处保存较为完整、结构较为清晰的龙山文化早期聚落。遗址内发现了一周环形围墙,围墙基槽可分为两期。环形围墙以内为居址区,共清理房址15座。围墙外围为成片分布的洼地。西孟庄龙山文化聚落的发现对认识海岱地区龙山文化的聚落形态和社会组织结构是十分重要的补充材料。

西孟庄龙山文化聚落位于滕州市界河镇西孟庄村南约120米处。因新建枣菏高速公路恰东西穿过遗址中北部,山东省文物考古研究院对该遗址进行了抢救性发掘,发掘面积共计1400平方米。此次发掘发现了一处保存较为完整、结构较为清晰的龙山文化早期聚落。

经调查勘探可知,遗址东南50米处有一条古河道流过(现已填平),遗址原始地貌应为西高东低,其曾遭到严重破坏,故遗址现存地表较为平坦,发掘区东部文化层保存较好,西部则几乎不存。遗迹多直接暴露于表土层下,发现围墙基槽、房址15座、灰坑21个、墓葬1座以及环沟1条,除若干灰坑时代为龙山文化中期,其余遗迹的时代均属龙山文化早期。

围墙现仅存基槽和柱坑。围墙基槽平面在发掘区内呈半圆形,直径约35米,半圆周长约110米,围墙内面积约650平方米。围墙基槽可分为两期,两期基槽的位置和走向基本重合。

Ⅰ期围墙基槽：位于Ⅱ期基槽的外侧（北侧），被Ⅱ期打破，仅残存北部、西部，斜壁内收，平底。残长约105米，口部残宽0.10～0.30米，深0.18～0.33米。Ⅱ期基槽及柱坑：Ⅱ期基槽斜壁内收，平底。口部宽0.50～0.75米，底宽0.35～0.44米，深0.22～0.55米。基槽内有一排近乎等距离分布的粗大柱坑，共37个。柱坑多为圆形，少数为椭圆形和近圆形，斜壁内收，平底。口部直径0.60～0.85米，底部直径0.35～0.50米，深0.22～0.64米。在围墙基槽内侧还有一排柱坑，距离Ⅱ期基槽内边线0.50～0.70米，几乎与基槽内的柱坑一一对应。柱坑多为圆形或椭圆形，直径0.40～0.70米。

房址集中分布于围墙以内，共发现房址15座，其中1座为半地穴式建筑，1座为近圆形地面式建筑，4座为方形连间式建筑，其余均为方形单间地面式建筑。多数房址保存较差，仅残存柱洞或基槽部分，门道位置不一，多朝东或朝西，少见南北向者。单间式房址边长多为3.50～4米，面积12～20平方米，连间式建筑有三间和两间之分，三连间房址面积约40平方米，两连间房址面积约30平方米。根据房址形制、门道位置和叠压打破关系，初步判断这批房址可分为三期。另有较多零散柱洞、柱坑分布，无法串联成完整的房址，由此可见，房址区应经过多次重复建造使用。

围墙外围为成片分布的环沟，环沟分布范围较大，环绕围墙，接近半圆，形状不规则。从解剖的探沟看，环沟底部略有起伏，深3～55厘米。从解剖的探沟观察，环沟内堆积并不完全一致，可分多层，总体来看其堆积可分两期：一期为形成或使用时期堆积，二期为使用或废弃时期堆积。推测环沟的成因可能为修筑围墙时取土所致，后期可能作为垃圾堆放处或因其他活动导致逐渐填满直至废弃。

灰坑数量较少，且多数仅残存坑底，灰坑多打破围墙基槽或房址。墓葬仅发现1座，暴露于表土层下，其原始开口已被破坏，向下打破围墙基槽。平面呈方形，内有生土二层台，人骨头向南，未见随葬品。

遗物多出自环沟和灰坑内，有少量陶器和石器。陶质多为夹砂灰陶、夹砂黑陶、泥质黑陶，少量为夹细砂红陶，可辨器形有罐、鼎、鬶、盆、杯、器盖等，时代均为龙山早期和中期。石器数量较少，器形主要为石斧、石锛、石镞和砺石等。

据近期对西孟庄遗址的清理发现，围墙整体呈圆形，面积约1400平方米，门道位于南部正中。圆形围墙以外另发现有一周方形围墙基槽，被环沟叠压，边长为45～48米，面积约2200平方米。目前西孟庄遗址的考古发掘工作仍在进行。

通过发掘可知，西孟庄遗址是一处保存较好、结构较完整的龙山早期聚落，发掘区位于遗址北半部，遗址内有一周环形围墙将居址区与外围环沟分隔开来，居址区经过多次重复建造，外围环沟范围大且形状不规则。此外，西孟庄遗址的面积和规模不大，应为一处等级较低的基层龙山聚落，或可对应龙山社会组织中"都—邑—聚"中的"聚"。以往发现的龙山时代遗址多为大型城址，龙山基层聚落的考古材料多是较零散的，而西孟庄遗址是一处保存较好的龙山基层聚落，在全国范围内尚属首次发现，对于认识海岱地区龙山文化的聚落形态和社会组织结构来说是十分重要的补充材料。

英文摘要

Ximengzhuang Site is in the south of Ximenzhuang Village, Jiehe Town, Tengzhou City. The site, which is relatively well-preserved and has a clear layout, used to be a settlement back in early Longshan period. A circular wall, whose foundation trough can be divided into two phases, has been found. Inside the circular wall, where there used to be a residential area, as many as 15 dwelling sites have been revealed. Outside the circular wall, there are patches of low-lying land. The excavation of Ximengzhuang Site has provided important supplementary materials for researches concerning settlement patterns and social organization structures in Haidai District in Longshan period.

新石器时代

2018年西孟庄遗址发掘区全景（上北下南）

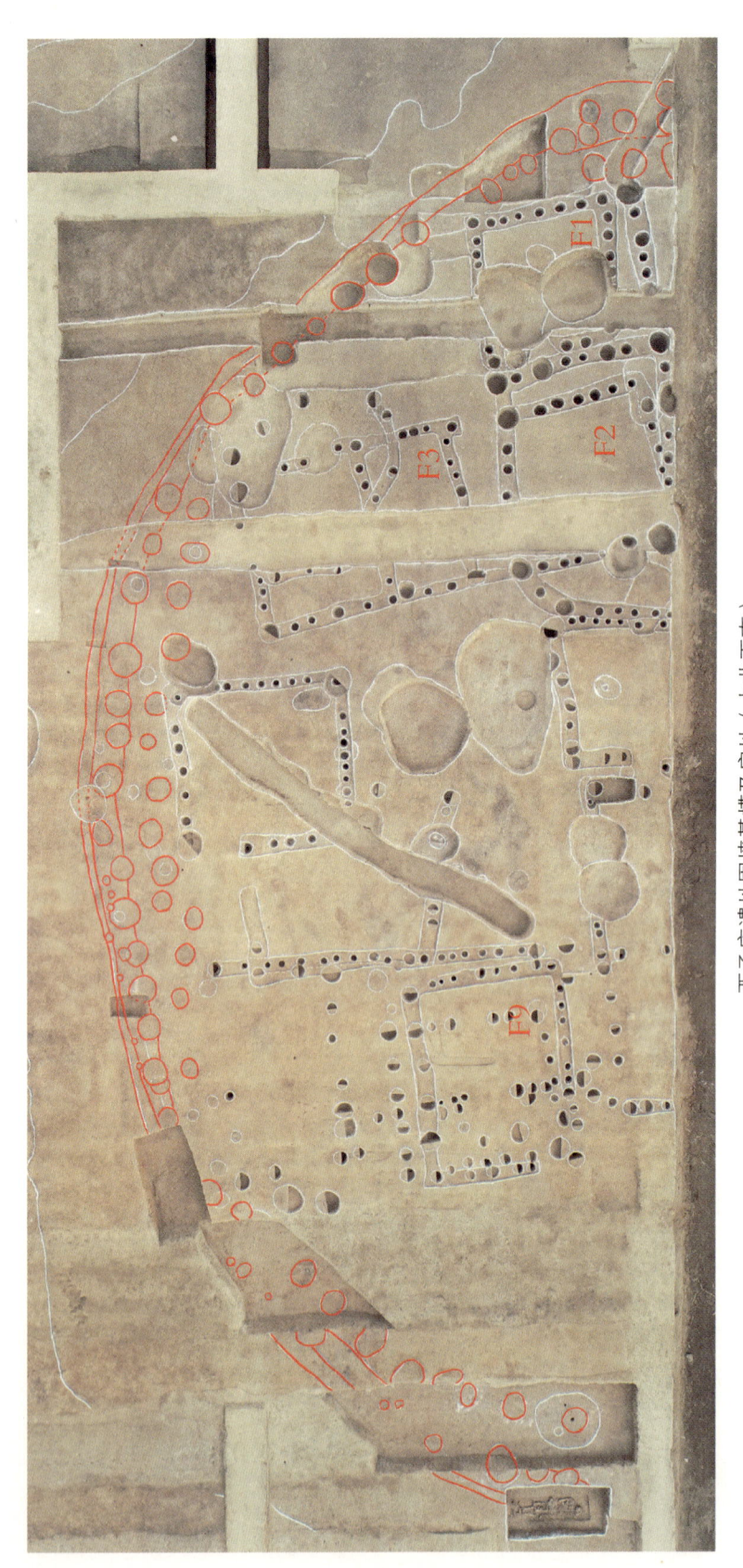

西孟庄遗址围墙基槽及房址（上北下南）

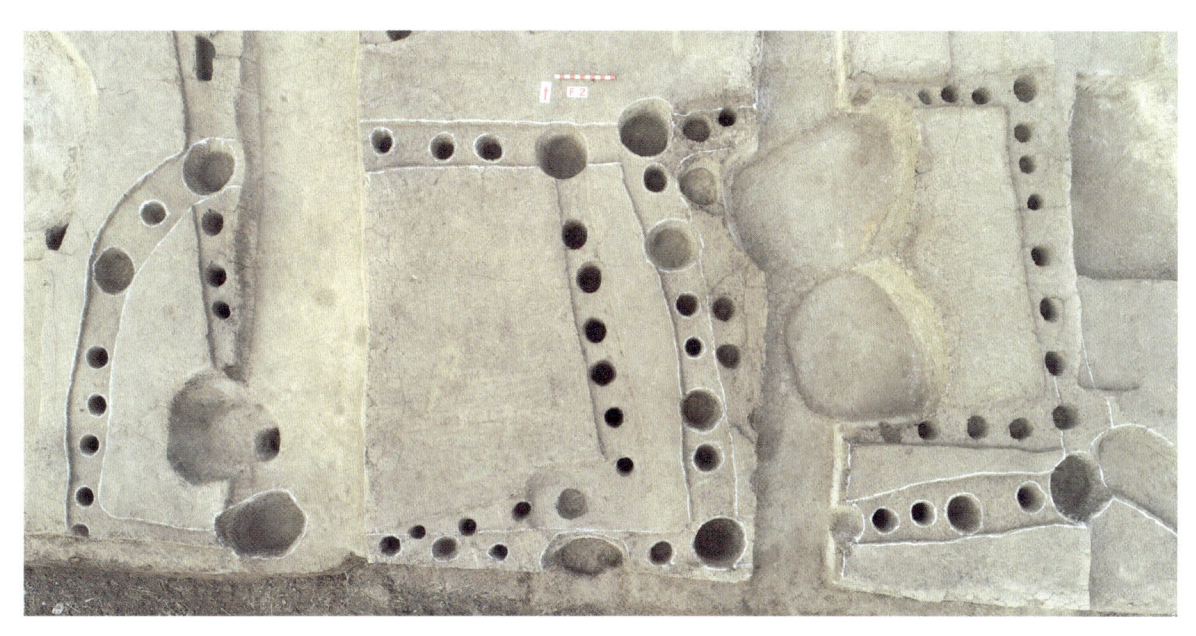

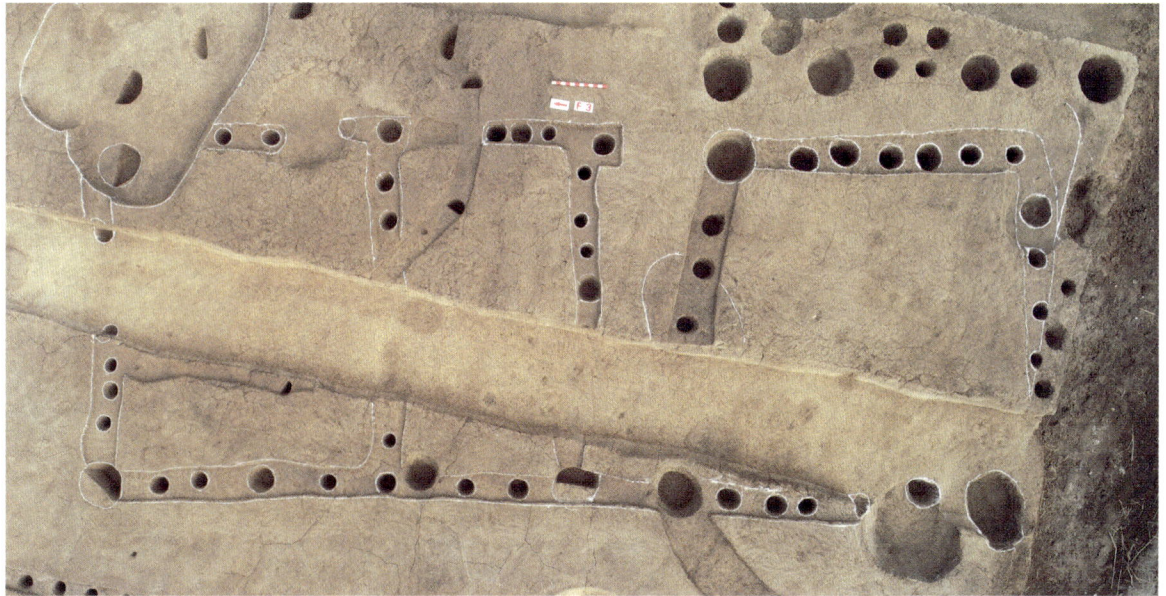

西孟庄遗址房址

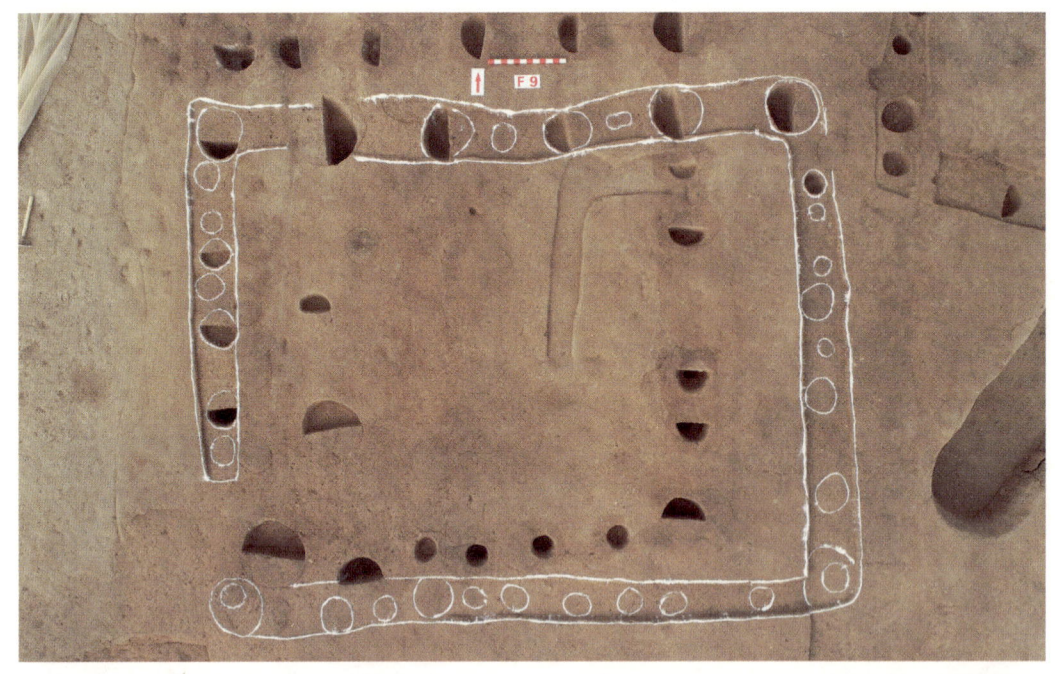

西孟庄遗址遗存

安徽淮南寿县卫田新石器时代聚落遗址

◎王 芬 路国权 黄梦雪

> 卫田遗址位于安徽省淮南市寿县炎刘镇谢墩村卫田自然村，该遗址在引江济淮工程沿线勘探时被发现。通过勘探，初步摸清了该遗址的分布范围与文化层堆积情况。遗址平面呈椭圆形，总面积近2万平方米，为一处新石器至商周时期的聚落遗址，保存有丰富的龙山时代堆积。该遗址的发掘进一步丰富了淮河中游南岸地区龙山时代的考古研究资料。

卫田遗址位于安徽省淮南市寿县炎刘镇谢墩村卫田自然村西侧约1000米处，地理坐标为北纬31°59′48″，东经116°49′17″。遗址平面呈椭圆形，南北长174米，东西宽104米，总面积近2万平方米，为一处新石器至商周时期的聚落遗址。遗址处在引江济淮工程河道中央，为配合工程建设，2018年10月至2019年1月，山东大学对该遗址进行了正式发掘。发掘区域位于遗址的南部和东部，实际发掘面积1050平方米。

卫田遗址发现龙山时期房址3座、灰坑49个、灰沟4条、壕沟1圈，周代房址2座、灰坑20个、灰沟4条，汉代水井1口，宋元时期灰坑7个、灰沟2条、墓葬1座，明清时期灰坑3个、灰沟1条、墓葬1座。

龙山时代房址 龙山时代房址均为地面式建筑，仅剩基槽，有单间与多间之分。F3为双间房，平面呈长方形，残存T形基槽，发现柱洞2个，东西长4.50米，南北宽3.30米，面积14.85平方米。F5平面呈长方形，东西长2.90米，南北宽1.90米，面积5.51平方米。门道朝南，位于南壁东侧，在门道内发现一近圆形烧土坑，疑似室内灶。

龙山时代壕沟　壕沟位于遗址东部，呈西南—东北走向，宽约14米，最深约1.80米。堆积分9层，据开口层位及包含物推测，该壕沟的使用年代从龙山时代延续到周代。

龙山时代灰坑　H79平面呈长条形，斜壁，平底。长23.70米，宽8米，深0.70~0.80米。底部放置大量完整器物，似成组放置，具有一定规律性。坑内堆积分5层，出土大量龙山文化陶片，器形有鼎、鬶、豆、尊、杯、盆等，另有少量石器、猪下颌骨、鹿角等。

周代房址　F1平面呈长方形，仅剩柱洞，东西长2.90米，南北宽2.80米，面积8.12平方米。F2平面呈长方形，仅剩柱洞，南北长2.20~2.40米，东西宽2.10米，面积约4.80平方米。

周代灰坑　H2平面呈长方形，口大底小，斜壁，坑底凹凸不平，未发现人为加工痕迹。口东西长8.65米，宽7.30米，底东西长5.83米，南北宽4.66米，深1.38米。坑内堆积分3层，出土大量周代陶片，器形有鬲、甗、簋、盆、盂、钵、豆、罐、盏等。另出土少量青铜器、石器、兽骨和龙山文化陶片等。

卫田遗址出土遗物数量多，种类丰富，以陶器为主，有少量石器、青铜器、骨器、角器、兽骨及瓷器、银器等。陶器以龙山时代和周代陶器为主，有少量大汶口文化陶器。龙山文化陶器器形以鼎、鬶、罐、豆、尊、杯、盆、器盖、器座等为主，周代陶器器形以鬲、甗、簋、盆、盂、钵、豆、罐、盏等为主。目前已修复陶器60余件。出土石器40件，器形有石锛、石斧、石镞、石钺、砺石等。出土青铜器8件，器形有铜刀、镞等。

从目前初步整理的情况来看，该遗址龙山时代的文化面貌与蚌埠禹会村类型接近，遗存年代以龙山文化早期阶段为主，亦有少量属于龙山文化晚期阶段。周代遗存从西周早期一直延续到春秋早期，文化面貌与霍邱堰台遗址较为接近。

截至目前，淮河中游南岸地区已发掘的龙山时代和周代遗址不多，而卫田遗址保存了较为丰富的龙山时代和周代前期堆积。该遗址的发掘，进一步丰富了该地区龙山时代和周代前期的考古研究资料。

从聚落考古的角度看，卫田遗址属于龙山时代和周代的小型聚落。通过对发掘区域不同时期遗迹空间分布的初步观察与统计分析，龙山时代该遗址人类的主要活动区域位于发掘区的西部，从龙山早期到晚期阶段，人类活动范围有所扩展。两周时期，该遗址作为一处小型聚落被继续使用，人类活动区域扩展到发掘区的北部，发掘区的东南部洼地可能有较大水域。另外需要指出的是，由于该遗址中心区域被现代水塘破坏殆尽，使得对该遗址开展进一步的微观聚落研究受到较大的制约。

英 文 摘 要

Weitian Site is located in Weitian Unincorporated Village, Xiedun Village, Yanliu Town, Shouxian County, Huainan City, Anhui Province. It was discovered during exploration carried along the course of Diverting Yangtze River to Huaihe River Project. Archaeological reconnaissance was carried out by archaeologists from Anhui Provincial Institute of Cultural Relics and Archaeology. Conditions of the site, including its distribution and stratified deposit, have been generally found out. Weitian Site, whose plane layout is an elliptical one, covers an area of nearly 20,000 square meters. As the site of a settlement that spanned from Neolithic Age to Shang and Zhou dynasties, Weitian Site contains abundant stratified deposit dating back to Longshan period. The excavation of Weitian Site has amply contributed materials to regional archaeological work on the south bank of the middle reaches of Huaihe River in Longshan period.

F3（龙山时代由北向南）

F5（龙山时代）

H79（龙山时代　上北下南）

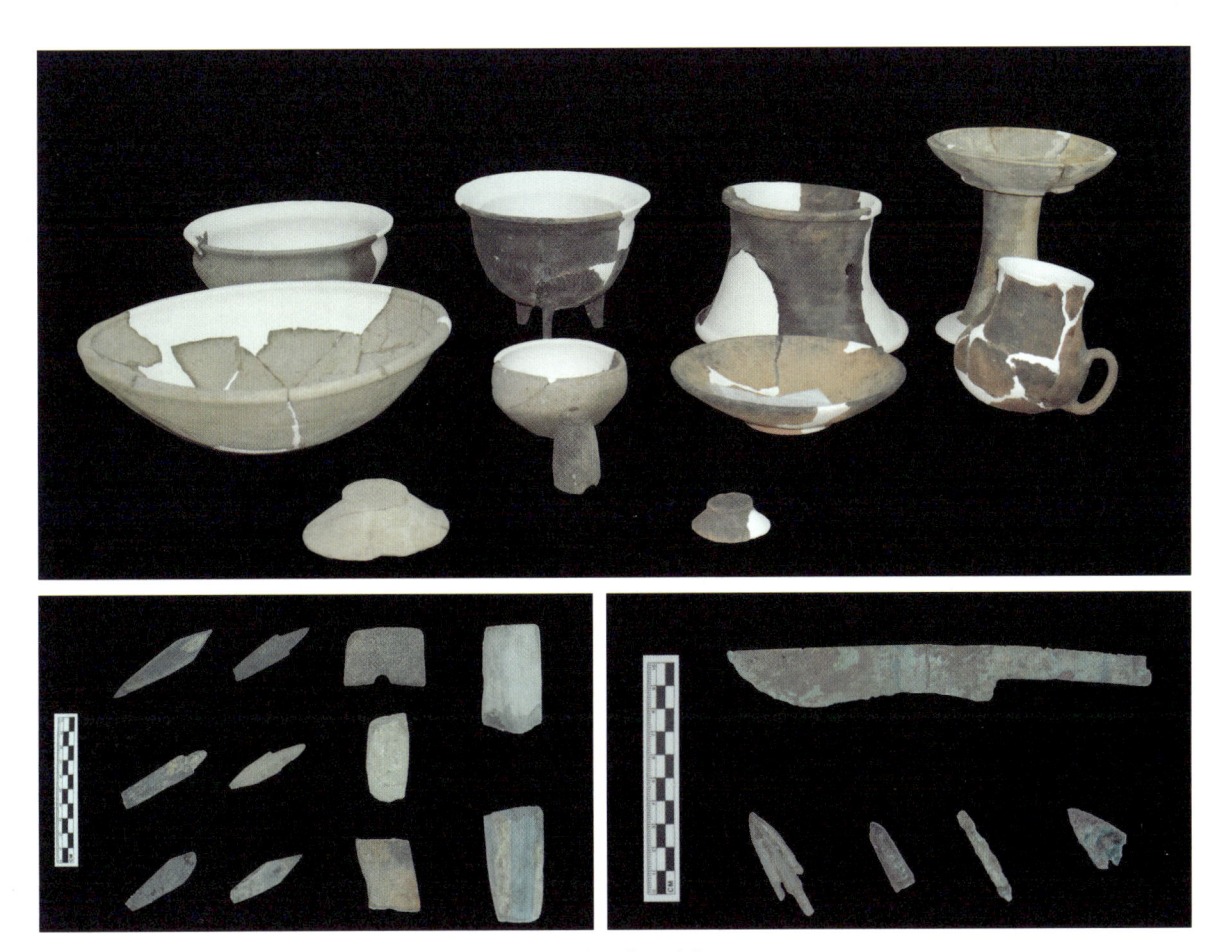

卫田遗址出土遗物

陕西神木石峁遗址皇城台地点

◎孙周勇 邵 晶 邸 楠 邵安定 夏 楠

> 石峁遗址是近年来发掘的一处位于黄土高原北部的龙山时代晚期至夏代的重要遗址。2016年以来重点发掘了石峁遗址皇城台地点的门址、东护墙北段上部堆积和台顶的东南区域,发现了完备成熟的城门设施,陶、骨、石、玉、铜等各类重要遗物及台顶墙基上精美的大型石雕,显示出皇城台在城址内的核心地位,其或已具备了早期"宫城"的性质。

石峁遗址位于陕西神木市西南40余千米高家堡镇东侧,秃尾河和其支流洞川沟交汇处的土石山峁之上,遗址总面积超过400万平方米,是河套地区一处龙山时代晚期至夏代早期的超大型中心聚落,也是目前发现的距今4000年前后东亚地区规模最大的城址。自2011年起,陕西省考古研究院与榆林市、神木县(市)文博单位组建石峁考古队,确认了以"皇城台"为核心、内外城相拱卫的三重石砌城垣,并先后对外城东门址、后阳湾、韩家圪旦等多处重要地点进行了考古发掘,清理了一批重要遗存,为研究龙山时代至夏代河套地区文化面貌及中国文明起源的多元性和发展进程提供了全新资料。

2016年以来,石峁考古队开始对遗址核心区——皇城台地点进行系统考古发掘。三年的考古发掘主要完成了皇城台门址和东护墙北段上部的清理。考古发掘显示,皇城台门址由广场、外瓮城、墩台、内瓮城、门塾和主门道等组成。广场由平行的南、北两道石墙及外瓮城东墙一线围成，平面呈长方形，南北长约60米，东西宽约33米，面积约2000平方米。外瓮城位于广场内侧、南北墩台外侧正中，为一道平面呈折角U形的石墙，在其外侧墙根处，发现了紧贴墙面的两件完整玉钺，当系铺设瓮城外的广场地面时埋入。南、北墩台位于广场内侧，平面呈长方形，结构均为夯土内芯外包砌石墙，分别与广场南墙和广场北墙相接，体量上北墩台要大于南墩台。南墩台顶部的层位关系反映其建筑年代可能要早至公元前2200年至公元前2300年。第一重门道位于外瓮城内，以南、北墩台为界，门道内地面遍铺平整砂岩石板，自外而内向上攀升，向西延伸至内瓮城处而折向北侧，在局部铺地石板上还发现有阴刻装饰纹样。第二重门道与第一重门道西端相连，为一道U形的回廊，自入口处由南向北延伸，然后盘旋蜿蜒而上，后变为自北向南延伸，门道内地面未铺石板，门道两侧的石墙上发现对称分布的壁柱槽，部分柱槽内尚有朽木残留，可见第二重门道应系一覆顶的封闭空间。主门道内还清理出一些壁画残片，画幅保存最大者约30平方厘米，白灰面做底，以红、黄为主色，绘出菱形方格纹、勾连纹等几何图案。主门道的西端穿过一小门即可登上皇城台顶。在皇城台门址发掘过程中，上层堆积内发现铜器和石范残块，有环首刀、直背刀、锥。从层位关系和共存陶器来看，皇城台门址出土石范的年代为夏代早期，铜器的年代为龙山时代晚期和夏代早期，是中国早期铜器的又一重要发现，夯实了河套地区在中国铜器起源和传播过程中的地位，为探索早期冶金技术在中国的传播路线提供了关键的连接点。

东护墙北段由下至上呈阶梯状内收，巍峨壮观，揭露最高处高达10余米，覆盖墙体的弃置堆积内出土陶、骨、石、玉、铜等各类遗物数以万计。陶器中除大量鬲、斝、盉、罐、豆、瓮等日用器物外，还出土了数量可观的瓦，暗示着皇城台台顶存在着覆瓦的大型宫室类建筑，而鹰形陶器或许具有宗教功能。骨器中骨针的半成品及成品数量达到了1万余枚，生产过程中各阶段废料及残次品的集中出土，预示着皇城台顶部可能存在着大型制骨作坊。需要特别提及的是出土的骨制口弦琴，其数量不少于20件，制作规整，呈窄条状，中间有细薄弦片，弦片一般长8~9厘米，宽1厘米左右，厚度仅1~2毫米。测年数据显示，口弦琴制作于距今4000年前。口弦琴是一种古老的乐器，在我国先秦文献中曾有记载，被称作"簧"。石峁口弦琴的考古背景清晰、形制完整，是迄今世界范围内发现的年代最早的口弦琴，是中国乃至世界音乐史上的重要发现，为探讨早期人群流动及文化交流提供了难得的线索。

2018年还对台顶东南区域进行了"摸索式"发掘，发现了一座夯土筑芯、砌石包边的大型台基，其上还修建有大型房址。台基大致呈南北向长方形，南护墙长约80米，最高处高约4米。在南护墙处发现有20余件石雕，石雕大部分出土于南护墙墙体的倒塌石块内，仍有部分镶嵌在南护墙墙面上。这些石雕绝大多数为单面雕刻，技法以减地浮雕为主，内容可分为人面、神面、动物、神兽等，最大者画面长度近3米，以中心正脸的神面为中心，两侧对称雕出动物或侧脸人面，体现了成熟的艺术构思和精湛的雕刻技艺。层位关系表明大型台基南护墙的年代不晚于公元前2000年。从使用背景来分析，这些石雕可能来自其他高等级建筑，在修砌大台基时被嵌入南护墙。目前看来，这些石雕与4000多年前石峁先民砌筑石墙时放置玉器、起修建筑时以人头奠基的精神内涵相同，反映了石峁先民对皇城台的精神寄托。

皇城台地点三年来的考古工作表明，皇城台系石峁城址的核心区域，当已具备了早期"宫城"的性质，是目前东亚地区发现的保存最好的早期宫城。石峁城址层层设防、众星拱月般的结构奠定了中国乃至整个东亚地区古代以宫城为核心的都城布局。

英 文 摘 要

Shimao Site, an important site excavated in recent years, is on the northern Loess Plateau. This site spanned from late Longshan period to Xia Dynasty. Intensive excavations have been carried out at the gate remains of the Imperial City Terrace (Huangchengtai), on the upper part of the northern section of the eastern retaining wall and in the southeastern zone of the Terrace since 2016. Established gate facilities, various antiques made of pottery, bones, stone, jade and bronze, and exquisite large stone sculptures erected on the wall base on top of the Terrace all reflect the pivotal position of Huangchengtai inside the city and indicate that Huangchengtai had the features of an early imperial city.

新石器时代

皇城台鸟瞰（由东南向西北）

台顶东南部
东护墙北段
门址

皇城台东护墙北段（由东向西）

鹰形陶器

门址内的壁画残块

皇城台遗物

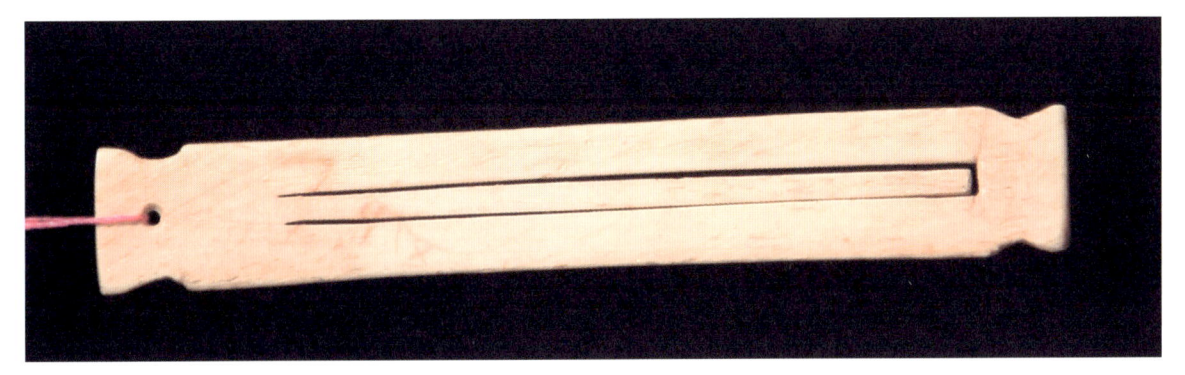

骨质口簧

台基南护墙上的大型石雕

山西兴县碧村遗址

◎王晓毅　张光辉　王小娟

> 经过多年的考古发掘与调查，截至2018年，已基本弄清碧村遗址的聚落结构，明确了小玉梁台地在遗址中的核心地位，也基本了解了其聚落布局与演变，初步确认该台地经历了半地穴房址和石砌排房早晚两大阶段，同时从宏观上掌握了碧村周边史前遗存乃至整个晋西新石器时代末期石城的空间分布信息。

碧村遗址位于吕梁市西北角兴县高家村镇碧村村北，地处蔚汾河与黄河交汇处。2014年至2015年，山西省考古研究所对碧村遗址进行了调查与发掘，在小玉梁地点发现大型石砌排房及护坡，并在遗址城墙圪垛地点发现东城墙，初步确认其性质。随后，考古人员将调查范围逐步扩大到碧村所在的蔚汾河流域。2016年至2017年，山西省考古研究所对小玉梁地点进行了重点发掘，发现石砌房址及同时期遗存，确认在石砌排房出现之前，小玉梁地点还存在一个半地穴房址阶段。

为全面了解小玉梁地点的聚落布局及变迁，考古人员于2018年对原发掘区展开了进一步的清理和重点解剖，并对发掘区进行了回填保护，同时开展遗址年代、古环境、古地貌、古植物、古动物等多学科合作研究。截至2018年，已基本弄清了小玉梁的聚落结构，特别是明确了小玉梁台地在遗址中的核心地位，并基本了解了该地点的聚落布局与演变，初步确认该台地经历了半地穴房址和石砌排房早、晚两大阶段，同时从宏观上掌握了碧村周边地区史前遗存乃至整个晋西新石器时代末期石城的空间分布信息。

小玉梁早段遗存集中分布于发掘区的西北部，发现少量半地穴式白灰面房址，此类房址不见石块垒砌的墙体，其中F10的面积超过20平方米，门道疑似朝南。这些房址被叠压在一层褐土之下，并在其周边见有同时期的活动面，其中一座房址的柱洞还用碎陶片进行铺垫。

小玉梁地点的主要遗存多属于晚段，在该台地中部偏东位置发现一组五座连间的石砌房址，在台地边缘发现包边围墙，并发现一座借助东北角护墙修建的石砌房址。同时，在石砌排房背后发现一些用于堆放生活垃圾的灰坑，靠近排房的台地东部与南部边缘地带也是日常废物的集中倾倒区。遗物主要出于灰坑，以陶器为主，常见鬲、蛋形瓮、折肩罐、敛口斝、管流盉、圈足盘、细柄豆等，也有骨针、卜骨、蚌饰、细石器等。此外，还发现了零星的玉器残片、绿松石。

五座石砌排房坐东朝西，南北成排，以F2为中心，南北分列两座，占地总面积超过400平方米。这些房址均为地面式建筑，白灰铺地，由南及北编号分别为F4、F1、F2、F3、F5，除最南面的F4外，F2、F1和F3东墙均宽达1.20米。房内有圆形火塘，直径1.60～2.60米。石砌排房东侧为东围墙，西侧地势平坦，无同时期遗存，应为活动广场。

此外，在小玉梁四周发现的围墙，平面呈长方形，南北宽，东西略窄，方向与石砌排房相同。围墙依靠台地边缘地势顺势而建，起到镶坡包边作用。

遗址内的半地穴房址与石砌排房不仅建筑风格有别，高度也存在较大差距，且层位关系明显，石砌排房修建于褐土层之上，表明西北部发现的半地穴房址要早于中部的石砌排房。石砌排房时期是小玉梁最为兴盛的阶段，该阶段逐步完善了台地周边的护墙设施，形成一个典型的中心台城，与遗址东部城墙圪垛地点的外围城墙遥相呼应。

为在更大空间内了解碧村周边地区遗存的分布情况并进行跨区域的比较研究，探讨碧村遗址在区域社会中的角色以及区域社会结构，我们将调查范围延伸到兴县蔚汾河中下游干流区域，并对兴县之外的吕梁山西侧的个别重点遗址也进行了复查，进一步深化了对碧村这类石城的空间认识。截至目前，在碧村所在的黄河吕梁山沿线调查发现龙山时期遗址十余处，包括蔚汾河中游的兴县白崖沟、三川河下游的柳林八盘山、黄河东岸的河曲石城等遗址，初步确认晋西石城的分布范围北达河曲偏关，南至柳林石楼附近，与陕北、内蒙古中南部石城连城一片。其中，白崖沟遗址的面积达120万平方米，是目前晋西发现的面积最大的龙山时代石城聚落，其时代主要为龙山前期，略早于碧村，这为探索龙山时期蔚汾河流域的社会格局及其变迁提供了可能。

碧村遗址与陕西省神木县石峁遗址、内蒙古清水县后城咀遗址是同处于黄河沿岸地区的典型石城聚落，主体年代相当于中原龙山文化时期，下限已进入二里头文化时期偏早阶段。碧村遗址的确认，为认识中国史前史及探讨早期国家的诞生等问题又打开了一扇窗。首先，该遗址是目前在黄河一级支流河口处发现的规模最大的石城，文化性质属于石峁系统，其南、北、西三面环河临沟，东面横亘一道石墙，形成一个相对独立空间，符合陕蒙龙山时代石城的一般构建模式，扩展了北方龙山石城文化的空间分布范围。其次，碧村遗址也为探索龙山时代石峁之外的同类北方中型石城的聚落结构及区域社会整合提供了蓝本。再次，碧村地处守蔚汾河的入黄河口处，控扼南下北上的黄河走廊，拥有勾连四方的战略作用，是联系龙山时代北方石峁集团与中原陶寺集团的重要纽带。此外，约相当于二里头文化早期碧村遗址小玉梁地点被废弃，在废弃之前，其文化面貌基本一致，上述迹象再次表明该类遗存代表的考古学文化的消亡明显晚于中原地区，其下限至少已进入二里头文化时期偏早阶段。

英 文 摘 要

After years of excavation and exploration, till 2018, the settlement structure of Bicun Site has been generally found out. It has been confirmed that Xiaoyuliang Terrace used to enjoy a pivotal position here. The layout and development of the settlement have been basically understood. According to preliminary findings, on the terrace, there used to be half dugouts in the beginning before row houses appeared. In addition, conditions of prehistoric sites in the vicinity of Bicun Village and even distribution patterns of stone cities constructed during the end of Neolithic Age in west Shanxi have been grasped from a macro perspective.

半地穴房址

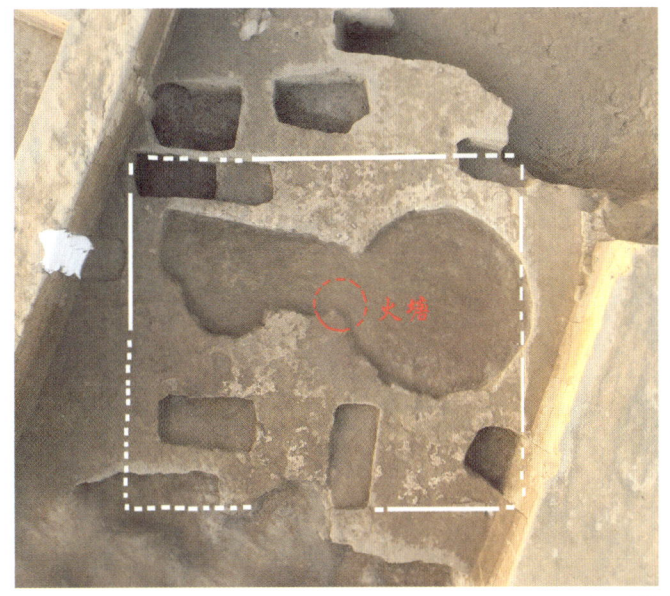

火塘

东墙南段保存情况

东墙南段 内墙 外墙

石砌房址

江苏常州青城墩新石器时代遗址

◎许晶晶 郑铎

> 青城墩遗址位于常州市经开区横林镇后青墩村北,是一处土墩遗址,2017年8月开始发掘。目前已发现环壕、土台、房址、灰坑和墓葬等各类不同时期遗迹,以18座崧泽文化晚期至良渚文化早期的较高等级墓葬为最重要的收获。遗址的堆积大致可分为崧泽文化、良渚文化第一次堆积、良渚文化第二次堆积和良渚文化以后的堆积四个阶段。遗址的发现和发掘极大地丰富了崧泽文化晚期至良渚文化早期阶段的考古资料,对研究崧泽文化与良渚文化之间的过渡问题具有重要意义。

青城墩,俗称"青墩",位于常州市经开区横林镇后青墩村北。遗址中心高,四周低,北面被厂房占据。土墩现东西残长120米,南北残宽80米,残高6米。2017年8月,南京博物院等单位正式对青城墩遗址进行抢救性考古发掘,发掘面积约3300平方米。

为了解青城墩遗址的地层堆积情况,在青城墩西部断崖上铲刮一个南北贯通的大剖面。断崖剖面大致划分为79层,地层堆积可分为崧泽文化堆积、良渚文化第一次堆积、良渚文化第二次堆积和良渚文化以后的堆积四个阶段。

青城墩遗址遗迹数量多,种类全,层位关系复杂。目前已发现环壕、土台、房址、灰坑和墓葬等各类不同时期遗迹多处。环壕、土台、房址、灰坑等主要为新石器时代遗存，墓葬则涵盖新石器、商周、六朝、明清等多个时期。

环壕有内、外两道。在青城墩东侧约230米处发现外环壕。外环壕宽25～50米，南与遗址南侧现存河道相接，北端伸入厂房，西与现存河道西岸连通，呈弧形将青城墩遗址包围。内环壕在外环壕内侧，紧邻青城墩墩角。从解剖情况来看，内环壕宽约18米，深2～2.40米。环壕填土内包含遗物较多，根据陶器分析，其时代应为良渚文化早期。

发现崧泽文化土台两座，分别位于现存土墩的东、西两侧。东侧土台平面近方形，表面堆敷一层较纯净的白土，保存较好。西侧土台暂未解剖，土台规模不明，不过通过对遗址西部大剖面的分析，土台应为平地起筑，土层中有夯筑面和草木灰烬层，从堆积层次来看，应至少经历了两次堆筑过程。良渚文化土墩则是在崧泽文化土台的基础上不断扩建加高而成的。

房址目前共发现6座（F1～F6）。F1和F2为分布于遗址西侧墩顶的良渚文化房址，根据柱坑（洞）排列情况，可知F1平面为近南北向长方形，门道居其东北，在房址东南部还发现有炭化竹围栏痕迹。F2仅余数枚柱坑（洞）痕迹，平面近圆形，门道朝南。F3～F6均为崧泽文化近方形房址。F3、F4位于东侧崧泽文化土台台顶。F5、F6位于遗址西侧大剖面下，均残存基槽和柱洞，F5打破F6。

此次发掘共清理灰坑31个、灰沟10条。部分灰坑分布集中、大小相近，平面均为圆角长方形，斜弧壁，填土纯净无遗物。这种灰坑在浙江海盐仙坛庙、桐乡姚家山、桐乡新地里等诸多遗址均有发现，推测其可能与古人的祭祀活动有关。

本次考古发掘共清理墓葬122座，其中崧泽文化晚期到良渚文化早期的18座墓葬是本次发掘最重要的收获。这些墓葬分布于遗址的三个不同区域。崧泽文化晚期墓葬（11座）主要集中于遗址东部、崧泽文化东土台西侧。这些墓葬多为近南北向竖穴土坑墓，相互之间极少叠压打破，单人葬，头向南，葬具以盒状单棺为主，偶见棺椁齐备者。随葬陶器多保存较差，主要有鼎、壶、罐、杯、大口缸和纺轮等。石器主要是钺和锛。出土玉器较多，有璧、璜、镯、玉饰件、管和珠等，M71出土的鸮首形玉饰和环形小玉龙造型精巧、形象生动，比较少见。良渚文化早期墓葬（6座）分布于良渚文化土墩东北边缘，为近南北向竖穴土坑墓，单人葬，盒状单棺葬具。随葬陶器、石器和玉器三类，陶器有鼎、豆、盆、罐、杯及双鼻壶等，石器有钺、斧和锛，玉器较多，有玉琮、玉冠饰、玉瑗、玉镯、玉环、玉管、玉珠等。打破F2的良渚文化M113偏于遗址西侧，东西向，人骨及葬具不存，仅出阔把壶一件。该墓葬可能与良渚文化土墩的堆筑活动相关联。

青城墩遗址面积大，保存好，文化堆积丰厚，出土遗物较多且精美，遗迹现象复杂全面，这些遗存是崧泽文化晚期至良渚文化早期史前人类居住、埋葬以及祭祀、宗教等生产、生活活动的反映。双重环壕等种种迹象表明，该遗址是江南地区一处难得的等级较高的史前聚落中心。此外，该遗址所见新石器时期墓葬，其随葬品组合、器物形制及葬俗等既有崧泽文化风格，又有良渚文化早期特征。因此，该遗址的发现和发掘极大地丰富了崧泽文化晚期至良渚文化早期阶段的考古资料，对研究崧泽文化与良渚文化之间的过渡问题具有重要意义。

英文摘要

Qingchengdun Site, which is in the form of a mound, is in the north of Houqingdun Village, Henglin Town, Economic Development Zone of Changzhou. Excavations have been carried out here since August 2017. Up till now, a wide range of relics dating back to various historical periods have been revealed, including moats, earthen platforms, dwelling sites, ash pits and tombs. Eighteen comparatively high-grade tombs, which were constructed during the timespan from late Songze period to early Liangzhu period, constitute the most important discovery. Stratified deposit found at Qingchengdun Site can be divided into four major phases, i.e. one of Songze period, two of Liangzhu period and one after Liangzhu period. The discovery and excavation of Qingchengdun Site have amply contributed contemporary archaeological materials to researches concerning the transition of Songze culture to Liangzhu culture.

新石器时代

青城墩遗址发掘现场（上北下南）

黄淮七省
考古新发现

青城墩遗址西侧剖面

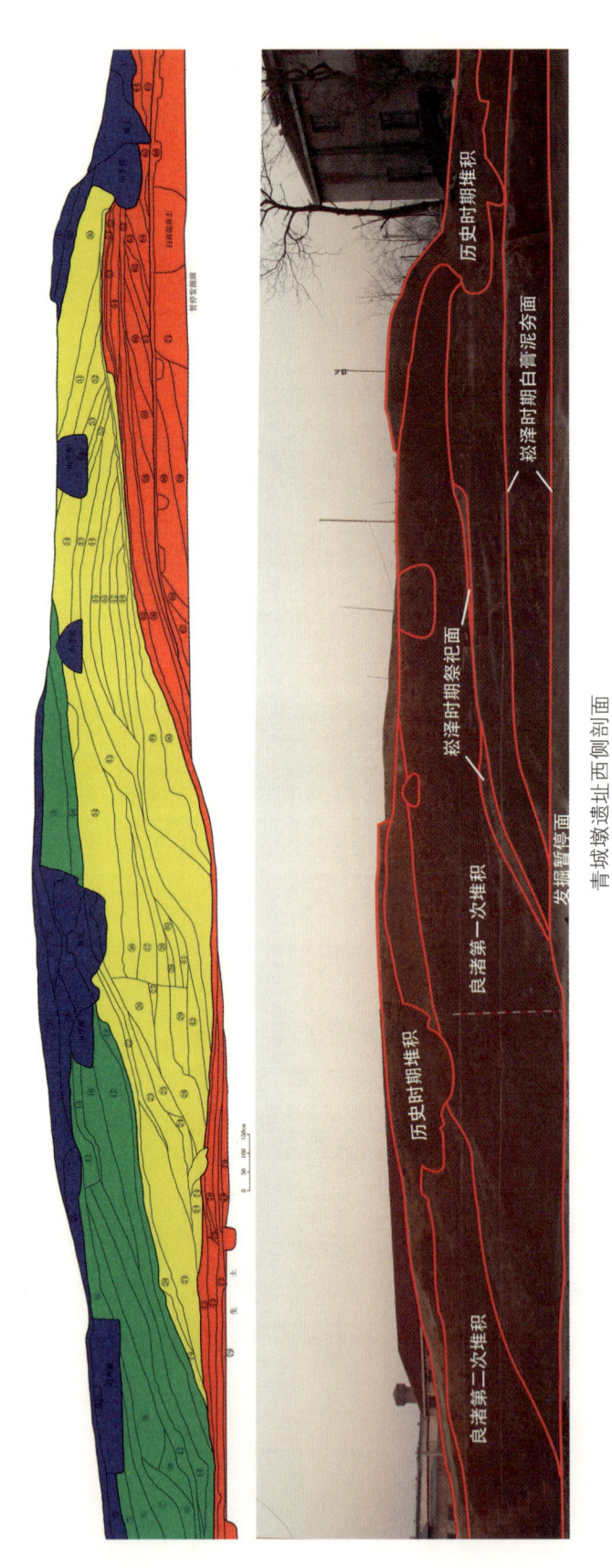

历史时期堆积
松泽时期祭祀面
良渚第一次堆积
发掘暂停面
松泽时期白青泥夯面
历史时期堆积
良渚第二次堆积

青城墩遗址内环壕剖面

106

崧泽文化土台
（红框内发白部分）

M116（崧泽文化）

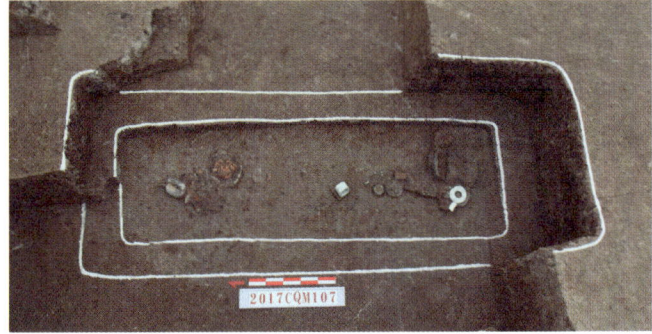

M107（良渚文化）

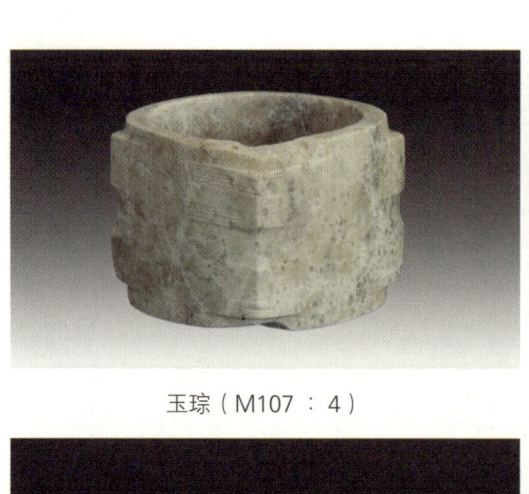

玉琮（M107：4）  玉环（M108：1）

玉冠饰（M107：2）  玉璜（M66：1）

玉璜（M66：2） 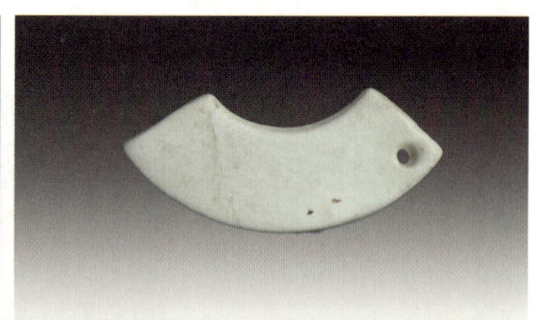 玉玦（M57：3）

玉龙（M71：3）  玉瑗（M107：1）

夏商周

{ XIA-SHANG-ZHOU }

"礼，经国家，定社稷，序民人，利后嗣者也。"（《左传·隐公十一年》）在夏商周三代，礼制既是生活习惯，又是思想信仰，更是政治制度。凭此保障等级生活，维系社会秩序。且听来自七省的考古学者从建筑基址、墓葬、车马坑，以及青铜器和陶器的发现，如何观察礼制性政体由隆盛走向式微、终将被集权性政体所取代……

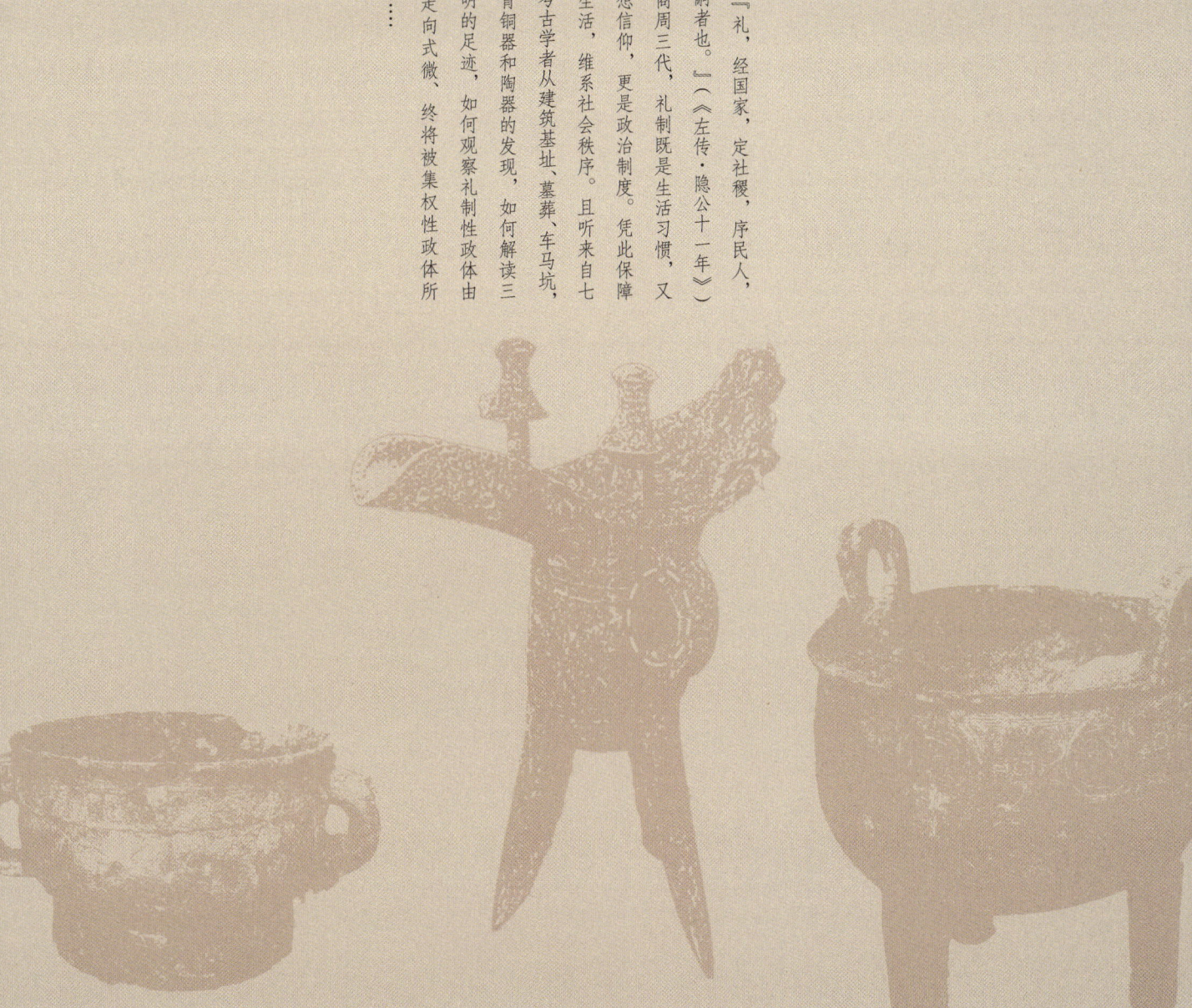

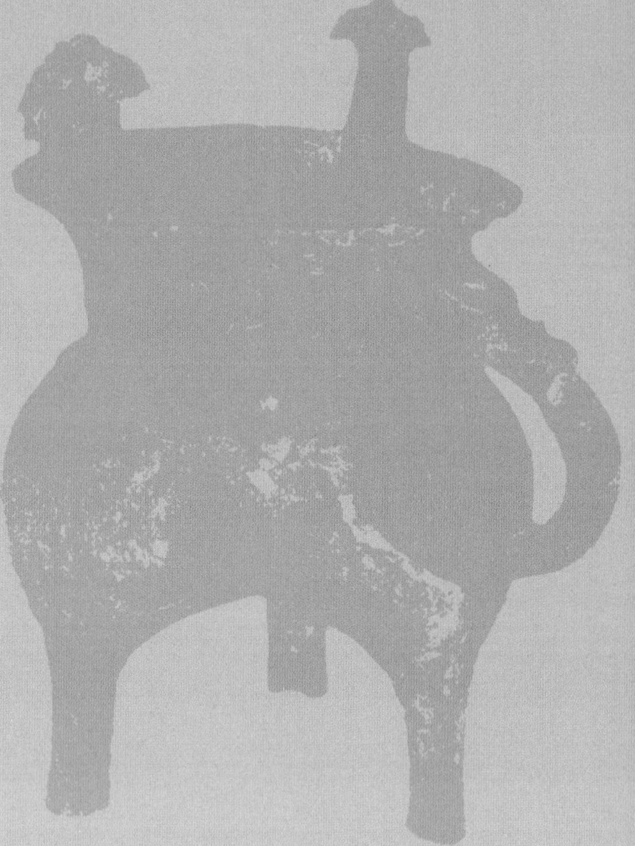
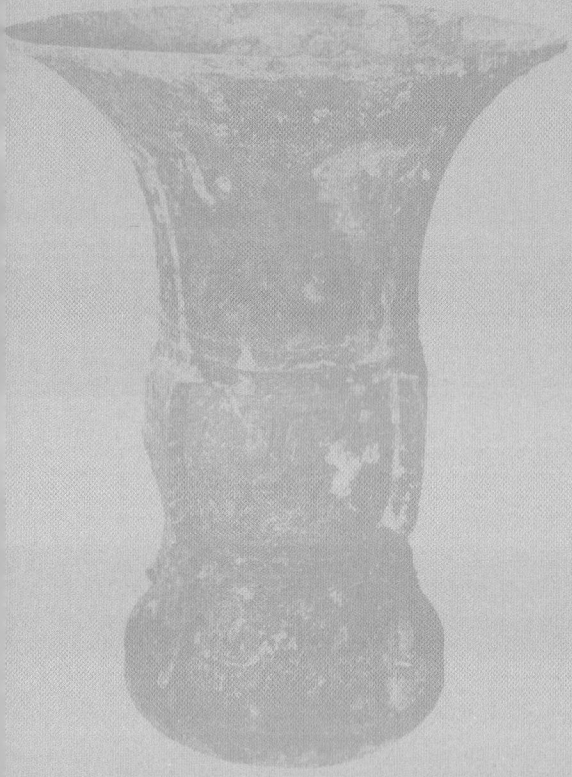
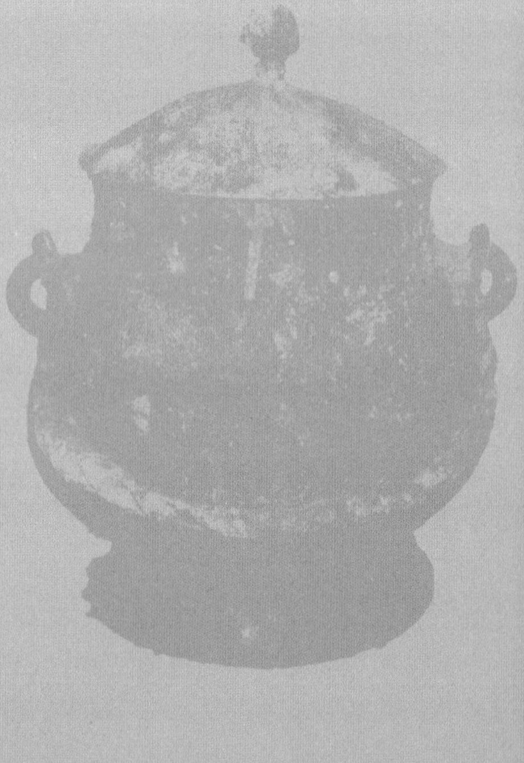
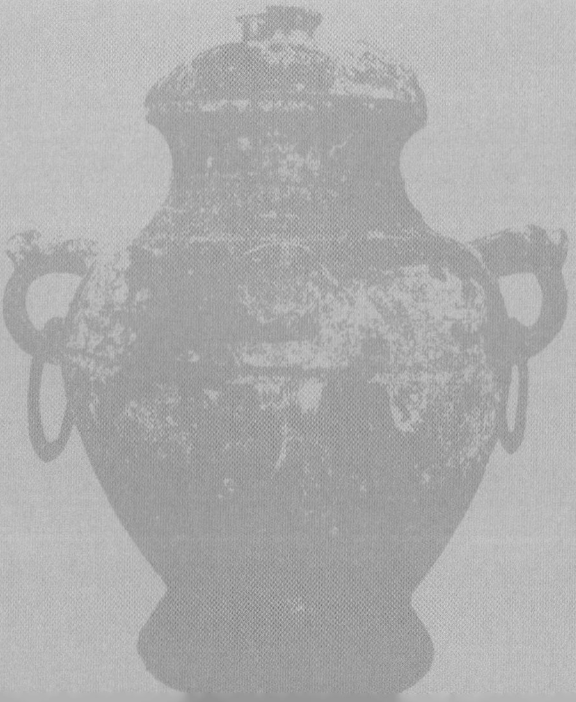

山东章丘城子崖遗址岳石文化晚期北门址

◎朱 超 孙 波 赵国靖 张 强

> 山东省文物考古研究院于2018年对城子崖遗址岳石文化晚期城址北门址进行了全面揭露，发现岳石晚期城址北墙存在三个相毗邻的豁口，中门豁口宽达25米，体量巨大，其又由等距分布的两个夯土基坑等分为三个门道，呈现出"一门三道"的布局，特殊的城门结构应具有一定的政治礼仪功能，侧面反映出城内人群社会结构可能已出现明确的等级分化。

城子崖遗址位于山东省章丘市龙山街道龙山四村东北，南邻山城村，东距章丘市区约15千米，西侧紧临武源河，南距胶济铁路约1千米。遗址平均海拔54米左右，为典型台地地貌，高出周边地面2～3米，除东北角平缓外，四面均为断崖。台地平面近南北长方形，西北部外凸如舌，边缘较高，向中心部位缓降，远望状如城子。台地南北长约540米，东西宽约430米，面积约20余万平方米。

城子崖遗址是中国学者发现并最早发掘的新石器时代遗址之一，迄今经历三个阶段的考古工作。第一阶段：1930年至1931年，发掘工作由当时中央研究院历史语言研究所负责，发掘分前后两次，利用探沟对遗址南北中轴及台地边缘不同区域进行解剖，将文化堆积大致分为上层灰陶期与下层黑陶期，并于下层发现夯土城墙遗迹；第二阶段：1989年至1991年，为验证早年发现的黑陶期城址是否为龙山文化城，山东省文物考古研究所（现山东省文物考古研究院）对遗址进行了全面勘探和试掘，证实黑陶期城址为岳石文化城，并新发现龙山时代城墙，解决了长期以来关于黑陶期城址年代问题的争议，另首次于岳石城墙西墙中部内侧发现春秋城墙，确认城子崖存在龙山、岳石及东周三个时期的城址；第三阶段：2010年至2018年，为配合"中华文明探源工程"课题研究和国家考古遗址公园建设，山东省文物考古研究院对遗址进行了新的调查和发掘。

2017年于遗址北部中段发现岳石文化晚期城址北门址部分线索，但当时受发掘面积与时间所限，仅能确定门址大体位置，未能对该门址的形制、结构等具体情况有更多了解。因此，为更好且全面了解岳石晚期城址北门的整体轮廓、基本布局及结构特征，山东省文物考古研究院于2018年8月至12月对北门址所在区域进行了全面揭露并取得了重要的发现与收获。

2018年度发掘区位于2017年度发掘区南侧偏东位置，发掘面积约1600平方米。发掘区南北跨度近100米，区域内发现与岳石晚期城址北门相关的遗迹有墩台2处（北城墩和南城墩）、夯土基坑2个（JK1、JK2）、警卫性质门塾房址1座（F2）。另对20世纪30年代A41等4条老探沟进行了复掘，利用老探沟剖面对该区域堆积情况有了充分掌握。

从目前发掘情况来看，北门位于遗址北部凸舌区域东北，门址在近100米的范围内由南、北两段相对独立的墩台分割成三个相邻豁口，北豁口宽约8米，中豁口宽约25米，南豁口宽约5米。豁口所在处应为门道，根据结构布局编号为北偏门、中门、南偏门。南北两墩台体量相当，均挖有基坑，基坑大致呈斜壁弧底状，堆积可分为上、下两部分，下部呈灰黑色，质地密实，层层堆垫而成，上部为黄褐色夯土，土质纯净，层次清晰，有密集夯窝。北墩台平面略呈东西向长条形，长约14米，宽约8米。南墩台近似南北向圆角长方形，长约13米，宽约8米。其中中门豁口处等距分布两个2米余长的椭圆形夯土基坑，中门夯土基坑被分为三个门道，分别为北门道、中门道、南门道，每个门道宽约7.50米。夯土基坑大致呈弧壁圜底，基坑夯土自下而上夯打而成，质地坚硬，夯层、夯窝清晰可辨。由于距地表较浅，门道上部均已被破坏，仅于中门南门道南侧及南偏门南侧发现少量路土。另于北墩台西侧发现一座房屋建筑，房址门道西开，仅存房基部分，平面呈东西向"凸"字形，长约6米，宽约3.20米。房基由黄褐色土堆垫而成，土质纯净。从其所处位置判断，可能为警卫性质的门塾建筑。

通过发掘，我们获得以下初步认识：

1. 遗址东北部城墙呈西北—东南向，造成这种情形的原因可能更多的是受遗址东北部自然地理环境的影响，此处东侧很有可能为故关卢河道。

2. 岳石晚期城址北门的布局较为规整，结构略显复杂，功能建筑较为齐全，特别是北墙存在三个紧邻城门且中门为"一门三道"形制。虽中门的结构较历史时期城门略显原始，但应是此类城门结构的雏形，是目前发现最早的"一门三道"城门遗迹。

3. 从中门"一门三道"及两侧偏门形制布局特点分析，不能排除它可能具有一定的政治礼仪功能，从侧面反映出城内人群社会结构已出现明确的等级化。

英文摘要

In 2018, archaeologists from Shandong Provincial Institute of Cultural Relics and Archaeology conducted an extensive excavation at Chengziya Site. The excavation revealed remains of a north city gate dating back to late Yueshi period. It has been found out that, during late Yueshi period, there used to be three adjacent gates in the north city wall. The middle gate, 25 meters wide, was enormous. It was again equidistantly divided into three doorways by two footing grooves filled with rammed earth. Therefore, this middle gate became a three-doorway gate. Such a special structure was meant for certain political and ritual functions. It is highly possible that there was a clear-cut gradation among urban residents at that time.

岳石文化晚期北门址全景（上东下西）

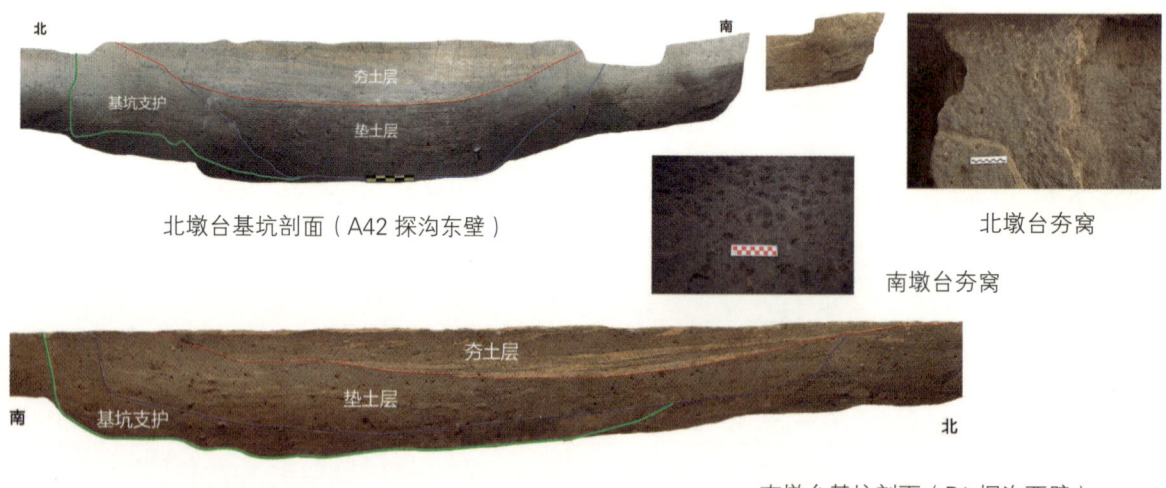

北墩台基坑剖面（A42 探沟东壁）

北墩台夯窝

南墩台夯窝

南墩台基坑剖面（P1 探沟西壁）

夏商周

F2 全景（上北下南）

JK2 平、剖面图

JK1 平、剖面图

岳石文化陶坩

龙山文化陶鬶

山西绛县西吴壁夏商时期冶铜遗址

◎戴向明 田 伟 崔春鹏

> 2018年，中国国家博物馆等单位对山西绛县西吴壁遗址进行了大规模发掘，获得大量二里头、二里岗期冶铜遗存，证明西吴壁遗址是中原地区时代最早、专业化程度最高的夏商冶铜遗址。这一发现填补了夏商青铜产业链中的空白，为研究早期冶铜手工业技术及生产方式等问题提供了资料，具有重要学术意义。

自20世纪80年代起，中国历史博物馆（现为中国国家博物馆）考古部在中条山南侧的垣曲发现了多处采、冶铜遗址。21世纪初，中国国家博物馆等单位又在中条山北侧的绛县、闻喜等地发现了多处先秦冶铜遗址，西吴壁遗址就是其中规模较大、内涵丰富的一处。

西吴壁遗址位于山西省绛县古绛镇西吴壁村南，涑水河北侧台塬上，南距中条山仅数千米。遗址面积约110万平方米，包含仰韶、龙山、二里头、二里岗及周、汉、宋等时期的遗存，其中以二里头、二里岗期冶铜遗存最为重要。

2013年至2017年，我们曾5次勘察西吴壁遗址，构建了遗址的考古地理信息系统，对西吴壁遗址的性质、各时期遗存分布范围，以及二里头、二里岗期聚落结构有了初步了解，为开展后续工作提供了有力的保障。

2018年春、秋两季，中国国家博物馆、山西省考古研究所与运城市文物保护研究所联合组队，对西吴壁遗址开展考古发掘工作，发掘面积达1100平方米，旨在构建西吴壁遗址考古学年代序列，深入了解早期冶铜遗存。通过发掘，发现大量二里头、二里岗期冶铜遗存，包括房址、窖穴、干燥坑、木炭窑、冶铜炉等遗迹，以及炉渣、炉壁、铜矿石、石范和陶、铜、石、骨器等遗物。

房址的数量不多，其中一些形制特殊。如一处二里头早期地穴式房址底部近东壁处有窖穴，内有火烧痕迹。另一处二里岗期房址分里外间，里间带有多个经火灼烧的壁龛，有一窄通道与外间相连。上述两座房址内均出土炉渣、炉壁等冶铜遗存。

灰坑数量较多，形制多样。如袋形坑口小底大，底较平，曾为窖穴，废弃后成为垃圾坑。在许多长方形直壁坑的坑壁、底残存木炭，或为干燥坑。另有一些长方形坑带有壁龛，形制特殊。在一座大型椭圆形坑内发现分类、分片堆放的炉渣、炉壁、矿石、木炭等与冶金相关的遗物。

木炭窑目前仅见一处。残存部分略呈圆形，壁近直，内壁经高温灼成青烧土，未见一般陶窑的窑箅、火塘等。结合当地民俗资料，判断该遗迹曾为烧制木炭的木炭窑。

一处二里岗期遗迹的主体为红烧土，口径小于1米，内壁粗糙。其内包含有炉壁残块、红烧土颗粒等。遗迹南侧出土较多炉渣、炉壁、铜矿石。据形制及出土物判断该遗迹为冶铜炉残迹。该遗迹北侧存在大面积活动面，向北延伸十余米，串联起多个二里岗期遗迹。其中一座灰坑内发现多个原生红烧土柱，以及炉渣、炉壁等，应与冶铜活动密切相关。

大多数二里头、二里岗期遗迹出土有冶铜炼渣（炉渣）、炉壁、矿石、木炭等冶金遗物，其中以炉渣的数量最多，已发现100余斤。另发现多件形制简单、用于铸造小型工具的残石范。

石器包括刀、锤、杵、砧等，使用痕迹均较明显，当为冶炼铜矿所用的工具。此外还发现一件二里岗期磨制石磬。

出土大量兽骨，其中一些经加工成为骨器、卜骨等。骨器包括骨针、骨笄、骨圭等；卜骨多为肩胛骨加工而成，均为圆钻。

与冶铜遗存共出的陶片数量较多。其中二里头期陶器器形包括深腹罐、鬲、蛋形瓮、敛口瓷等。整体文化面貌与二里头文化东下冯类型较为一致，时代至少涵盖二里头文化三、四期。二里岗期陶器包括鬲、豆、盆、大口尊、蛋形瓮、坩埚等，时代包括二里岗下、上层两个阶段。

之前在闻喜千斤耙等遗址的考古工作表明，在不晚于二里头时期，中条山腹地铜矿便得到开采。所采铜矿少量在矿山冶炼，其余去向不明。西吴壁遗址的发掘为解决这一问题提供了线索。夏商先民采取铜矿后，运至交通便利、便于生产和生活的西吴壁等地冶炼成铜锭，再送至都邑性聚落进行铸造。作为中原地区已确认的时代最早、规模最大、专业化程度最高的冶铜遗址，西吴壁遗址的发现填补了早期青铜器产业链的空白，为研究早期冶铜手工业技术及生产方式等问题提供了直接证据。西吴壁遗址的考古工作，为探索夏商王朝的崛起与控制、开发、利用铜这种战略资源之间的关系提供了珍贵的实物资料，具有重要的学术意义。

英文摘要

In 2018, archaeologists from National Museum of China and other institutes teamed up to carry out a large scale excavation at Xiwubi Site in Jiangxian County, Shanxi Province. Remains of copper smelting dating back to Erlitou period and Erligang period have been revealed. It has been found out that, at Xiwubi Site, there used to be the earliest and most specialized copper smelting workshops on the Central Plains in Xia and Shang dynasties. This discovery has filled the blank of copper production during Xia and Shang dynasties. Xiwubi Site is of important academic value since it has contributed archaeological materials to researches on techniques and production methods applied in early copper smelting.

二里头期房址（由东向西）

二里岗期带有壁龛的房址（由东北向西南）

二里岗期炉渣

二里岗期炉壁

二里头期铜矿石

二里岗期陶器

二里头期陶器

121

石范

石锤

石磬　　　　　　　　　　　　　　　石砧

山西闻喜酒务头商代墓地

◎白曙璋 高振华

> 2017年6月至2018年12月，山西省考古研究所及相关市县文物部门对闻喜县酒务头墓地进行了考古发掘。该墓地共发现5座"甲"字形大墓、7座中小型墓、6座车马坑及5座灰坑。经初步分析，墓地时代为商代晚期，大致相当于殷墟四期。此次发现，对研究商晚期区域类型、各方势力变迁以及商王朝的政治格局有重要的学术价值。

酒务头墓地位于山西省运城市闻喜县河底镇酒务头村西北约200米处，北靠沙渠河，南临小涧河，地处中条山西麓运城盆地东北端，距离闻喜县城约20千米。2017年6月至2018年12月，由山西省考古研究所牵头，联合运城市外事侨务和文物旅游局、运城市文物工作站、闻喜县文物旅游管理中心等单位，共同组建考古队对墓地展开抢救性考古发掘。

考古勘探面积约2.5万平方米，发掘面积5500平方米。共发现商代晚期墓葬12座、车马坑6座以及灰坑5个，其中带墓道大墓5座，中小型竖穴土坑墓葬7座。5座大墓（M1~M5）均为带墓道的"甲"字形墓，墓室平面均为长方形，墓道有台阶、斜坡两种，椁室平面均为长方形。其中除M1未被盗掘外，其余4座均被严重盗扰。

M1为带台阶墓道的"甲"字形墓，墓室呈长方形，口大底小，开口东西长7.20米，南北宽5.20米，墓口至墓底深6米。墓道朝南，长11.40米，墓道台阶不规整，共12级。墓室、墓道均填五花土，包含有大量料姜石，均经夯筑，夯层共18层，厚度不一。椁室置于墓圹底部生土二层台内侧，近长方形。葬具为木质，一椁一棺，均已朽化。椁室底部正中偏南有一处腰坑，腰坑内发现大量朱砂，以及少量骨头。人骨朽化严重，从残留的腿骨和牙齿判断，墓主人头向东。

M1共出土器物130余件，以青铜器为主。其中容器有觚5件，爵6件，鼎3件，提梁卣2件，盘、罍、斝、盉、簋、甗、尊各1件；弓形器1件；乐器有铙3件、铃11件；锛、凿、铲等工具5件；另外还有钺、矛、戈、镞等大量的兵器。其他出土器物有陶罐、骨管饰、玉鱼饰、玉蚕饰等。出土的部分青铜器有族氏铭文，爵外壁鋬手内有一字铭文，斝、盉外壁鋬手内有两字组成的复合铭文，在鼎甗铙内壁、簋盘底、尊器底、罍沿下、觚圈足内及卣盖内也有复合铭文出现。

从分布上看，5座大墓由西向东、由低向高排列，不在同一条直线上，没有中心轴线，但是墓葬方向基本一致，都是坐北朝南，都向南对着草山，说明墓葬的选址和布局都是经过规划的，从出土器物判断，时代应为东晚西早。从形制上看，5座大墓都带墓道，均呈扁"甲"字形。墓室东西长、南北宽，墓主人或东向或西向，可以明确的有M1头向东，M2头向西，M3、M4、M5情况不明。从殉葬方式看，均有腰坑，以殉狗为主，仍有殉人葬俗。从陪葬方式看，每座大墓西或西南都有一座至两座车马坑，车马方向与墓主人头向一致。

M6~M12为中小型竖穴土坑墓，共7座，均为长方形，大多也被盗扰，残存器物有少量铜器、陶器、玉器、贝饰，铜器有铜鼎、铜戈、铜铃、镞等，陶器有陶簋、陶罍，玉器有玉兽饰、玉璧。

本次发掘还清理车马坑（K1）一座，由于K1开口较浅，破坏较为严重。K1内埋一车二马一人，车不完整，没有车厢、车辕、车轮，仅发现车衡构件及装饰、车軎、车辖、车衡饰及马装饰等。人呈仰身直肢，头向东，面向南，男性，身高约1.70米。二马俯卧于辕的两侧，头东臀西，腹部朝下，背脊向上。两马的四腿均呈跪状，颈部压于衡下，马头顶骨正中有钝器锤砸痕迹。车马器有铜軎、铜辖、铜泡、三角形衡末饰及马头装饰等。

分析墓地的形制、葬制以及出土器物的器形、纹饰等，酒务头墓地时代属于殷墟四期。

闻喜酒务头墓地的发掘有极其重要的学术价值：

1. 闻喜酒务头墓地位于运城盆地东北端、中条山西麓，发现的多座"甲"字形大墓及车马坑表明，这里是一处晚商时期方国墓地。酒务头高等级贵族大墓的发现，不仅填补了晋南地区无晚商遗存的空白，也为今后的工作提供了重要线索。

2. 闻喜酒务头墓地所处之地地控三盆地，紧邻盐池、铜矿，东南经轵关陉道可进入河南，对研究所属族群与中条山古代铜矿、盐池的关系有重要意义，对重新认识晚商时期运城盆地的政治地位有重要价值。

3. 在安阳以外的地区，发现的晚商带墓道大墓数量较少。这次酒务头墓地发现和发掘对于认识商文化在晋南地区的进退乃至商王朝在晋南地区势力的变迁都提供了重要资料。

酒务头墓地的发现和发掘是山西乃至全国商代考古的一大突破，不仅为考古学研究提供了翔实的资料，修正了学界以往认为晋南地区缺少晚商遗存的认识，同时对于重新认识晚商文化的区域类型，研究商王朝北部势力范围的变迁都有重要的意义。

英文摘要

From June 2017 to December 2018, archaeologists from Shanxi Provincial Institute of Archaeology and those from municipal and county departments managing cultural relics had been excavating Jiuwutou Cemetery in Wenxi County. Five large tombs, whose plane layout resembles the Chinese character "甲(jia)", seven medium-sized and small tombs, six chariot pits and five ash pits have been revealed. After preliminary analyses, it has been found out that the cemetery dates back to late Shang Dynasty, an era contemporary with the fourth phase of Yinxu. Discoveries made during the excavation are of crucial academic value for researches on region types, the growth and decline of powers and political landscape in late Shang Dynasty.

黄淮七省
考古新发现

酒务头墓地全景

M1 墓室及其随葬品

夏商周

随葬铜器

编铙及兵器

玉器

铜爵及其族氏铭文（标注处）

安徽定远陈家孤堆商周时期遗址

◎张义中

> 陈家孤堆遗址地处江淮分水岭北侧，属典型的墩台型遗址。出土有相当于二里头时期、早商偏晚、中商、西周中期和西周晚期的文化遗存，文化序列相对完整；发现大量的岳石文化因素，对研究岳石文化的势力范围积累了材料。采取探方和长探沟相结合的发掘方法，获取长剖面，对发掘区域内的聚落布局和变迁有了较为清楚的认识。

陈家孤堆遗址，位于安徽定远县蒋集镇蒋岗行政村陈岗组东南约500米处。遗址地处江淮分水岭北侧的山前平原地带，其东、南两侧被青龙河（池河的一条支流）环绕，属典型的墩台型遗址，平面略呈椭圆形，东西长约95米，南北宽约80米，分布面积约7600平方米，地势东北高西南偏低，略呈缓坡状，遗址高出四周地面约2.50～4米。

为配合基本建设，经国家文物局批准，安徽省文物考古研究所联合定远县博物馆于2017年3月至2018年10月对遗址展开发掘，发掘面积约1500平方米，取得了重要成果。

1. 基本弄清了遗址的地层堆积，辨别出相当于二里头时期、早商偏晚、中商、西周中期和西周晚期的遗存，文化序列相对完整。

相当于二里头时期的遗存系遗址现存最早的遗存，堆积也最为丰富，最厚处达2.50米，延续时间也较长，范围遍及整个遗址，其南部和西南部被商代和西周时期地层叠压。这一时期房址多建筑在高台地上，以地面建筑为主，开间大多为单间，也有少数多间者。单间平面形状有椭圆形和长方形之分，夯土墙，无柱洞，门道朝西。多间以H9较为典型，大体呈西北—东南走向，开间可辨为4间，大体由夯土墙、室内垫土、烧结面、门道及灶等部分组成。出土陶器多为夹砂褐陶和夹砂黑灰陶。纹饰有篮纹、细绳纹、方格纹、附加堆纹、篦点纹等。以鼎、深腹罐和甗为主要炊器。扁三角足罐形鼎、带凸棱的浅盘豆、短沿粗陶缸、子母口鼓腹罐、大敞口斜腹平底碗、口微敛的尊形器、束腰平底爵等也是比较常见的器类。

相当于早商偏晚、中商时期的堆积较薄，主要分布于遗址的南半部。这一时期的遗迹较少，出土陶器以夹砂灰陶为主，绳纹偏粗，器形有鬲、甗、盆、罐、假腹豆等。

相当于西周时期的堆积略厚，主要分布于遗址的西南部，夹杂大量的红烧土块是这一时期堆积的重要特征。这一时期的墓主均系未成年人，头向正东或者略偏，无任何随葬品。出土陶器以夹砂灰陶为主，器形有鬲、罐、曲柄盉等，其中折肩鬲和折肩罐颇具特色。

2. 通过文化因素的分析，发现遗址存在大量的岳石文化因素，为研究岳石文化的势力范围积累了材料。

遗址中发现的相当于二里头时期的遗存可以归入斗鸡台文化，相当于早商、中商时期的遗存可归入大城墩类型，遗址的发掘，丰富了斗鸡台文化和大城墩类型的内涵。通过文化因素分析，发现遗址中存在龙山文化、岳石文化、二里头文化及江南点将台文化、湖熟文化的因素，尤以岳石文化因素突出。遗址中出土的大量带凸棱的陶尊形器和陶碗、内壁饰凸棱的盘形豆、大敞口斜腹平底盆均具岳石文化因素，足见岳石文化的势力范围已到达江淮分水岭北侧。

3. 在发掘方法上进行了有益的尝试和探索，对发掘区域内的聚落布局和聚落变迁有了较为清楚的认识，对墩台型遗址的堆积方式和使用过程有了初步的了解。

此次发掘在勘探的基础上，通过探方和长探沟相结合的发掘方式，获取东西向和南北向两个贯穿遗址的大剖面，旨在弄清遗址的布局结构，从而为推断单个聚落的发展演变寻找依据。发掘结果表明，遗址的北、西、南三面存在宽度为5~16.70米的围壕，在遗址的东北角与青龙河贯通；结合二里头、商和西周三个时段的遗存分布情况，推测原居民的活动范围在三个时段中不断地由北向南偏移。

　　遗址的原始地表相对低洼，在此之上为很厚的一层青灰色垫土，质地坚硬，较纯净，包含物极少，垫土形成的高台地上有大量的建筑遗存，据此可大致推断原居民通过挖围壕取土垫成台墩后于其上活动，这样既便于生活取水，又避免被洪水袭扰。

　　4. 对遗址周边区域展开调查，取得一定的成果。

　　我们对青龙河和储城河（池河的两大支流）展开区域系统调查，共计发现商周时期遗址30余处。初步分析，发现这类遗址多分布于较大河流的支流旁，附近地势平坦，多为河流冲积平原；遗址形状以圆形和椭圆形为主，面积以5000～12000平方米居多，间距以0.80～2000米居多，但每隔一定距离就会出现一个较大的遗址或城址，应为区域聚落中心。

　　陈家孤堆遗址所在的江淮分水岭是文化交流之地，据目前资料分析，这一地区夏商时期的文化面貌尚不太清晰。遗址大致位于寿县斗鸡台遗址和含山大城墩遗址两者连线的中间节点之上，且文化序列完整，堆积丰富，对遗址的发掘和系统解读，或可成为完善江淮之间夏商时期考古学文化分区体系的突破口。

英文摘要

　　Chenjia Gudui Site is on the north side of the ridge separating Yangtze River and Huaihe River. The site, on a mound-shaped terrace, is a representative of its kind. Unearthed cultural relics, dating back to Erlitou period, late early Shang Dynasty, mid Shang Dynasty, mid Western Zhou and late Western Zhou, form a comparatively complete cultural sequence. Numerous elements of Yueshi Culture observed at Chenjia Gudui Site are evidence to prove how far this particular culture spread. During the excavation, square and rectangular units were dug insides long exploration ditches. Obtained long profiles bring forward a better understanding of the settlement layout and development of the excavated area.

陈家孤堆遗址地貌（由北向南）

陈家孤堆遗址发掘全景（上东下西）

二里头二期灰坑及器物

河南鹤壁辛村遗址两周时期铸铜及制骨作坊

◎高振龙　韩朝会

> 位于河南省鹤壁市淇滨区西郊淇河两岸的辛村遗址，曾是西周时期卫国政治中心，其遗址总面积达10平方千米。最早发现于1932年，现辛村村址占压区一般被视为卫国王陵所在地。2016年，河南省文物考古研究院围绕辛村遗址持续开展工作，陆续确认了1处铸铜作坊、2处制骨作坊、多处居住区与墓地。出土大量陶器、青铜礼器、骨料及陶范。近年的考古发掘表明辛村遗址是一处经过规划、具备功能分区的大型聚落，是研究两周卫国历史最为重要的遗址之一。

辛村遗址位于河南鹤壁淇滨区西郊。为配合鹤壁市快速通道拓宽工程，同时由于该区域内墓葬被盗严重，河南省文物考古研究院、鹤壁市文物工作队组成联合考古队，对遗址内涉及工程建设及被盗区域的遗存展开了为期两年半的考古发掘。截至2018年年底，已发掘面积近1.5万平方米。除抢救性发掘商周墓葬近百座外，还清理出大量灰坑、房基、道路、烘范坑、窖藏坑、殉人殉牲坑、水沟等遗迹，出土了包括簋、鬲、盆、罐在内各类陶器，骨锥、簪、镞等骨制品及废料、卜骨，与铸铜相关的陶范及铜渣、鼓风嘴、坩埚等。墓葬随葬品包括铜觚、爵、镞、锛、凿等铜器及数量不等的玉器。已揭露出的区域包括1处铸铜兼制陶作坊、2处制骨作坊、3处普通居民点、1处贵族墓葬区及平民墓地，表明辛村遗址是经过规划

的，为商周时期都邑级的一处大型聚落，是两周时期卫国政治版图内最核心的区域之一。2018年度考古发掘清理出1处铸铜及制陶作坊、1处制骨作坊，简述如下。

（一）铸铜作坊区

铸铜作坊位于王陵区东部，北距福兴寺约120米。已发掘面积约2650平方米。清理出与铸铜遗迹相关的烘范坑2座，呈圆形，直径2～3米，深0.50米，中部均设方形或近圆形小火膛，内有大量木炭，膛壁烧结成厚约10厘米红烧土面。淘泥坑1座，呈圆形，填土经夯打，细腻纯净。与铸铜行为相关的祭牲坑遍布遗址，多达10座，有马、牛、羊坑等。浅半地穴房屋1座，呈方形，屋内设壁龛两个，当为工棚，附近有数座窖藏坑，其中1座出土陶豆12件。西周墓葬34座，散落于作坊区内，为典型"居葬合一"的商式风格。墓葬头向不一，多数有腰坑及殉狗，器物以鬲、簋、豆、罐为主，属殷遗民。东周墓葬数座，分布于作坊区外围，1座为竖穴土坑墓，系同穴夫妻合葬墓，1座为积石墓。部分墓葬出土有铜锛、凿，为作坊区内的匠人。遗址内出土与铸铜遗迹相关的鼓风嘴、铜渣和带铜坩埚残块等遗物，其中带纹饰或可辨器形的陶范近百块，初步鉴定，有制作铜鼎、铜觚等礼器时使用的范，也有制作铜当卢、铜马衔等车马器构件。虽未发现陶窑，但发现大量红烧土块、与制陶相关的陶支钉及陶埙，似表明遗址还兼备制陶功能。初步分析，该作坊最初营建于西周早期，西周中期偏晚遭废弃，至春秋中晚期，一度又重启，中心移至遗址北部，功能似有所增加，铸铜又兼制陶，至战国早中期又被废弃。

（二）制骨作坊区

位于辛村路口天桥西南侧，发掘面积975平方米。清理出西周时期骨料坑10座、地面式建筑5座、瓮棺葬2座，牛坑1处（牛2），马坑1座（马1）。时代为西周。5座房基均仅残留基底部，房内为夯实垫土。以F1为例，平面近长方形，东西长约4.50米，南北宽约2.30米。发现柱洞3个，分别位于房基西北角、西南角及东南角，东北角因被晚期沟打破未发现柱洞。柱洞直径约0.03米。F1东北部发现与房址同时期道路1条，应与F1有密切联系，房基附近多有瓮棺葬。

遗址内灰坑出土有极其丰富的废骨料、骨质半成品、粗骨质产品及少量蚌器，成品有骨簪、骨锥、骨（角）镞、骨饰、卜骨以及少量骨（角）制的工具和蚌镰等。经鉴定的种属有牛、马、鹿、贝类等，其中以牛、鹿为大宗，仅完整的鹿角料多达三四百件。在原材料里发现大量的牛肢骨与鹿角，也有少部分马及鹿的肢骨。其中肢骨不仅使用了常用的肱骨、桡骨、股骨等长骨，跟骨及下颌骨也被用来制作骨器。骨饰品有较为完整的制作过程，从完整的肢骨到坯料、成品，整个制作过程中产生的废料均保存完好，并且同一种器物，有骨制和角制两种材质，如环形饰品、骨簪、骨镞等。可以看出，当时该地生产各类骨、角、蚌器。

（三）发掘意义

2018年度首次确认的卫国铸铜及制骨作坊区，填补了卫国考古的空白，有力地佐证了辛村遗址为一处具有诸侯都邑性质的大型聚落群。遗址手工业生产区的发掘，确认其与卫国王陵区的相对位置，有助于我们进一步完善对辛村遗址聚落布局的认识，为今后寻找相关高等级建筑及城防类建筑提供了思路。为国内首次发现横跨西周、东周两个阶段的铸铜作坊区，对研究先秦时期铸铜技术演化及发展提供了坚实的实物资料。对制骨作坊的发掘和研究，有助于深化研究西周时期制骨手工业的工艺流程及专业程度。

=== 英 文 摘 要 ===

Xincun Site, is on the banks of Qihe River in the west suburban area of Qibin District, Hebi City, Henan Province. The site, on which there used to be the political center of Wei Vassal State in Western Zhou, covers an area as large as 10 square kilometers. The earliest excavation started in 1932. It is thought that, under the modern-day Xincun Village, there is the mausoleum in which the feudal lord of Wei was buried. In 2016, archaeologists from Henan Provincial Institute of Cultural Relics and Archaeology carried out continuous excavations in the vicinity of Xincun Site. Remains of a bronze casting workshop, two workshops in which bone implements were made, a number of habitations and cemeteries have been located. Numerous pottery wares, bronze ritual vessels, aggregates and pottery moulds have been unearthed. After excavations conducted in recent years, it has been found out that there used to be a planned large-scale settlement, zoned for different functions and activities. Xincun Site is the most important site for researches on the history of Wei State in Western Zhou.

铸铜作坊遗址（上西下东）

制骨作坊遗址（上东下西）

铸铜作坊区墓葬（由南向北）

铸铜作坊区石椁墓（上西下东）

铸铜作坊区窖藏坑

骨器加工过程

夏商周

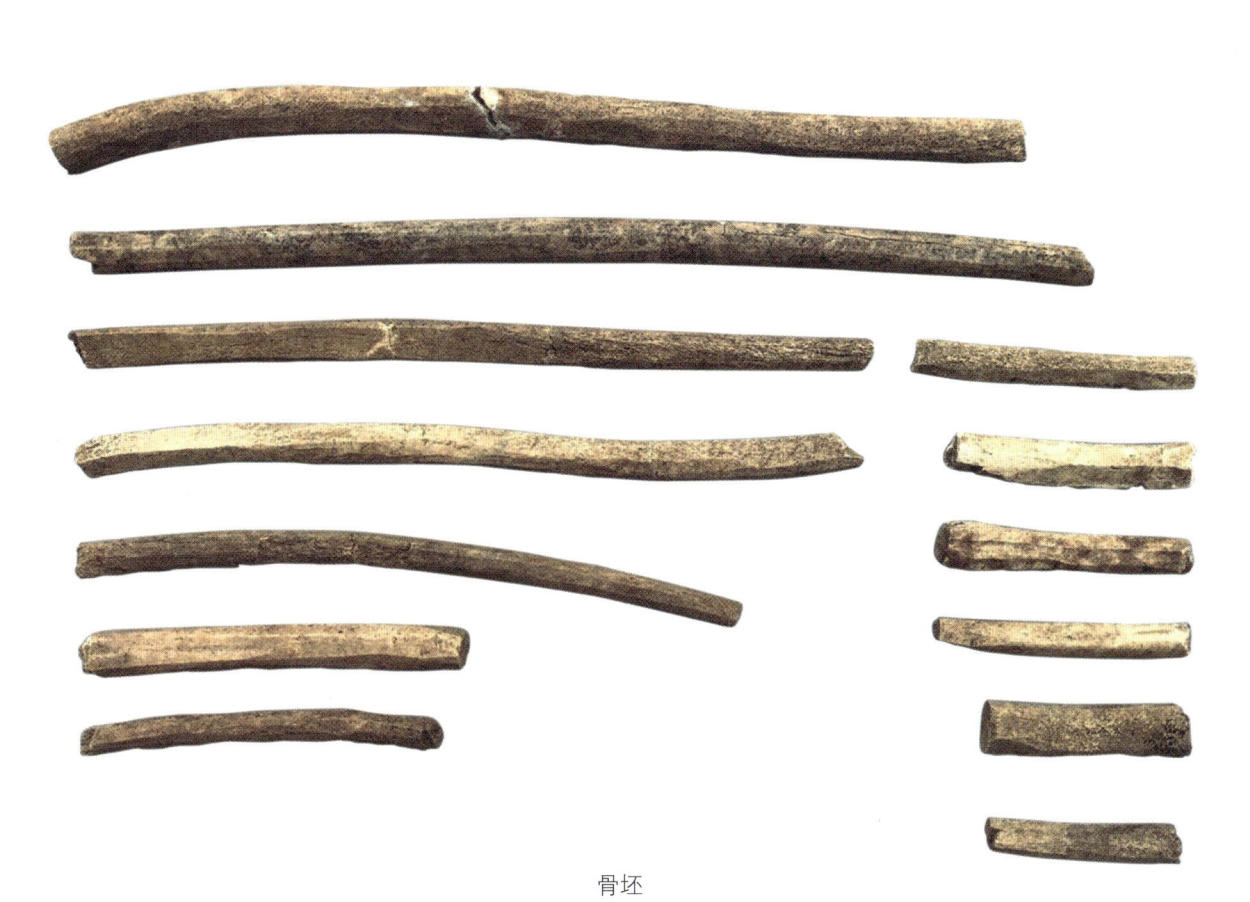

鼓风嘴

陶范

骨坯

安徽肥东刘小郢周代聚落遗址

◎余 飞

> 刘小郢遗址位于肥东县店埠镇光大社区，在该处遗址发现的围埂遗迹和地层堆积代表了安徽江淮地区周代台形聚落遗址的特征，为我们了解周代聚落特点和居民的生产、生活提供了重要的资料。参照各地发现的土台遗迹，刘小郢遗址土台遗迹应与祭祀有关。

刘小郢遗址位于安徽省肥东县店埠镇光大社区刘小郢村民组南50米，遗址为一不规则形状土台地，相对高度0.50~1.20米，中间高、四周低，台地原为菜地和苗木林。台地的西部和南部有废弃的古河道环绕，古河道与店埠河相通，店埠河是安徽江淮分水岭重要河流南淝河的支流。该遗址形态为安徽江淮地区周代聚落遗址的典型形态，分布广泛，数量众多。为配合肥东县基本建设需要，安徽省文物考古研究所于2018年1月至10月对该遗址文化堆积的大部分区域进行了发掘，发掘面积1600平方米。

（一）主要收获

通过半年多的工作，基本完成了对刘小郢遗址的完全揭露，了解了该遗址的地层堆积、形成原因和聚落特征，发现了围埂、土台形遗迹、房址、墓葬、灰坑、灰沟等重要遗迹80

处，出土了石器、陶器、骨角器、铜器等小件器物130件，采集陶片327袋、土样186袋。

1. 围埂堆积

刘小郢遗址台地边缘发现基本完整的环状围埂堆积，该围埂为平地堆筑而成，截面呈梯形，外坡较陡、内坡较缓。围埂无夯筑痕迹，土质纯净，结构致密。围埂平面为圆环形，截面呈双峰形状。围埂高1.70～2.20米，围埂内面积约1070平方米。根据地层关系，围埂的堆筑年代早于围埂内地层堆积年代，是古代居民有意识地改造生活环境的行为。

2. 地层堆积

刘小郢遗址地层堆积形成过程是先在平地堆土，形成一个截面呈梯形的环状土埂，土埂外坡略陡、内坡趋缓，堆土从内坡一直蔓延分布至整个土埂的围合区域，形成了一个类似于盆形的聚落。由于这样特殊的堆积过程和聚落特征，该遗址的地层堆积靠近围埂的部分斜坡较明显，越往中心则越趋于平坦，形成了边缘浅、中间深的地形。地层堆积的构成，除了较早的人工垫土，剩下大部分均为人类生活留下的痕迹，而土埂外的堆积则是最晚时期的堆积。地层堆积厚1.20～3.60米。

3. 土台遗迹

本次发掘在遗址南部围埂的内坡处发现了一个圆形的土台遗迹，土台系用堆筑的方式多次堆土而成，由于堆筑的位置并不是一个水平的地面，具有一定的坡度，堆土也是斜坡状的，从而导致土台的上平面形成了由三种不同土色构成的多道同心圆的形状。通过对土台部分解剖，确认土台由多层厚约0.10米的较纯净的土堆垫而成，没有发现夯筑的痕迹。土台的上部由于后期破坏已不存在，现存土台直径南北3.70米，东西4米，最厚处0.70米。由于未发现其他遗迹，该土台暂定为土台形遗迹。土台的层位较晚，土台下仍叠压着多层较早地层，土台的时代应为春秋时期。同类型的遗迹在我省霍山戴家院遗址的发掘中也有发现，考虑是否为具有祭祀功能的遗迹，土台构成了春秋时期最小的祭祀单位。

除了上述发现的围埂和土台遗迹外，本次发掘还发现房址11座、灰坑46个、灰沟13条、墓葬8座（晚期墓葬5座）。房址基本为具有两条基槽的小型房址，基槽长2～3米，基槽内一般有多个柱洞，房址面积5～9平方米。3座周代墓葬均为未成年人墓葬，土坑竖穴，头向东，仰身直肢，无随葬品。

4．出土器物

刘小郢遗址出土器物主要是陶器和石器，陶器有鬲、豆、罐、簋、钵、纺轮等，石器有箭镞、石刀、石凿等。另有少量原始瓷器和印纹硬陶。刘小郢遗址出土陶器主要由两部分组成，一部分为具有本地文化特征的器物，如束颈折肩鬲、甗形盉等；一部分为具有周文化因素的绳纹器物。

根据发现的遗迹和出土器物特征判断，刘小郢遗址是一处西周中期偏晚至春秋早期的普通聚落遗址，遗址年代可以分为西周中期偏晚和西周晚期至春秋早期两个阶段。

（二）学术价值

刘小郢遗址发现的围埝遗迹和地层堆积代表了安徽江淮地区周代台形聚落遗址的典型结构特征，为我们了解周代聚落特点和居民的生产、生活提供了重要的资料，也代表了古代居民改造自然、建设家园的智慧和能力。参照各地土台遗迹的发现，刘小郢遗址土台遗迹也应与祭祀具有直接关系，是一处最小单位的祭祀场所，反映了周代礼制建设。另外，具有多种文化因素陶器的发现，反映了周文化与地方文化的交流与融合，同时也是周王室经略南方的重要手段。

英 文 摘 要

Liuxiaoying Site is in Guangda Community, Dianbu Town, Feidong County. Remains of ridges and stratified deposits found here are commonly seen at other settlement sites of Zhou Dynasty on terraces in Yangtze-Huaihe River Region in Anhui Province. Important materials for researches on settlement features and people's production and living conditions in Zhou Dynasty have been collected. According to the comparison with other similar sites, it is speculated that Liuxiaoying Site should be related to sacrificial activities.

刘小郢遗址（上北下南）

土台形遗迹（由南向北）

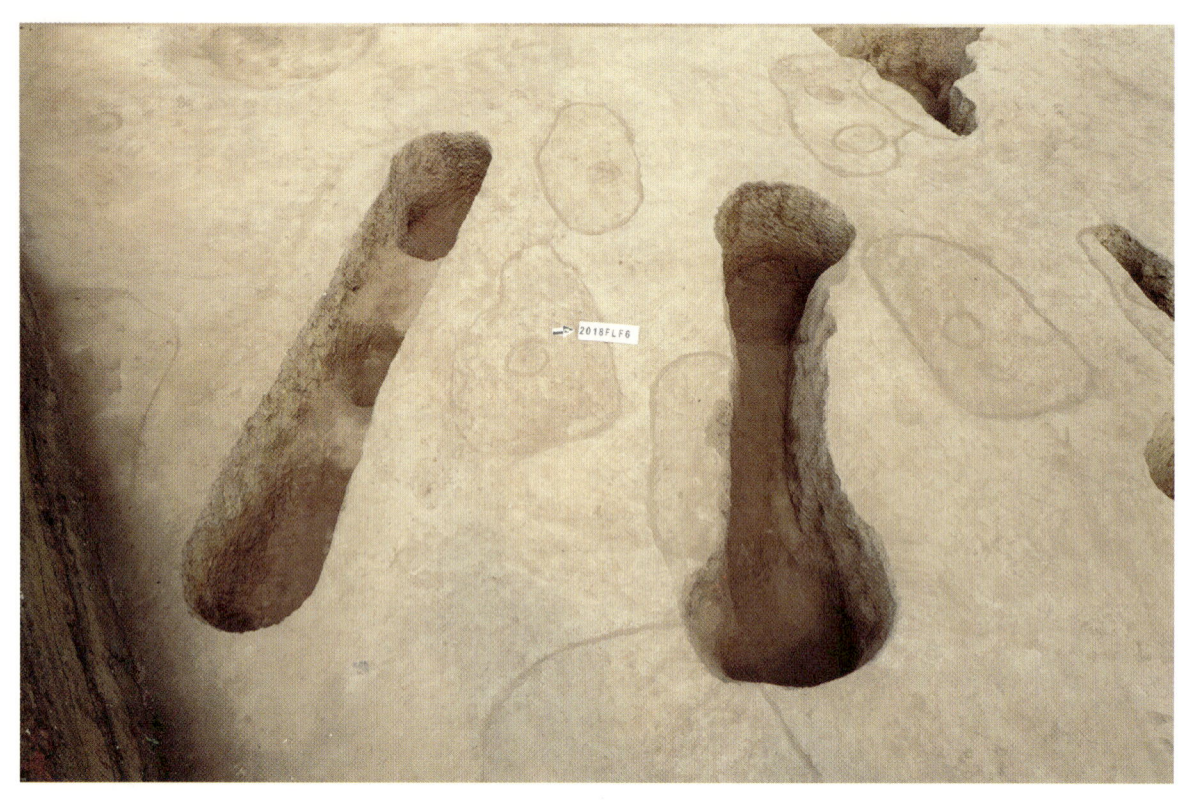

房址（由东向西）

未成年人墓葬（由南向北）

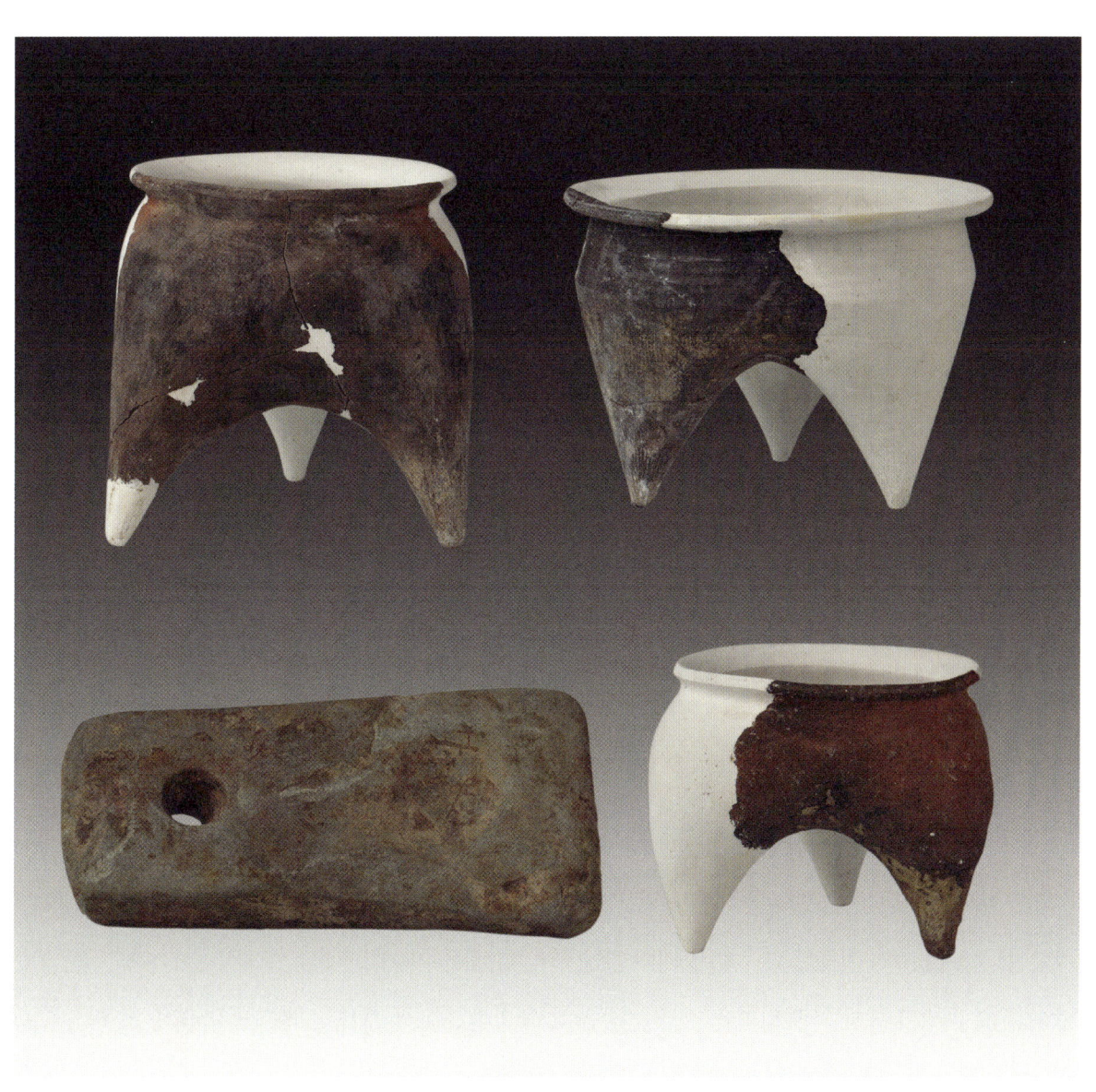

陶器、石器

安徽庐江三板桥周代台墩聚落遗址

◎张闻捷

> 三板桥遗址属于江淮西部周代典型的台墩类型遗址。2018年7月至12月的抢救性发掘工作，使得该遗址的文化面貌更加清晰：文化层堆积较厚，遗物丰富，文化因素多样。陶器以鬲为大宗，石器中出土绿松石钺、玉（石）钺各1件。动植物遗存丰富。发现壕沟、房址、灶、灰坑及灰沟等遗迹。对于研究江淮西部周代考古学文化的面貌、源流，周人对南淮夷的征伐与控制，以及"金道锡行"等学术课题都具有重要意义。

三板桥遗址位于安徽省合肥市庐江县申山村三板桥自然村北部，由三个独立的台墩组成。根据前期调查勘探结果，初步判断遗址年代为西周中晚期至春秋早期。2018年为配合安徽省政府"引江济淮"水利工程，受安徽省文物考古研究所委托，厦门大学历史系考古专业于2018年7月至12月对该遗址进行了抢救性考古发掘。

根据以往的考古发现及研究，安徽省境内的周代遗址大多属台墩型遗址，一般高出周围农田2~8米，平面形状多为圆形、近圆形或长方形台地，有的受到自然或人为因素的侵蚀，呈不规则形。文化层堆积的特点是台地边缘文化层普遍较厚，随着台地向中心倾斜，文化层变薄，并渐趋平缓。房址、柱洞、墙基槽等遗迹多发现于边缘地带，中央则发现较多碎陶片，推测人们当时主要活动区域在台地边缘，而中央则主要堆放人们丢弃的垃圾。江淮地区经过科学发掘的台形遗址有：含山大城墩遗址、霍邱绣鞋墩遗址、六安西古城遗址、六安堰墩遗址、庐江大神墩遗址、霍邱堰台遗址、安庆张四墩遗址等。

此次三板桥遗址分为三个发掘区，发掘面积共计2002.25平方米。东墩地层共4层，其中③④层年代为西周晚期；西墩地层共5层，其中②～⑤层年代为西周中晚期至春秋早期；北墩地层共8层，其中③～⑦层年代为西周晚期至春秋早期。

此次发掘共发现房址3座、灶2座、灰坑11座、灰沟2条。其中房址F3结构较完整，保存较好。F3位于探方TN20E14西侧偏南，开口在⑥层下。房址为地面式建筑，呈圆角长方形，宽3米，长4米，面积约13平方米。F3内有疑似柱洞6个、疑似灶坑2处，地面系用普通黏土烧结后成型，呈砖红色，极硬。墙壁使用黏土配合掺和料（秸秆及麦秆）烧结而成。奠基遗存为黑色未烧透黏土，呈粉状，疏松，黑色下层有部分灰白色黏土，与⑦层迥异，应为最底层房基。屋内堆积主要有：倒塌碎红烧土（不含掺和料）、倒塌碎红烧土（含掺和料，草秆、秸秆类）及陶片。陶片以夹砂红陶为主，含少量夹砂灰陶和极少量泥质陶。出土4件陶器标本，夹砂红陶鬲足2件，夹砂红陶口沿1件，水波纹泥质黄陶陶片1件。结合遗迹范围内包含物及相邻遗迹包含物，推测F3年代为西周中晚期。

在北墩南侧发现壕沟1条，连接北墩东西两侧的河流，利用天然河道形成完整的防御设施。通过对壕沟进行选段解剖后发现，壕沟内地层较简单，仅1层（说明使用年代较短），与北墩⑧层青灰色淤泥层相同，为饱水湖相沉积，出土若干陶片，年代初步判断属西周晚期。

三板桥遗址共出土石器40余件，器形有石锛、石斧、石钺、石刀、石权、箭镞等。遗物中陶器占绝大部分，已修复约110件，主要由鬲、罐、鼎、钵、豆、盉、甗，器盖、纺轮、网坠、陶拍组成。纹饰常见绳纹、附加堆纹、间断绳纹、窗格纹、方格填线纹、素面等。陶质以夹砂陶为主，泥质陶与硬陶次之，陶色主要有红陶、黑陶、灰陶。遗物中可见大量扁状鼎足、水波纹陶片、黑皮蛋壳陶、碗状器盖、鸭形壶、草编筐、坩埚等器物。青铜器仅青铜箭镞1件。器物年代可以分为龙山晚期、西周早期、西周中期、西周晚期、春秋早期等不同阶段，其中西周晚期遗物数量最多。

动物骨骼数量较多，发现有田螺、蚌、猪、鹿、牛、狗、鸟类等，且以猪、狗所占数量为多。许多骨骼颜色发黑或发黄，可能是烧灼遗留的痕迹，初步推测应该为食余丢弃。植物遗存已发现水稻种子、甜瓜籽与葫芦籽。

此次发掘的主要收获

1. 在引江济淮工程引江济巢段，共发现10余处台墩遗址，该批遗址沿罗埠河古河道两岸分布，相邻遗址间间距1千米左右，分布具有较强规律性，且年代集中于两周之际，废弃时间也多在春秋早中期。对于这类密集且有规律分布的聚落遗址内涵，无疑是值得深入探索的。

2. 三板桥遗址出土器物为探讨江淮西部周代考古学文化源流提供了新的物质资料，有助于进一步认识晚商文化、周文化、山东夷人文化、吴越文化等在这一地区发展、演进及消亡的过程。

3. 三板桥遗址及周边台墩遗址或与"周伐淮夷，金道锡行"的历史事件存在密切的关联，从一个侧面展现出周人对于淮夷地区的控制与管理模式。

英文摘要

Sanbanqiao Site, on a mound-shaped terrace, dates back to Zhou Dynasty and is a representative of its kind in western Yangtze-Huaihe River Region. From July to December in 2018, salvation excavations were carried out here. Now there is a clearer picture of revealed cultural remains. Thick stratified deposits contain numerous relics and reflect various cultural elements. Most unearthed pottery vessels are Li. One turquoise Yue and one jade (or stone) Yue are among the excavated stone implements. Residues of diversified animals and plants have also been discovered. Other discoveries include remains of moats, houses, stoves, ash pits and ash ditches. The excavation of Sanbanqiao Site is of great significance for researches on local culture and its origin and spread in western Yangtze-Huaihe River Region in Zhou Dynasty, on Zhou's punitive expedition against and reign over Nanhuai Yi, an ancient tribe, and also on the transportation routes of copper ores and tin ores.

三板桥遗址全景（上北下南）

北墩地层堆积

三板桥遗址房址
（上北下南）

湖相沉积　蓝铁矿 　　　　　　　　　葫芦籽

甜瓜籽 　　　　　　　　　炭化水稻种子

动物骨骼

山西襄汾陶寺北两周墓地

◎王京燕　崔俊俊

> 从目前发掘情况推测，陶寺北墓地的墓葬数量近1万座。已发掘春秋时期竖穴土坑墓254座。出土鼎、壶、簠、敦、鉴、豆、盘、匜、舟、簋、甗等各类青铜容器130余件，此外还有乐器、兵器、玉器等。春秋早期小型墓葬多数随葬1件陶鬲，春秋晚期器物组合为鼎、豆、壶、鬲。墓地从两周之际延续到战国时期，春秋时期是晋国的一处邦墓，战国时期属魏。

陶寺村位于塔儿山西麓，西南距襄汾县城约7千米，隶属于陶寺乡。墓地位于陶寺村北约800米处，因近年盗墓被发现，墓地的使用从两周之际延续到战国时期。

陶寺北墓地总面积24万平方米左右，从目前发掘情况推测，墓葬数量近1万座，从早到晚由西北向东南排列，相互间没有打破关系。从2014年9月至2018年9月，发掘面积近1万平方米，揭露车马坑6座（未发掘），已发掘春秋时期墓葬254座，均为竖穴土坑墓。大夫、士一级贵族墓葬19座（其中8座被盗），葬式明确的墓葬头向均朝北，仰身直肢。春秋早期平民墓葬210座，头向多北向，个别头向朝西或朝南；葬式为仰身直肢或屈肢，屈肢葬约占70%；春秋晚期平民墓葬26座，均仰身直肢，头北向。

贵族墓葬共出土鼎、壶、簠、敦、鉴、豆、盘、匜、舟、簋、甗等各类青铜容器130余件，铜编钟5套50余件，还有兵器、玉器、铅锡器、陶器等。春秋早期平民墓葬随葬器物多为陶鬲，一般为1件，极个别有2件；春秋晚期平民墓葬随葬陶器有鼎、豆、壶、鬲等。

陶寺北两周墓地发现的重要意义

1. **春秋早期的墓祭遗存。** 2014年在墓区西北部发掘的M7，北部距墓口0.20米处有长12米、宽6米的玉石器祭祀掩埋层，多为碎石圭，也有少量玉圭、玉璧、玉环、玉玦等，将这些玉石器撒在地面上盖土掩埋。

2017年在2014年发掘区的东南部50米处发掘墓葬200余座，年代集中在春秋早期。其中8座大中型墓葬分布在发掘区南部，均被盗；分布在发掘区北部的小型墓葬非常密集，与大中型墓葬有一定的间隔。一对东西并列的大型对子墓M2009、M2010居于中心地位，有宽大的积石二层台。东侧的M2010规模略小，其北部也有玉石器祭祀遗存，玉石器有环、圭等，因距地表较近，部分被毁严重。此外还有30余个动物祭祀坑，分布于玉石器祭祀区北部、墓口周边，狗坑集中在墓口北部，马坑在狗坑外围，环绕墓口分布。祭祀动物的位置经事先安排，应是一次性的祭祀活动。墓内残存有兵器戈，墓主人应为男性。

陶寺北墓地春秋早期玉石器祭祀遗存在目前东周考古中是首次发现，也是继北赵晋侯、曲沃羊舌等墓地之后又一处发现有动物祭祀遗存的墓地，为进一步探索古代"墓祭"制度提供了有益的线索。

2. **春秋晚期墓葬中的卫国刻铭编钟。** M3011为一座大型春秋晚期积石墓葬，除墓室西北角被盗扰外，大部保存尚好。随葬品有铜礼器、乐器、兵器、工具、车马器、玉器、陶器等。铜礼器中镬鼎3件，形制大小相同；列鼎2套，每套各5件，鼎盖上均为三环形钮，1套饰勾连云雷纹，另1套饰蟠螭纹。乐器有镈钟12件、甬钟1套13件、鼓座1件、石磬2套10件，青铜鼓座由三条蟠龙相互缠绕，龙首昂起口衔承接鼓柱的圆筒。1套13件的甬钟位于棺椁之间的南部，其中11件有刻铭，9件同铭，各有18个字；另有2件亦同铭，各有177个字。均有"卫侯之孙申子之子书……"等文字，是目前所见唯一的卫国刻铭编钟。

3. **春秋晚期的"帷荒"遗迹。** M3015、M3014是东西并列的"对子墓"，M3015规模大于其东部的M3014，出有青铜器5件，其中鼎、盘、匜各1件，敦2件，墓主人是士一级的低等级贵族。M3014属中小型墓葬，外棺南北两端的立土上暴露出红色的纺织品痕迹，其上绘黑、黄彩色图案，应为"帷荒"遗迹。由于棺椁之间的空间小，被淤土塞满后，罩在外棺上的帷荒附着于淤土上，使得帷荒的遗迹得以保存下来。

M3014中的"帷荒"遗迹，目前在北方地区两周时期遗存中是第三次发现，是春秋晚期珍贵的"帷荒"实物资料，且保存较完整，实属难得，对两周时期丧葬制度的研究意义重大。

陶寺北墓地葬式明确的春秋时期贵族墓葬均仰身直肢，头向朝北，与姬姓贵族的葬制相符。春秋早期贵族墓葬均有残存的铜翣，《礼记·檀弓上》载："周人墙置翣。"陶寺北墓地中的贵族墓因袭着周人的传统，大中型墓葬的主人应是晋国分封到此地的贵族。陶寺北墓地从两周之际延续到战国时期，无疑是晋国的一处"邦墓"。

陶寺北墓地规模大，延续时间长，等级分明。相信随着这批重要材料的刊布，势必会对晋国史乃至两周史的研究提供极其关键的信息。

英文摘要

On the basis of current excavations, it can be speculated that the number of tombs in Taosibei Cemetery could reach almost 10,000. As many as 254 shaft tombs of Spring & Autumn Period have been excavated. More than 130 bronze vessels have been unearthed, including Ding, Hu, Gui, Dun, Jian and Dou. Besides, musical instruments, weapons and jade wares have also been collected. In most small tombs of early Spring & Autumn Period, there is a pottery Li; in tombs of late Spring & Autumn Period, the burial accessories turn out to be a set consisting of Ding, Dou, Hu and Li. Taosibei Cemetery was in use during the time from the end of Western Zhou to Warring States Period. In Spring & Autumn Period, it was a state cemetery of Jin State. When it came to Warring States Period, it belonged to Wei State.

夏商周

陶寺北墓地全貌（自西向东，远处为塔儿山）

陶寺北墓地2017年至2018年发掘Ⅱ区（上北下南）

积石墓（上东下西）

马坑（上东下西）

河南潢川余楼春秋时期墓地

◎武志江

>　　2018年11月，经国家文物局批准，河南省文物考古研究院对潢川县余楼墓地进行了考古发掘。目前已发掘13座墓葬、1座马坑、2座车马坑。在采集到的青铜器簠残片上有"黄子""楚子"等铭文。余楼墓地系春秋早中期之际至春秋中期、黄国某公族墓地的高等级贵族墓葬区，为黄国被楚国灭国前后的遗存。对研究春秋时期淮河上游地区历史发展与文化演变具有重要价值。

　　2018年10月中旬，河南省信阳市潢川县某建设项目在施工过程中发现一处春秋早中期黄国公族墓地。经国家文物局批准，2018年11月至2019年1月，河南省文物考古研究院与潢川县文物管理局对余楼墓地开展了考古勘探与发掘工作。

　　余楼墓地位于潢川县付店镇新春村余楼组西北400米的台地上，南距宁西铁路1000米左右。余楼墓地东南方3000米为高稻场春秋末年至战国时期楚系墓葬分布区，其东侧紧邻全国重点文物保护单位黄国故城。20世纪80年代，在余楼墓地往南直线距离18千米的光山县宝相寺，发现了春秋早期晚段的"黄君孟"夫妇墓和"黄季佗"墓。

　　经过2个多月的考古勘探，在余楼墓地发现墓葬、马坑、车马坑共计22座。墓葬主要分布在南北向台地的西南部，大致范围为南北长160米~190米，东西宽110米，面积约1.5万平方米。

目前已发掘16座，包括墓葬13座、马坑1座、车马坑2座。此外，我们从基建施工方的虚土中，采集到大量青铜器残片，以簠居多，还有鼎。簠上有"黄子""楚子"等铭文。

已经清理的13座墓葬皆为长方形土坑竖穴木椁墓，单人葬，一棺一椁，南北向居多（11座），东西向较少（2座）。依据椁上部是否有车可将这批墓葬分为两类。有车者共3座（M2、M4、M7）。一棺一椁，车放在椁板上面，因椁板塌陷致使车陷入椁内。车舆在北，车衡在南。这3座墓葬随葬车的情况还不完全相同。M2与M4较为相似，两个车轮分置于椁板上方的墓室东西两侧，而M7则仅随葬车毂，不见辐和牙。值得注意的是，M7车舆两侧栏杆上部髹红漆，十分精美。无车的墓葬共10座（M1、M3、M5、M6、M9、M10、M12、M14、M16及M19）。除M16与M19的墓向为东西向外，余者皆南北向。从保存状况来说，M1因基建项目施工其北部被破坏，M14、M16、M19椁内发现盗洞，盗扰严重。其余墓葬保存较好，尤以M10出土遗物最为丰富。

M10位于余楼墓地台地的西南缘，南北向，墓坑口小底大，墓壁经修整，较光滑。口部南北长4.09~4.29米，东西宽2.68~2.85米，底部南北长4.26~4.45米，东西宽2.93米，深4.70~5.06米。墓室底部有一棺一椁，椁下有东西向两块枕木。椁室北部偏西随葬2件青铜簠，东部有铜戈、马衔、马镳以及长条形朽烂木器。棺内人骨已朽，仅见少量玉饰品。铜簠经初步清理，可见"侯孙×""盟姬"等铭文。

此外，M1虽然也被破坏，但在椁内东部偏北处仍出有青铜匜、盆、盘等器物，椁内的东西两侧还各出8个铜铃，或为荒帷类遗存的附件。铜匜较为完整，长流弧形上扬，深腹圜底。卷龙形半环鋬，龙首呈衔沿探水状，龙尾较短且卷曲。口部以下为一周窃曲纹，腹部有瓦纹。腹下为四扁蹄足。

仅见1座马坑，平面形状近方形，较浅。马骨已朽，残存朽痕。

车马坑共2座，其中1座（M8）有髹漆车1辆，马2匹；另1座（M11）仅见轮槽和马骨朽痕。M8车为一辀、一衡、一舆，车舆系用条状植物编织并髹黑漆。

通过对余楼墓地的考古工作，我们对该墓地的年代、性质以及学术价值有了初步的认识。

M1出土的铜匜长流弧形上扬，为春秋早期晚段特征；M5出土陶鬲为春秋中期晚段特征。综合来看，墓地年代从春秋早期晚段至春秋中期，有着较长的时间跨度，各墓葬之间存在相对早晚关系。

所采集的铜簠残片，其上有"楚子""黄子"铭文，且"黄子"铜簠的数量较"楚子"器多，光泽度也优于"楚子"器。综合墓葬年代，推测余楼墓地为黄国被灭国前后的黄国某一公族墓地，为高等级贵族墓。M10还出土有"侯孙×"嫁姬姓女的媵簠，显示出该墓主与姬姓侯国有密切的婚姻关系。

余楼墓地系春秋早中期之际至春秋中期，黄国某一公族墓地的高等级贵族墓葬区，为黄国被楚国灭国前后的遗存。与黄国故城以西的高稻场春秋末年至战国时期的墓葬在年代上相互衔接，形成一完整序列。对研究春秋时期淮河上游地区历史发展与文化演变具有重要价值。

在余楼墓地发现的有"黄子""楚子"铭文的铜簠，以及"侯孙×"嫁姬姓女的媵簠，对于深入了解春秋时期楚国、黄国及相邻姬姓侯国（或为曾国）之间的关系具有重要价值。

本次在余楼墓地发现的马车是黄国马车的首次发现，这也是信阳地区目前发现的年代最早的马车。这对于研究淮河上游地区手工业发展及丧葬习俗的演变有重要价值。

英 文 摘 要

In November 2018, with the approval of the State Administration of Cultural Heritage, archaeologists from Henan Provincial Institute of Cultural Relics and Archaeology excavated Yulou Cemetery in Huangchuan County. Up till now, more than thirteen tombs, one sacrificial pit buried with horses and two chariot pits have been excavated. Inscriptions like "黄子(Huang Zi)" and "楚子(Chu Zi)" are found on shards of Fu, a kind of bronze food containers. Yulou Cemetery, where members of a high-grade aristocratic family of the Kingdom of Huang were buried, existed from the early to mid Spring & Autumn Period. The cemetery, a remnant left around the Kingdom of Huang was overtook by the Kingdom of Chu, is of great significance for researches on regional development and cultural evolution in the upper reaches of Huaihe River during Spring & Autumn Period.

M4 全景（上西下东）

车轮残痕

车舆残痕

M2（由南向北）

M7 马车（由西南向东北）

铜簠

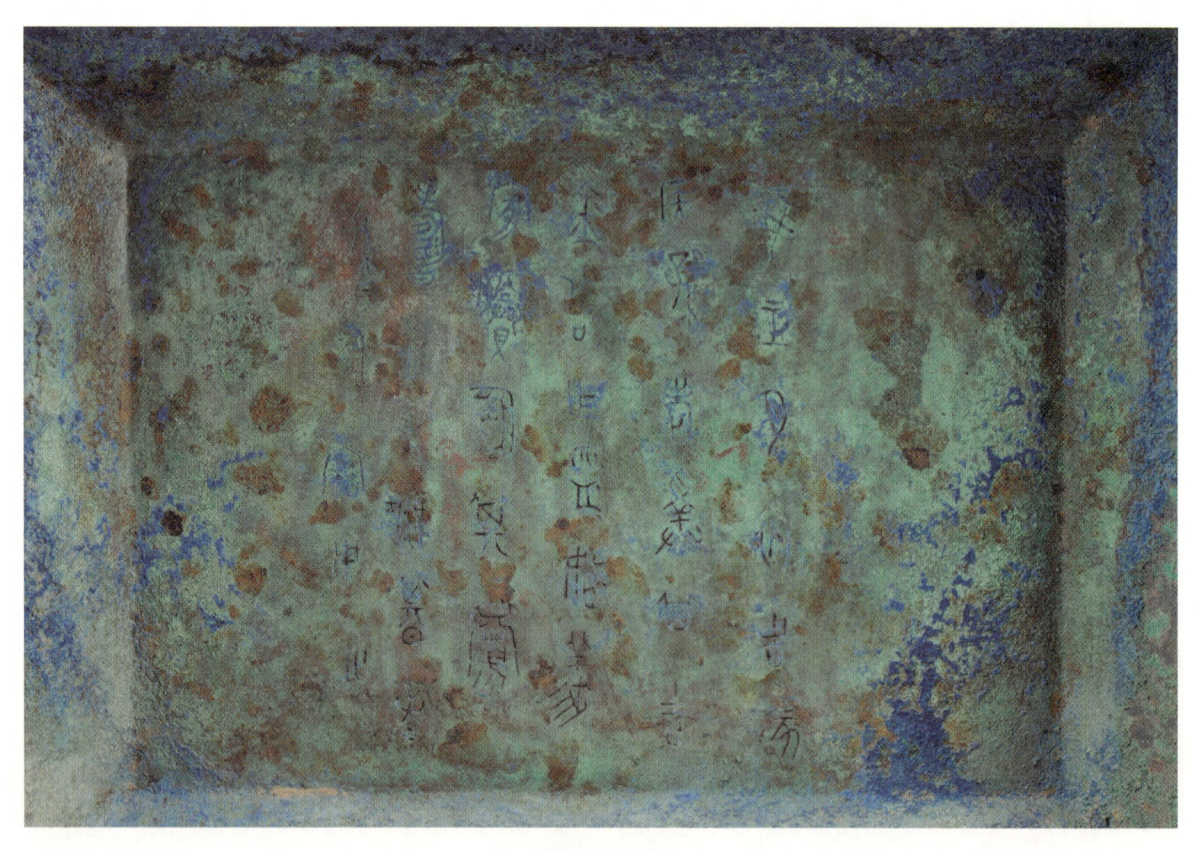

铜簠内壁铭文

M8 车马（上西下东）

M8 车衡、车辀与马骨（由西北向东南）

随葬品

安徽庐江坝埂遗址周代聚落

◎张继华　陈　博

2018年9月至2019年1月，郑州大学历史学院对庐江县坝埂遗址进行了考古发掘。在遗址东墩发现有周代灰坑、柱洞、灶、烧土堆积、壕沟以及炉缸壁、石范等遗存，各阶段皆有较为明显且分布广泛的烧土堆积。第二阶段还发现有制作考究的环带状烧土面、大量墙壁残块与相对集中分布的灶等遗存。于西墩发现有排房一座。从东墩外侧的壕沟来看，两墩应属于同一聚落，但功能有所不同。该遗址的发掘为探讨周代江淮地区聚落形态、建筑技术、铜器冶铸等课题提供了重要资料。

坝埂遗址位于庐江县万山镇永桥村坝埂东南约370米，位于小港河的北岸，整体地势呈北高南低。地理坐标为北纬31.29538°，东经117.23424°。该遗址由东、西两处墩台组成，东墩保存较好，面积较小，西墩破坏较为严重。两墩总面积约6800平方米，堆积最厚处约3米。

为配合引江济淮工程建设，受安徽省引江济淮工程文物保护工作领导小组委托，郑州大学历史学院于2018年9月至2019年1月对该遗址进行了勘探与发掘工作。两墩台共布设10米×10米探方11个，探沟1条，完成发掘面积1242平方米。本次发掘发现了较为丰富的遗存，其中遗迹主要包括灰坑、柱洞、排房、环带状烧土面及壕沟等，遗物以陶器为主，有鬲、甗、盆、罐、豆、盂、缸及鼓风管、纺轮、陶范等，另有少量石器。

东墩堆积较为深厚，共分为12层，以周代文化堆积为主，其中第⑦层和第⑩层富含烧土堆积与草木灰，分布于整个墩台外围，由周边向中心呈倾斜状堆积。以这两层红烧土堆积为界，可将该墩台的形成过程划分为三个阶段。

第一阶段主要为红烧土堆积、烧土面与柱洞等遗迹，皆打破或叠压于黄色生土之上。红烧土堆积位于墩台西北部，较为散碎。烧土面位于墩台中西部，破坏较严重，平面呈不规则形，厚0.05米～0.08米。两者皆近水平状分布。柱洞发现40多个，部分打破红烧土面，开口均为圆形，壁竖直或呈倒梯形，大小及深浅不一，看不出明显的分布规律。这些遗存表明，该墩台居民最初是依托较为平整的自然生土面开展活动的，尚未形成后期那样外高内低的坡状堆积结构，但烧土面与柱洞等遗迹已与此后的建筑遗存表现出某些类似之处。

第二阶段主要有墩台垫土、烧土带和灶等遗迹。墩台垫土和烧土带遗迹呈环带状分布在墩台外围，灶位于烧土带内侧，多集中于发掘区西北部。墩台垫土由内外两部分组成，外围垫土较厚且较纯净，应为较短时期内堆筑而成。内侧垫土是先沿外围垫土内侧向下开挖出一周断坎，而后逐步堆积而成，由外向内、由厚变薄呈倾斜状分布。内侧垫土总体较为纯净，但夹杂有两层含较多草木灰的土层，局部还有青灰色土层。灰黑色土层具有较为明显的分层沉积结构，在内外侧垫土交界的断坎上还发现有凹陷的现象。这些表明内侧垫土的形成还与流水冲积作用有明显关系。

该层垫土之上发现一周带状烧土面以及大量的倒塌烧土堆积。倒塌烧土堆积中包含部分墙体残块，厚度可达35厘米左右。其下叠压的环带状烧土面南北两侧均有沟槽。烧土面总长约24.8米，宽0.8米～2.04米，厚0.04米～0.26米。保存最厚处有4层，底部还发现有较薄的炭灰层。烧土面及其沟槽内侧的坡状垫土上发现灶9座，多数分布较为集中，为不规则椭圆形和8字形。这些灶与烧土面属于同期遗存。

该阶段的烧土面虽破坏严重，但分布较广，制作考究，应为具有特定功能的活动面。烧土面内侧的土灶可能意味着存在相对集中的庖厨活动。结合废弃烧土堆积中发现的炉缸壁以及遗址中出土的鼓风管和石范等遗物来看，上述遗迹可能与冶炼或铸造场所有关，并包含有与之相关的饮食等活动。

第三阶段包括下部的垫土与上部烧土堆积层。该烧土堆积层与上阶段烧土堆积大体平行，大部分位于后者内侧，并由外向内呈坡状堆积。顶部还发现有若干柱洞、少量灰坑以及路面等遗迹。

西墩堆积较为简单，以房址F1最为重要。F1为一处呈东北—西南走向的排房，至少可分为5间，现存面阔27米，进深约2.50米，北侧与西南部多遭破坏，发现有基槽、隔墙、门道、灶及室内红烧土活动面等遗存。门道位于东南部，现存3个，方向为129°。单间面阔从2.50米至5米不等。房内发现4个圆形灶，均靠近后墙。部分房间内还保存有红褐色呈烧结状的活动面。

东墩北侧发现壕沟1条，已揭露部分沟口宽12.10米，深约1.20米，完整宽度40米左右。该壕沟与墩台为同期遗存，推测既可作为建造墩台的取土场地，又能连接河道，具备取水与防御功能。

初步来看，该遗址东、西两座墩台大致修建于春秋时期，两墩外围发现有环壕，表明属于同一个聚落，但东、西墩功能有明显不同。东墩应以生产活动为主，西墩应以较为单纯的居住功能为主。该遗址发现的周代聚落结构较为完整，形成过程较为清晰，为探索江淮地区周代聚落形态提供了新的案例。东墩表现出的与冶铸活动有关的迹象，对于进一步探索文献记载的"金道锡行"以及江淮地区与周王朝的互动具有重要学术意义。

英 文 摘 要

From September 2018 to January 2019, archaeologists from the School of History of Zhengzhou University conducted excavations at Bageng Site in Lujiang County. Remains of Zhou Dynasty, including ash pits, post holes, stoves, noticeable and widely distributed heaps of burnt earth, moats, hearth sidewalls and stone moulds were found on the eastern mound. There are also exquisite circular residues of burnt earth, numerous pieces of broken walls and remains of densely distributed stoves. A row house was found on the western mound. The moat outside the eastern mound indicates that both mounds used to belong to the same settlement but functioned differently. The excavation of Bageng Site has contributed important materials to researches on settlement layouts, construction techniques, copper smelting and bronze casting in Yangtze-Huaihe River Region in Zhou Dynasty.

坝埂遗址东墩第一阶段柱洞与烧土（由东向西）

坝埂遗址东墩第二、三阶段烧土堆积（由西向东）

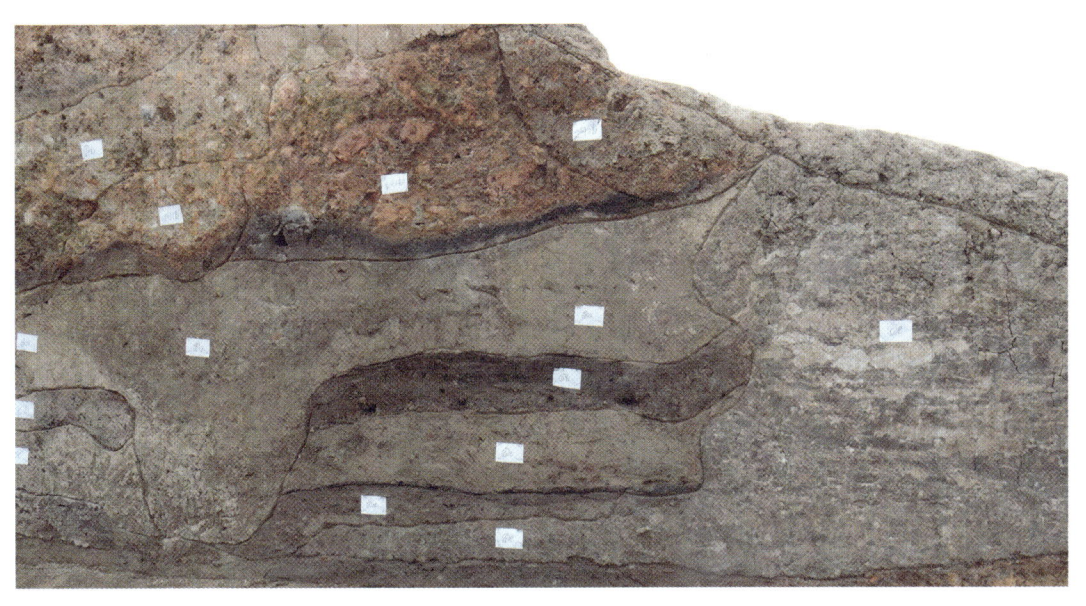

坝埂遗址东墩第二阶段烧土与垫土堆积剖面

坝埂遗址东墩 T1617 第二阶段的灶

坝埂遗址东墩第二阶段带状红烧土（上北下南）

陕西澄城刘家洼春秋芮国遗址

◎种建荣　孙战伟

2018年，确定刘家洼遗址范围约3平方千米，遗址内有城址区、墓葬区、密集居住区等，聚落结构基本清楚。出土文物包括铜、金、铁、玉石、漆木等材质器物，尤其是出土了芮公、芮太子等铭文铜器，确定该遗址为春秋早中期芮国都邑遗址，从而丰富和完善了芮国后期历史。

刘家洼遗址位于陕西澄城县王庄镇刘家洼村西北，分布于洛河支流长宁河上游的鲁家河两岸。2016年年底发现有墓葬被盗，经申报国家文物局批准，对遗址进行勘探和抢救性发掘，取得了重要收获。

调查确认遗址范围约3平方千米，西、南、北三面以自然冲沟为界，东面由一条人工壕沟与外相隔，壕沟南、北两端与自然冲沟相接，由此，以自然冲沟和人工壕沟相连组成一个封闭的大型遗址区域，南北长1500米、东西宽2000米。从遗址区中心穿过的鲁家河，将遗址分为东、西两区。遗址区内可采集到丰富的周代文化遗物，断崖上可看到较多灰坑及夯土墙等遗迹。

在遗址东区中部的位置，经调查和勘探发现有1座面积10余万平方米的城址。城址西面邻鲁家河河道，南、北、东三面由夯土墙相围合，形成相对闭合的城址区。在城址内采集到陶鬲、盆、罐、豆及三足瓮等春秋陶器残片，还发现1块陶范残块。在勘探时发现有大量灰坑和板瓦等建材堆积，属重要建筑所在，应是高等级人群居住区。城址区外围为一般居址区和墓葬区。

勘探发现墓葬共4处210余座，其中东区墓地3处，西区南部墓地1处。最为重要的是，东I区墓地共发掘大、中、小型墓葬73座、车马坑2座、马坑1座。其中有带墓道的"中"字形大墓2座（M1、M2），大型竖穴土坑墓1座（M3）。两座"中"字形大墓西北部各有1座南北向车马坑。西区南墓地共发掘墓葬44座，均为中、小型墓。全部墓葬均为竖穴土坑、南北向，头向以北向为主，个别为南向。除了大型竖穴墓M3有壁龛殉人外，其他墓葬均未见腰坑、殉人等迹象，主体与两周时期周系墓葬的特征保持了明显的一致。

大墓和部分中型墓虽遭严重盗掘，但仍发掘清理出大量青铜器，以及金器、玉器、铁器、陶器和漆木器等珍贵文物。通过对出土文物的形制、纹饰等特征进行分析，判定遗址的时代属春秋早期。据遗址内的夯土建筑、城墙、壕沟等遗迹，铸铜、制陶等手工业遗存，以及墓葬形制、丧葬习俗等文化特征，随葬青铜器礼器有七鼎六簋、五鼎四簋等组合形式，加上芮公、芮太子等青铜器铭文诸多现象判断，这里当为一处芮国后期的都城遗址及墓地。芮国，这个历史上与周同姓的诸侯的最后政治中心，经刘家洼遗址的发掘得以确认，填补了芮国后期历史的空白，也提供了周王室大臣采邑（地）向东周诸侯国发展演变的典型案例。

大型墓中出土的金首权杖、青铜镦、铁矛，以及部分中、小型墓所出螺旋状金耳环、金手镯等，充满了浓厚的北方草原文化气息。葬于此处的墓主既有可确认的芮公，亦有中小贵族和平民，墓葬间没有发现打破叠压关系和明显的分区，显然都属于芮国同时期的墓葬。不同文化传统、族系背景的居民共用同一墓地的现象，揭示了芮国后期民族、文化融合的真实图景，呈现出地缘国家的基本特征，是研究周代社会组织、人群结构的重要材料。

西周春秋时期诸侯级墓葬的乐器组合，基本都是青铜编钟、石编磬一套。刘家洼"中"字形大墓的乐器组合均为编钟、编磬各两套，竖坑大墓为五镈九钮，并配有多件建鼓、铜铙（钲）、陶埙等器，成为目前所知春秋早期墓葬出土乐悬制度中的最高级别，充分展示出芮国贵族对音乐的喜好和感官享受的追求，也为我国古代乐器发展史和音乐考古的研究提供了最重要资料。

雕纹钟、磬架，漆木几案、豆等，是研究春秋时期木作髹漆工艺技术发展水平的珍贵资料。众多金器、铁器，为认识我国古代黄金及冶铁业发展提供了重要信息。

英 文 摘 要

In 2018, it was confirmed that Liujiawa Site covered approximately three square kilometers. There are different zones, such as the urban area, the burial ground and densely populated habitations. The settlement layout has been generally found out. Unearthed relics include artifacts made of bronze, gold, iron, jade and lacquered wood. Bronze wares, some inscribed with Feudal Lord Rui and Prince Rui, are among the major unearthed objects. It has been confirmed that, at Liujiawa Site, there used to be the capital of Rui, a vassal state, during early middle Spring & Autumn Period. Now there is a better insight into the history of the later period of Rui.

刘家洼遗址远景（由南向北）

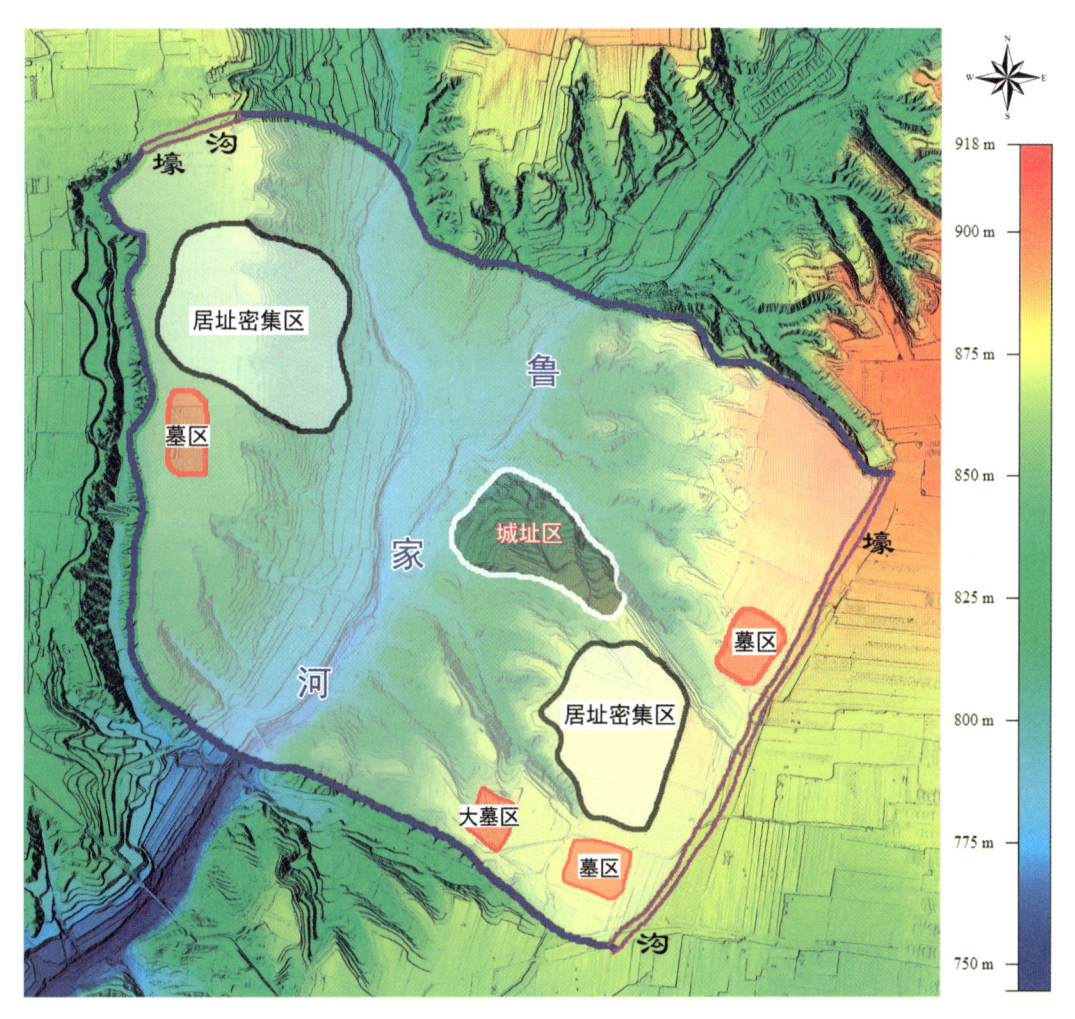

刘家洼遗址遗迹分布示意图

编钟、石磬及木俑（M1）

椁室（M2） 　　　　　　　列鼎（M2）

甬钟（M2） 　　　　　　　权杖及金牌饰（M2）

夏商周

镈钟　　　　　　　　　　　　钮钟

芮公鼎

芮太子白鬲

177

铜器（M27）

陶器组合（M26）

棺环（M1） 　　　　　　　　　　　　石磬（M2）

河南义马上石河春秋时期虢遗民墓地

◎杨海青

> 上石河春秋墓地位于河南省义马市区南部上石河村，该墓地是一处规划较好的春秋早中期墓群。已发掘春秋时期墓葬113座，出土铜、陶、玉、石、骨等各类器物2700余件（颗）。根据墓地中所见铜鼎铭文"虢季氏子虎父作鼎"，推断此墓地为虢遗民墓地。该墓地的发现不仅填补了崤函古道春秋时期中小型贵族墓地的空白，也为寻找三门峡虢国被晋灭掉后虢国贵族的最后去向提供了线索。

义马上石河春秋墓地位于河南省义马市区南部上石河村，北临三一〇国道，东邻义马市污水处理厂且距石河河道约100米，南接新安古城遗址，西邻河南开祥精细化工有限公司，地势较为平坦。2018年4月至9月，为配合河南省开祥精细化工有限公司综合物料平改项目工程建设，受河南省文物考古研究院委托，三门峡市文物考古研究所与义马市文物保护管理办公室组成联合考古队，对该工程占地范围内的古墓葬进行了两次抢救性考古发掘。

两次考古发掘共发现春秋至清代墓葬117座，其中春秋时期墓葬113座，马坑7个，出土铜、陶、玉、石、骨等各类器物2700余件（颗）。墓葬间排列较规整，相互间无打破现象，均为长方形竖穴土坑墓，可分为西南、西北、东北三区。西南区墓葬分布较稀疏，墓葬方向基本为南北向，面积相对较大，随葬器物以铜器和玉石器为主，常见器物组合为鼎、壶、簋、盉、盘、匜、石贝、陶珠等，祔葬车马坑均位于此区域。西北区墓葬分布较为密集，墓葬方向以南北向为主，随葬器物以铜器和玉石器为主。东北区墓葬分布密集，墓葬方向多为东西向，随葬器物以陶器为主，常见器物组合为陶鬲、陶盂、陶罐。

本次发掘面积最大、级别最高、出土器物最丰富的墓葬为M93，位于发掘区西南部，为一座南北向的长方形竖穴土坑墓。墓底四周设有熟土二层台。墓内葬具为单椁重棺，均已腐朽为灰黑色朽痕。根据痕迹判断，木椁的四壁紧贴二层台内壁。椁盖板是用东西横向的木板平铺于二层台上，底板是用木板南北纵向平铺于地面上。木棺位于椁室中部，外棺盖板上发现铜翣、铜鱼、陶珠、石贝等棺饰。内棺位于外棺中部。棺内葬有墓主1人。骨骼腐朽严重。头北，脚南，面朝上，仰身直肢，男性，年龄不详。出土铜、玉、石、骨蚌等随葬品共1300余件（颗），分礼器、车马器、兵器、棺饰等。其中铜鼎4件、铜簋4件。一件鼎上有铭文15字"虢季氏子虎父作鼎子子孙孙永宝用"。其他有铜方壶、铜盉、铜盘、铜翣、铜鱼、铜盾钖、铜镞、铜铃、铜带扣、薄铜片、铜辖、铜小腰、铜衔、铜镳、三角形铜饰、铜腰配饰、铜辖首，石贝、石戈、玉玦、玉口琀，陶珠，骨管、骨饰、骨小腰、角镳，等等。

此墓地的M35出土1件铜鍑，该器为草原游牧文化中常见的一种炊煮器和祭祀用具，该墓墓主身份为较低的士一级男性贵族，生前应为军人或武士。我们认为义马上石河村春秋墓地出土的铜鍑，应该是墓主生前跟随虢国国君征战，从战争中获得的战利品。M34出土1件铜鼎，内有铭文"易娟作宝鼎子子孙孙永宝用享"，这件鼎应该是媵器，即嫁妆。这两件器物似可作为当时不同地域间文化交流的物证。

上石河春秋墓地的墓葬无论大小，相互间均无打破现象，应是一处事先经过规划的墓地。所见墓葬形制、器物组合、出土器物及纹饰，均与三门峡上村岭虢国墓地基本一致，根据M93铜鼎铭文内容可以断定，义马上石河春秋墓地应与虢国有关。根据文献记载，公元前655年，虢国被晋国灭掉后，虢国国君虢公丑向东逃亡，避难洛阳。《左传·僖公五年》曰："八月甲午晋侯围上阳。……冬十二月丙子朔晋灭虢，虢公丑奔京师。"《晋世家》亦云："晋献公二十二年，其冬晋灭虢，虢公丑奔周。"虢公丑在向东逃难时，跟随有许多虢国贵族和家眷及护卫随从。义马地处崤函古道，春秋时期处于虢国和周王室王畿范围之间。为安置这些被灭国逃难人员，周天子就把义马作为这些人的避难栖居地。义马上石河春秋墓地应该就是虢国东逃的贵族及家眷和护卫随从的邦族墓地。这是三门峡地区继上村岭虢国墓地之后发现的又一处较大规模的虢人埋葬茔地。虽然墓地内墓葬排列有序、保存基本完整、布局规律清晰，有着较为严格的埋葬制度，但铜、玉礼器数量及质量与上村岭虢国墓地相比有较大差距，多数铜器为明器，且器物组合不全。如已发掘规格最高的M93为四鼎四簋，M82为两鼎两簋，均缺一鼎而不成列鼎。可能是因为虢国被晋灭掉后东迁，栖身之处没有铜矿可供他们继续铸造新的青铜器，所以其国人死后的随葬品或用明器随葬。

该墓地的发现与发掘，不仅可以填补崤函古道上春秋时期中小型贵族墓地发现和研究的空白，也为寻找三门峡虢国被晋灭掉后虢国贵族的最后去向提供了线索。

英文摘要

Shangshihe Cemetery, a well-planned cemetery built in the early and middle Spring & Autumn Period, is in Shangshihe Village, in the south of Yima City, Henan Province. A total number of 113 tombs of this period have been excavated. Over 2700 pieces(particles) have been unearthed, including a wide range of artifacts made of bronze, pottery, jade, stone and bones. According to the inscription found on a bronze Ding, "Guo Ji Shi Zi Hu Fu Zuo Ding", it is speculated that adherents of the Guo Vassal State were buried here. It is the first time that medium-sized and small aristocratic tombs, constructed along the ancient Xiaohan Trail during Spring & Autumn Period, have been discovered. This discovery has shed new light on where the aristocrats of Guo in Sanmenxia had fled after their state was overtook by another vassal state, Jin.

东北墓区航拍图（上北下南）

衬葬马坑（由东向西）

M93（由东向西）

M82（由西向东）

铜鼎铭文拓片

江苏金坛旅游大道东周土墩墓

◎曹 军 于成龙 吴文婉 严 烨

> 2017年10月至2018年9月，南京博物院考古研究所联合金坛区博物馆，对常州金坛区薛埠镇连山村大庄村北的一批土墩墓进行了抢救性考古发掘工作。所见土墩墓形制多样，随葬品以印纹硬陶、原始瓷为大宗，年代大致为春秋晚期到战国，为研究宁镇丘陵地区土墩墓的形制、营造方式以及文化属性提供了更多的科学信息。本次对土墩墓的考古发掘工作，收获较大，且在文物保护、大遗址保护等专业领域内也有拓展创新。

2017年10月至2018年9月，为配合常州市金坛区旅游大道的建设，南京博物院考古研究所联合金坛区博物馆对工程范围内的20座土墩墓进行了抢救性考古发掘工作。

现将其中8座土墩墓发掘情况汇报如下。

（一）九角墩土墩墓

九角墩位于常州金坛区薛埠镇连山村大庄村北约300米、薛埠大街西100米处，为井头村丘陵地形的东缘、一个小岗地的顶部。九角墩西北原本还有个村子名为九角墩村（现已拆迁），据连山村村民口述，九角墩村附近的这个高大土墩墓远近闻名，俗称九角墩。

九角墩土墩墓墩体基本呈圆形，直径约35米，残高7米，海拔高度40米。

共发现周代墓葬39座，器物群2处。

墓葬的形制多样，有平地封土墓、竖穴土坑墓、石床封土墓、竖穴石框墓和带墓道"人"字形木椁墓。出土遗物基本以印纹硬陶、原始瓷为大宗，夹砂红陶和泥质灰陶较少，另有极少的黑皮陶。器形主要为印纹硬陶罐、原始瓷碗、夹砂红陶鼎、夹砂红陶釜、泥质灰陶器盖、泥质灰陶盆、黑皮陶器盖等。此外还有青铜鼎、青铜剑柄和青铜镞3件青铜器，11件绿松石玦，石锛和石镞各1件。

（二）井头村土墩墓群

井头村土墩墓群位于金坛区薛埠镇井头村北部，所处地理位置较高而平坦，海拔高度约30米。分别编号为D1、D2、D3、D4、D5、D7和D8。

D1土墩高约3米，遗址面积约760平方米。D1共清理墓葬18座，器物群22处，属于典型的一墩多墓形制中的向心式结构。墓葬和器物群中随葬品有几何印纹硬陶罐、硬陶瓮、硬陶坛、夹砂红陶鼎、夹砂红陶釜、泥质陶罐以及原始青瓷碗等。

D2遭到破坏，残高约2.60米，面积483平方米。为一墩多墓结构，发现墓葬11座，其中9座埋藏方式为竖穴土坑，2座埋藏方式为平地堆起，所有墓葬呈向心式排列。另清理现代窖坑5个，祭祀群3处。

D3土墩高约3米，遗址面积为624平方米，文化层厚度1~3米。共清理墓葬7座，器物群6处。仍属于典型的一墩多墓。其中M1~M6为土坑竖穴墓，M1~M5的墓向均朝向墩子中心，M6则位于墩子中心偏南位置。M7为主墓，处于墩子中心位置偏北，位于⑥层下，封土为红褐色黏土，东西走向，平地掩埋，保存有较好的木构建筑，腐朽木柱排列整齐、清晰可见，南北两侧木柱向内倾斜、东西两侧木柱垂直摆放，木构建筑打破垫土层。现已整体提取。

D4残高约4米，面积800余平方米，共清理墓葬31座，器物群19处。属于典型的一墩多墓形制中的向心式结构。墓葬形制有土坑竖穴、土椁墓以及平地掩埋等。墓葬和器物群中随葬品有几何印纹硬陶罐、硬陶瓮、硬陶坛、夹砂红陶鼎、夹砂红陶釜、泥质陶罐以及原始青瓷碗等生活用具，另有绿松石玦等装饰品和陶纺轮、石器等生产工具。

D5土墩现高约2米，面积约214平方米，文化层厚度1~2米。清理墓葬7座，器物群3处。主墓M7为浅坑式掩埋，有摆放整齐的石棺床。墓葬和器物群中随葬品有几何印纹硬陶罐、硬陶瓮、硬陶坛、夹砂红陶鼎、夹砂红陶釜、泥质陶罐以及原始青瓷碗等。墓葬年代晚至战国，早至春秋晚期。

D7整体遭破坏严重，存留原始墩体平面近椭圆形，呈馒首状，东西残长约9.50米，南北残长约8.50米，高约2.50米。墩体北部为生土之上修整红土、灰白土、花土等多层垫土，近水平状堆垒而成，南部为多层红土倾斜向北覆裹。共清理墓葬5座，器物（群）11处，沟类遗迹1条，洞类遗迹2个。出土器物主要有几何印纹硬陶罐、陶瓮、泥质灰陶盆、器盖、青瓷碗等。

D8土墩残高约0.60米，面积约220平方米，整体保存较差。该土墩属一墩一墓结构，发现墓葬1座，器物群2处。M1为平地掩埋式形制，有规律摆放的石棺床，随葬几何印纹硬陶器、原始青瓷器以及夹砂陶鼎等器物。墓葬年代为春秋晚期。

此次土墩墓的发掘，为研究宁镇丘陵地区土墩墓的形制、营造方式以及文化属性提供了更多的科学信息。

英文摘要

From October 2017 to September 2018, archaeologists from the Institute of Archaeology of Nanjing Museum teamed up with those from Jintan Museum to conduct salvation excavations in a number of mound tombs in the north of Dazhuang Village, Lianshan Village, Xuebu Town, Jintan District, Changzhou City. These tombs, varying in structure, were built during the timespan from late Spring & Autumn Period to the Warring States Period. The majority of unearthed funeral objects are stamped hard potteries and proto-celadon wares. Various data and materials have been collected for researches on the structures, construction and cultural properties of mound tombs found in the hilly areas between Nanjing and Zhenjiang. Apart from impressive achievements made during archaeological work carried out this time, there are also further explorations and innovations in professional fields, such as the preservation of cultural relics and the protection of large sites.

九角墩土墩墓
（由西向东）

M21（上东下西）
及青铜剑柄周边牙齿

陶器（M21）

夏商周

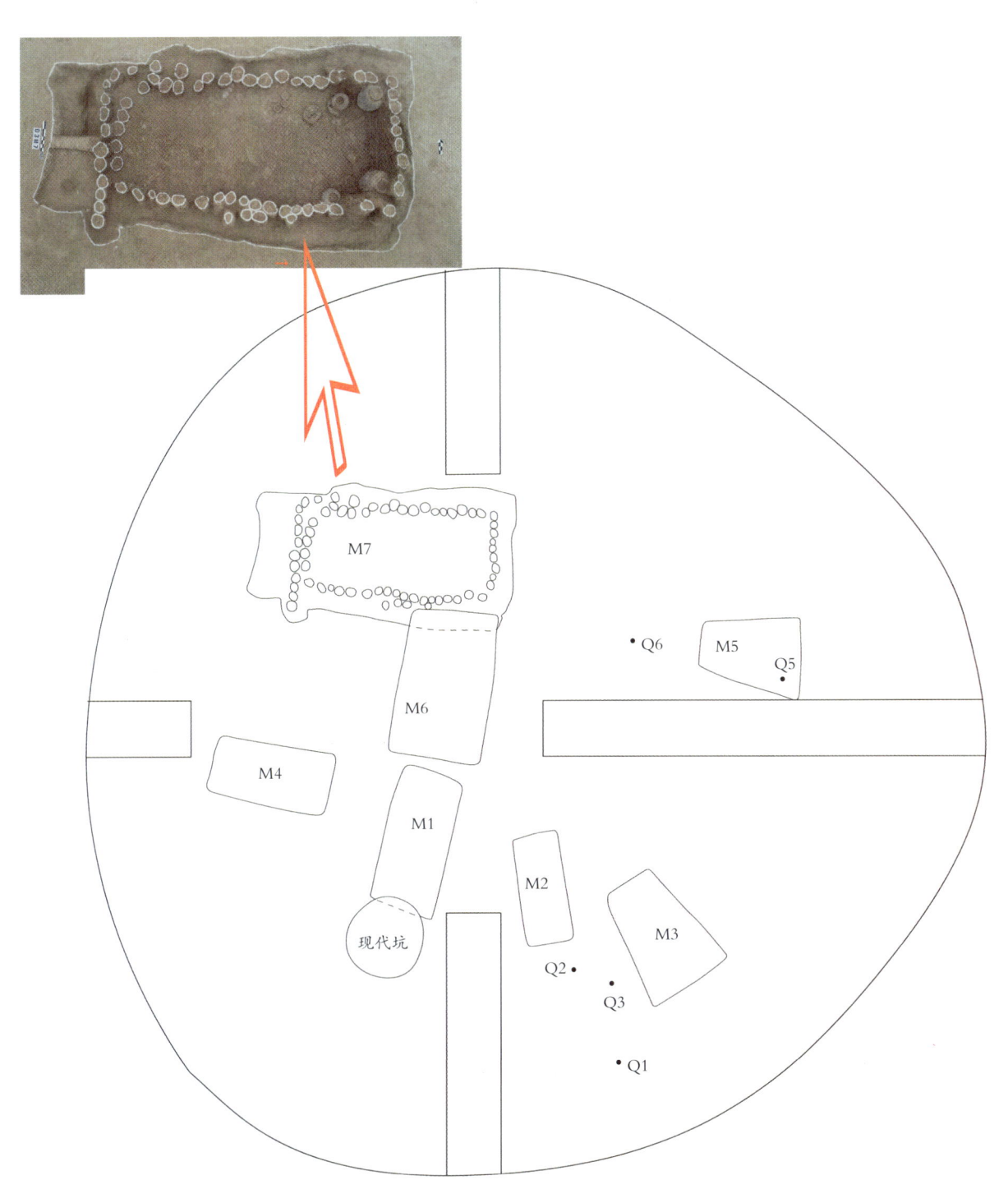

井头村 D3 及主墓 M7（上北下南）

189

D1M2 棺痕（上南下北）

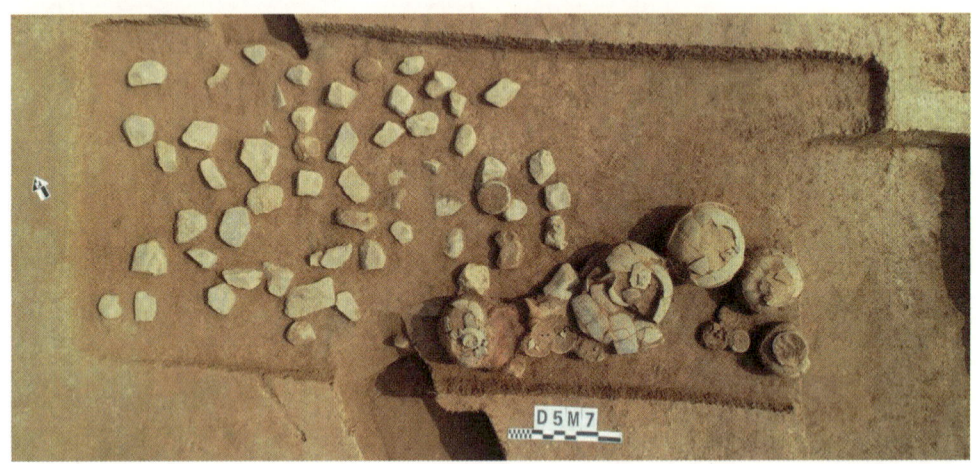

D5M7（上北下南）

原始青瓷（D8M1）

山东曲阜杏坛学校东周墓地

◎董文斌　孙倩倩

> 曲阜杏坛学校墓地已发掘墓葬267座，墓葬时代大多为春秋中期至战国早中期，少量汉代、魏晋和清代墓葬。杏坛学校墓地是曲阜地区目前发掘规模最大、揭露较完整的一处大型东周墓地。墓主人多属下层士级贵族和平民。此次士级及平民墓葬的大规模发掘，极大地丰富了对鲁文化的整体认识，对鲁国的礼制及更深层次的社会问题分析具有重要意义。

曲阜杏坛学校墓地位于山东省济宁市曲阜市区东南部，隶属鲁城街道办事处，原为一处工厂旧址。墓地西北角距鲁国故城大城东南约900米，南部距小沂河约800米，该区域为一处稍微隆起的岗地。西部和北部邻裕隆家苑，东靠金胜机电厂，南部为逵泉东路。墓地东西约240米，南北约150米，总面积3万余平方米。

发掘工作自2018年7月15日开始，到2019年1月14日结束。采用整体揭露法，已发掘面积达1.4万平方米，共发掘墓葬267座、灰坑8个、水井15座、窑址1座、房基1处。墓葬时代大多为春秋中期至战国早期，另有少量汉代、魏晋和清代墓葬。

遗址所在区域大部分原地表因前期取土下降约50厘米，仅西部区域地层情况保存较好，共分为4层：①层为近期垫土层；②层为灰褐粉砂土层，厚40～50厘米，墓葬均开口于此层之下；③层为浅黄褐黏土，厚约40厘米；④层为白褐黏土层，含大量料姜石。

东周墓葬墓向多为南北和东西向，不同墓区的墓向差异明显且均有一定距离的间隔，每个墓区内部的墓向较为一致，呈现按区域分布的特点。根据墓向和距离分布可分为五个墓区。墓葬大部分集中在北部，且分为三个墓区，自东向西墓向分别为东西向、南北向、东西向。南部及西部各为分布有20余座墓葬的小型墓区，南部墓区的墓向为南北向，西部墓区则多为东西向。墓葬多成组分布。多数为两墓一组平行分布，也有部分为三墓一组的，呈"品"字形分布。墓葬规模均为中小型墓葬，中型墓葬面积多为5～8平方米，多为一棺一椁，有两座为同穴双室墓，各有一棺一椁；小型墓葬面积在3平方米以下，均为一棺。器物多放置在棺椁之间，少数放置棺上及棺内，部分棺内器物被打碎平铺于人骨之下。少数墓葬有腰坑和壁龛，腰坑均殉葬有狗，壁龛放置陶罐、陶壶等。

截至目前，共出土器物总计1000余件，分为陶器、铜器、玉石器、蚌器、骨角器等类，陶器700余件，铜器100余件，其余为骨角器、玉石器、蚌器等。陶器分素面陶和彩绘陶两类。素面陶器种类繁多，有鬲、鼎、簋、盖豆、浅盘豆、筥、盂、罍、有领罐、长颈罐、小罐、壶、舟、匜、盘、卮、杯、釜等。彩绘陶器分红色彩绘和锡衣陶两类：施红色彩绘的器形有盖豆、壶、簋、罐等，纹饰精美，有波曲纹、云雷纹等；锡衣陶经检测发现白色彩绘以锡为主要成分，与殷墟出土白色彩绘器物质成分较一致，器形有鼎、盖豆、罐、壶、杯、卮等。铜器分为礼器、兵器、车马器。礼器有舟、盘、盖豆，其中以舟为主；兵器出土数量较多，以戈、剑、匕首、镞为主，少量矛、殳首、铍；车马器仅见有马衔数套，此外还出土有带钩等生活用器。玉石器有石环、玛瑙环、玛瑙串饰等，骨器有骨梳、骨钗、骨尺、马镳、骨觿、骨珠等。

杏坛学校墓地是曲阜地区目前发掘规模最大、揭露较完整的一处大型东周墓地。墓地紧临鲁故城，据规模、形制和器物分析多属士级贵族和平民墓葬，墓主人极有可能属于城内居民，与鲁故城有着紧密的关系。墓地规划性强，分组明晰，系聚族而葬，且夫妻并行，布局有序。以往发掘的鲁国墓葬多为集中在城内的大型贵族墓葬，此次对士级及平民墓葬的大规模发掘，尤其是对其墓葬的布局、形制、出土器物、陶器装饰风格等文化因素的揭示，必将推动鲁文化以及周边区域的研究走向深入。

As many as 267 tombs have been excavated in a cemetery discovered in Xingtan School in Qufu City. Most tombs were built during the timespan from mid Spring & Autumn Period to early middle Warring States Period. There are just a small number of tombs dating back to Han Dynasty, Wei-Jin Period and Qing Dynasty. This Eastern Zhou cemetery is the largest and comparatively fully revealed burial ground to have been excavated in Qufu District. Most tomb occupants were lower class nobles and commonalties. The large-scale excavation carried out this time has amply enriched the overall understanding of the culture of Lu State, has shed new light on the ritual system and other more profound social issues of this particular state, and will definitely promote further exploration into regional cultural researches.

墓地全景（上东下西）

发掘现场（上西下东）

发掘现场

随葬品

河北行唐故郡东周遗址

◎齐瑞普　张春长

> 故郡遗址位于河北省行唐县故郡村北，遗存主体年代为东周时期，时空、内涵与鲜虞——早期中山国密切相关。2018年河北省文物研究所等单位继续对该遗址进行考古发掘工作。主要收获包括：勘探确定了遗址西南部边界；发掘清理了墓葬、车马坑、灰坑、水井、陶窑、壕沟等重要遗迹；通过实验室考古与保护工作，清理出贴金彩绘"豪车"一辆。

故郡遗址位于河北省行唐县故郡村村北，东靠大沙河，其南、西侧有曲河环绕。遗存主体年代为东周时期，时代从春秋晚期延续至战国中期，时空与内涵当与鲜虞——早期中山国密切相关。2018年经国家文物局批准，河北省文物研究所、中国社会科学院考古研究所、石家庄市文物研究所、行唐县文物保护管理所组成联合考古队，在以往工作的基础上，对该遗址进行考古勘探与发掘。

在遗址西南区域勘探发现墓葬340多座，大部分遭到破坏，年代跨越东周、汉魏、隋唐、明清等朝代。此外还有灰坑、水井、沙沟、窑址、道路多种遗迹，但未发现文化层堆积。

对遗址西区东部和中区东部进行考古发掘，揭露遗存面积3000平方米，清理东周时期灰坑、水井、窑址、墓葬、车马坑、壕沟等各类遗迹160多个，出土青铜、陶、骨角、漆木器等各类文物100余件。

墓葬22座，形制分积石墓和土坑墓两种类型。积石墓墓向皆为东北向，盗扰严重，随葬品被盗掘一空，在扰土内偶见绿松石珠、铜器残片等。土坑墓墓向有北向、东向和西向之分。葬具为一棺一椁或单棺，人骨多数保存完整，葬式均仰身直肢。少数墓葬填土或棺椁上有殉牲，个别墓葬东侧有车马坑。随葬品一般位于棺室内、棺椁之间或壁龛内，有环首刀、剑、戈、镦、镞、带钩等小件青铜器以及鬲、豆、罐、釜等实用陶器。

壕沟位于故郡城址南侧，其北部因在村民院内而无法开展工作。试掘一段，结合勘探可知壕沟南北宽约24米，东西长约400米，沟内堆积大量的绳纹陶片以及板瓦、筒瓦、瓦当等建筑构件，遗物特征与故郡遗址第三期（战国中期）出土同类器物相同，壕沟的修建、使用、废弃年代应不晚于战国中期。灰坑多数规整，有圆形、长方形、不规则形多种，多数较浅。水井形制多样，埋藏深，穿过古河道堆积层，形制有长方形无井圈或木井圈、圆形无井圈或陶井圈之分。发现的窑址为小型陶窑，烧制陶豆和板瓦。居址出土遗物以陶器为主，主要有罐、碗、盆、釜、豆等，还有少量的骨簪、蚌刀、布币、刀币等。

在实验室内对二号车马坑五号车进行清理与保护。该车位于二号车马坑的最东端，与其后面的四辆驷马独辀车组成一出行阵列。该车为独辀车，独辀通过填砌卵石的沟槽与车马坑东端殉牲坑底部的四马头部相匹配。该车车轮拆卸下斜覆车舆，因挤压略有变形，轮径约140厘米，有轮辐38根。车轴通长约280厘米，两端不见辖軎。车舆上部内折，车舆面阔约142厘米，进深106厘米，残高可达50多厘米。车舆四周立板装饰繁缛的红、黑色髹漆彩绘云雷纹图案。车舆左、右侧后部及车舆后侧立板外层覆盖红褐色漆绘层，漆绘层表面上、中、下三层镶嵌有成组对称的、贴有金箔的金属质兽形及玉璧形牌饰。车舆上、下各有4柄带柲铜戈。该车装饰奢华，堪称"豪车"，是研究先秦时期车辆制度的珍稀标本。

故郡遗址2018年的考古工作，廓清了遗址的西南部边界和发掘区域内遗存分布状况，发现了诸如西向土坑墓、东向土坑墓东侧衬设有车马坑、贴金彩绘的"豪车"等一批新的重要材料，极大地丰富了遗址内涵，为我们深入了解遗址遗存分布状况、整体文化内涵与年代分期提供了新的线索。

英文摘要

Gujun Site is in the north of Gujun Village, Xingtang County, Hebei Province. The major part of the site dates back to Eastern Zhou. Spatially and culturally, it has a close connection with Xianyu of early Zhongshan State. In 2018, archaeologists from Hebei Provincial Institute of Cultural Relics and other institutes carried out subsequent excavations at Gujun Site and came to a number of major achievements. The site's southwestern boundary has been located. Important remains, including tombs, chariot pits, ash pits, wells , pottery kilns and ditches, have been excavated. As for laboratory archaeological activities, a colored and gilded luxurious chariot has been dealt with and preserved scientifically.

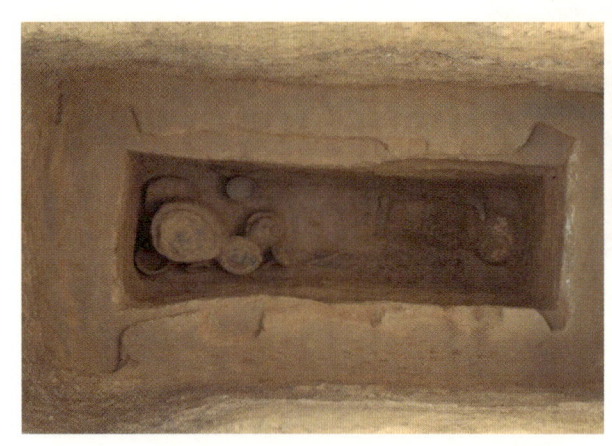

M 56 及其随葬品

陶器

五号车清理现场

黄淮七省
考古新发现

五号车车舆
（画面右侧
为车辀方向）

车舆左侧的装饰

202

山东滕州大韩东周墓地

◎郝导华 刘延常 王 龙

> 2018年,在滕州大韩东周墓地共清理墓葬87座,其中小型墓62座,大、中型墓23座,另外,还有2座未完工的大型和中型墓葬。小型墓多为战国末期平民墓。大、中型墓则为春秋晚期至战国时期的贵族墓葬。从总体看,该墓地是经过事先规划的。在葬制葬俗上,该墓地的文化因素比较复杂,体现了文化交流与民族融合。该墓地的发掘,对研究枣滕地区东周文化分期,完善区域文化谱系等方面具有重要学术价值。

大韩墓地位于山东省枣庄市滕州市官桥镇大韩村村东,此处地势平坦,水源充足。该墓地主体时代为东周时期,另外还发现有龙山文化、商周及汉代的遗存。墓地曾被盗掘。2017年4月至5月曾对墓地进行了初步考古勘探,墓地东西长约100米,南北宽约70米,总面积约7000平方米。2017年10月至2018年1月曾清理东周墓葬52座。这次在此基础上,于2018年4月至2019年1月,共清理墓葬87座,其中小型墓62座,大、中型墓23座,另外,还有2座未完工的大型和中型墓葬。

小型墓均未被盗掘,除一座属西周墓葬外,多为战国末期墓葬。皆为长方形土坑竖穴墓,有的设置腰坑,内有殉狗。这批墓多为一棺,少数一棺一椁。人骨皆仰身直肢,头向分别为东、西、南、北。随葬品较少，仅数座墓葬在壁龛中随葬少量陶圈足壶、圈足小罐或小壶、盘、匜等，部分墓葬随葬玉质或石质的口含，个别随葬铜带钩、玛瑙环等。

根据时代特征，大、中型墓可以分为春秋晚期与战国时期，一部分被盗掘，均未发现封土。

春秋晚期墓葬多不带墓道，另一部分墓为带有墓道的"甲"字形墓，墓道较长且不规整，墓道表面一般凹凸不平，或有凹槽。墓室皆分为椁室与器物箱，或椁室在南、器物箱在北，或反之。多为一棺一椁，个别二棺一椁。有的在椁下设有腰坑和殉狗。人骨架多为仰身直肢，个别为俯身葬，头向东。墓主周围有数量不等的殉人。墓主棺内一般撒有朱砂。器物箱中随葬鼎、豆、敦、罍、钸、盘、匜、成套钮钟、车軎、剑、戈、镞等青铜器，鬲、鼎、盂、豆、罐（罍）等陶器及石编磬等，一部分陶器带有彩绘。

战国墓葬可分为战国早、中、晚期。该类墓一部分无墓道；一部分为带有短小墓道的"甲"字形墓，墓道表面一般凹凸不平或有凹槽；另一部分墓葬为带有长墓道的"甲"字形或刀形墓。该时期墓葬墓室亦分为椁室与器物箱，或椁室在南、器物箱在北，或反之。墓葬多为一棺一椁。有的在椁下有腰坑和殉狗。人骨仰身直肢，头向东。墓主周围有数量不等的殉人。墓主棺内一般撒有朱砂。器物箱中随葬鼎、簠、盖豆、敦、舟、罍、盘、匜等青铜器，鼎、豆、壶、方座簋等陶器。该类墓亦有一部分陶器带有彩绘。

M127、M128为未完工的墓葬，这两座墓葬皆初具雏形，因未知原因而终止了修建。

从棺椁、用鼎、墓葬规模等情况分析，大、中型墓葬多为士一级贵族墓葬，一部分为卿大夫墓葬，小型墓则为一般平民墓。另外，M57、M208被盗，从墓葬规模、棺椁结构、殉人、随葬品情况，结合滕州市公安局破获该墓地出土的青铜器等有关情况分析，这座墓葬级别很高，M57墓主为女性，M208墓主则为男性。

从M43出土的4件器物皆有"倪大司马"的铜器铭文，联系被盗出土的郳公戈铭文"郳公克父择其吉金，作其元用"看，大韩墓地有一段时间可能属倪国的贵族墓地。

从2017年、2018年两次发掘情况看，无论大型墓葬、中型墓葬还是小型墓葬，分布皆有一定规律。首先，夫妻并穴合葬墓数量较多；其次，虽然小型墓打破大、中型墓是常态，但是每类墓之间少有打破关系，说明墓地事先经过一定规划。

从各类墓葬出土的鼎看，列鼎由小到大，很有规律，这与鲁东南地区出土大小一致的鼎制存在较大差异。这里没发现车马坑，也与鲁东南地区墓葬差异明显。但是，墓室内分为椁室与器物箱；在器物箱内发现较多的动物骨骼，应该是殉牲，这一点与鲁东南地区有较强的相似性。

从殉人和腰坑随葬青铜器和陶器诸多特征分析，大韩墓地与周边鲁国、滕国、薛国、邾国、小邾国等文化存在许多相同和不同之处，同时，与吴、越、楚等国文化也有交流，说明该地区的文化因素比较复杂。同时，春秋晚期至战国时期，大韩墓地这一带是齐、吴、楚、越等国用兵的前沿，因此，文化因素既有吴越地区的罐、坛等印纹硬陶、铜戈等，又有楚国的铜鼎、浴缶等器物，还有本地的卵形鼎等，体现了文化的交流与融合。该墓地的发掘，对研究枣滕地区及薛河流域东周文化分期，完善区域文化谱系，深入研究泗上十二诸侯及其与周边古国关系，研究墓葬制度与丧葬习俗等方面具有重要学术价值。

英文摘要

In 2018, eighty-seven tombs, including sixty-two small tombs and twenty-three medium-sized and large tombs, were excavated in a cemetery of Eastern Zhou in Dahan Village, Tengzhou City. Another two unfinished large and medium-sized tombs were also revealed. The small tombs are mainly civilian tombs constructed at the end of the Warring States Period. The large and medium-sized tombs were built for aristocrats who passed away during the time from late Spring & Autumn Period to the Warring States Period. In general, the cemetery had been planned in advance. In terms of burial rites, complex cultural elements observed in the cemetery illustrate cultural communication and national amalgamation. Discoveries made in this cemetery are of important academic value for researches on cultural phases of Eastern Zhou in Tengzhou District and help to complete the regional cultural sequence.

M57（上南下北）

M64（上西下东）

M125（上北下南）

M126（上南下北）

铜器

铜器

陶器

河南荥阳官庄遗址两周及汉代手工业作坊

◎丁思聪

> 近年，在荥阳官庄遗址大城中北部发现了两周时期的铸铜、制陶和制骨作坊遗存，并发现有汉代砖瓦窑和铁器窖藏。2018年度对大城中北部的手工业作坊区持续进行发掘，揭露一批两周之际至汉代的遗迹，发现一些铸铜、制陶、制骨、玉石制作相关遗存，大致确定了手工业作坊区的北界。另外，对小城西南部的解剖表明，官庄小城始建于两周之际，其后修建大城，其使用历经春秋时期，至战国后逐渐废弃。

官庄遗址位于河南省荥阳市高村乡官庄村西部，坐标为东经113°22′32″，北纬34°51′03″。遗址由南北相连的周代大城、小城及外壕组成，总面积超过130万平方米。

2015年以来，在大城中北部发现了丰富的两周及汉代手工业遗存。两周时期的手工业遗存以铸铜为主，铸造的器类涵盖了容器、车马器、兵器、工具、钱币等。经初步研究，大城中北部是一处重要的综合性手工业作坊区，其生产活动始于两周之际，兴盛于春秋早中期。汉代遗存主要有砖瓦窑及铁器窖藏，结合附近勘探所出铁渣来看，官庄遗址在汉代除烧制砖瓦外，还应存在冶铁活动。

2018年继续围绕大城中北部的手工业作坊区展开发掘，在2016、2017年发掘区的基础上北扩，寻找手工业作坊区的边界。此外，为探明大、小城之间的关系，确定官庄城址的始建年代，对小城西南部的大小城连接处布设L形探沟进行了解剖。

本年度发掘以两周时期遗迹最为丰富，有灰坑、灰沟、房址、灶、窑址、墓葬等。灰坑平面通常为圆形，坑壁有圜底、直壁和袋状。H2673为一圆形袋状窖穴，口径3.06米，底径3.38米，残深1.32米，坑内堆积可分4层，出土有较多陶片，以及兽骨、磨石等。房址为地面式，被周边遗迹破坏较严重，保留有柱洞、灶坑，尚未完成清理。灶有近椭圆形和"凸"字形两类。Z9为一近椭圆形灶，北部较宽，部分残缺，保留有灶门和灶膛，残长0.92米，残宽0.80米，残深0.42米。陶窑Y13为馒头形半倒焰窑，发现有窑门、窑室、操作坑等结构，窑室长约1.35米，宽1.50米，现存部分高0.98米，窑门宽0.43米，窑室东北有圆形操作坑，尚未完成清理。墓葬发现较少，M81为长方形竖穴土坑墓，墓口长1.75米，宽0.54米，未发现葬具，墓主人为侧身屈肢，头南面西，出土仿铜陶鬲1件。

对小城西南部城壕的解剖也是本年度发掘工作的重点。在小城西南角、大城北部布设东西长50米、南北宽5～10米的L形探沟一条，解剖发现城壕始建于两周之际，先在小城外掏挖南北向的小城壕，再修建东西向的大城壕，其后小城壕与大城壕不断清淤修补，互有打破，其使用历经春秋时期，至战国后逐渐淤平废弃。

出土遗物有陶器、铜器、石器、骨角蚌器等。陶器数量较多，有鬲、盆、豆、盘、罐、盂、器盖等容器，拍、垫、纺轮等工具。铜器约10件，器形有刀、镞等。石器和玉器约180件，有磨石、石斧、石刀、石钻、玉玦等。磨石呈长方形块状，多残碎，在发掘区内的地层和灰坑等遗迹内出土较为普遍，其材质以石英砂岩和长石石英砂岩为主，粒度粗细不一。石钻亦为砂岩质，棒形，近直，一端较尖，长约8厘米。此外，还发现有残玉玦、石英块、石英块料等，石英玦有环形和管形两类，直径不足3厘米。骨角蚌器约120件，器形有卜骨、骨簪、骨锥、角锥、蚌镰、蚌刀、穿孔蚌壳等。卜骨仅有残片，整治平齐，施钻和灼。还在部分灰坑内发现有骨料、角料若干。铸铜相关遗存本年度亦有重要发现，出土陶范、陶模、铜渣、炉壁残块等。陶范约50件，器类有容器、工具、车马器等。H2658出土的簋耳范是其中保存较好、较为典型者。

汉代遗迹相对较少，有砖瓦废弃坑、瓦棺葬、路面等。H2507呈长条状，斜壁，平底，已发掘部分长3.50米，宽0.66米，深0.54米，出土物有砖、筒瓦、板瓦、陶片等。瓦棺葬有板瓦棺葬和筒瓦棺葬两类，墓主人均为婴幼儿。W27墓圹呈长方形，长0.60米，宽0.35米，葬具由两片板瓦上下扣合，墓主人为一婴儿，仰身屈肢，骨骼保存一般。路面L13系先垫土，后铺以小块路基石，再于其上垫土铺平，路面上有车辙，宽2.65米。路面经过反复重修和再利用。

官庄铸铜作坊的年代正处于春秋铜器风格的形成时期，其发掘对于探讨西周至春秋青铜器风格的转变以及生产技术和生产方式的发展有重要价值。铸铜作坊铸造的部分青铜礼器形制宏大，显示出较高的规格。作坊区的陶器、铜器、骨器和玉石器产品，不仅为官庄城址的居民服务，更是服务于其所属的诸侯国，是一处兼有生产国之重器和生产、生活用品的场所。

本年度经过对官庄遗址大城中北部区域的发掘，确认该区域内的手工业遗存相对稀疏，据此大致可确定官庄城址手工业作坊区的北界。此外，经过对小城西南部的解剖，确定了官庄小城城壕的建造年代约在两周之际，并于稍晚建造了大城城壕，这为确定官庄城址的形成与使用过程提供了关键线索。

英文摘要

In recent years, in the middle and northern parts of the Big City of Xingyang Guanzhuang Site, sites for bronze casting, pottery making and bone implements making have been discovered. Kilns of Han Dynasty where bricks and tiles were baked and cellars where iron artifacts were stored have also been revealed. In 2018, continuous excavations were carried out in the handicraft production area in the middle and northern parts of the Big City. A number of remains, dating back to the historical period from the end of Western Zhou to Han Dynasty, have been revealed. Activities like bronze casting, pottery making, bone implements making and jade ware making were carried out here. The northern boundary of the district in which handicraft workshops were distributed has been roughly located. Besides, examinations of the southwestern part of the Small City indicate that the construction of Small City started at the end of Western Zhou, before the Big City was built. The Small City was in use throughout the Spring & Autumn Period and gradually became abandoned after Warring States.

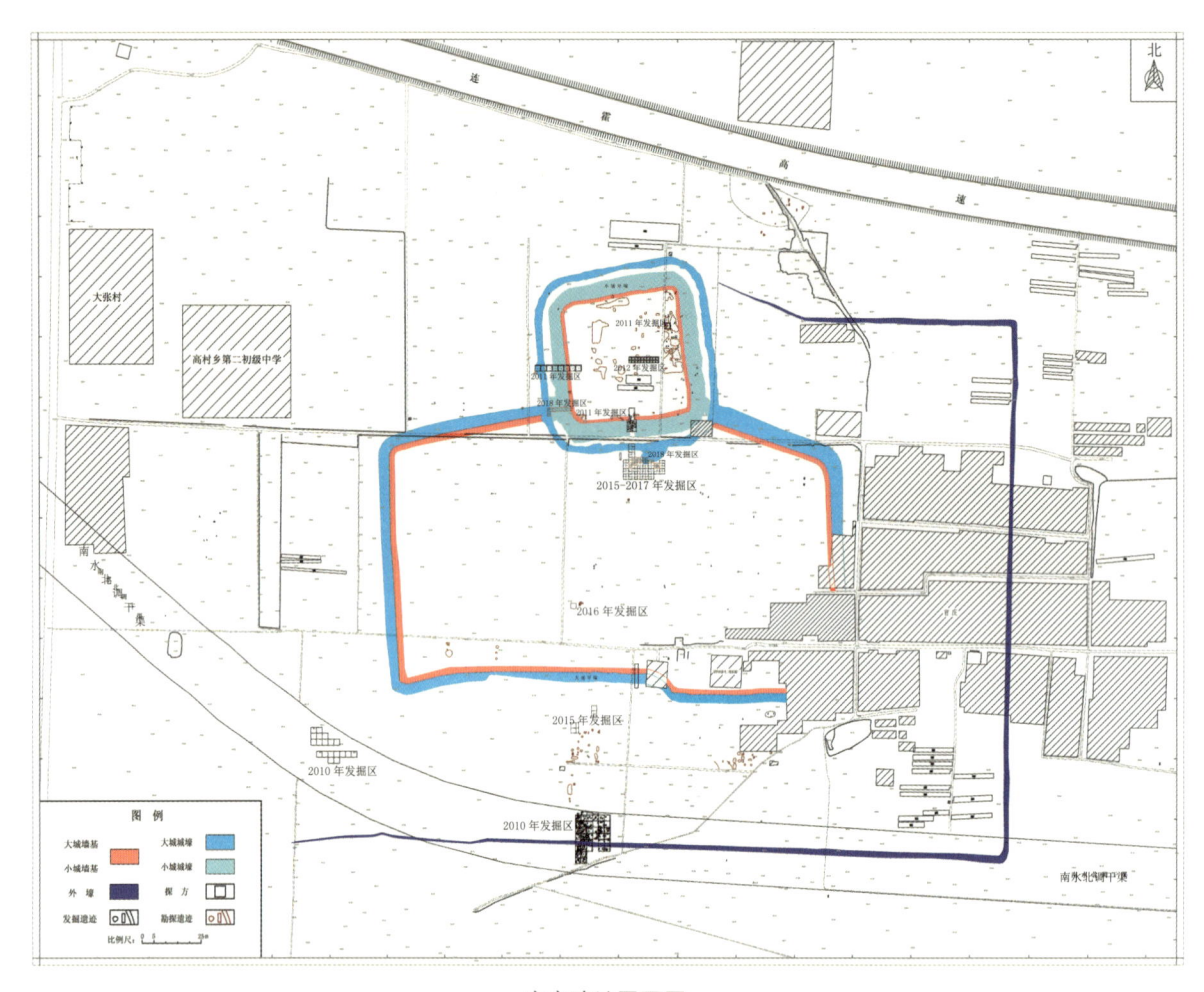

官庄遗址平面图

两周时期窖穴

两周时期陶灶

两周时期陶窑

陶鬲　　　卜骨　　　陶范

蚌镰　　　石钻　　　磨石

汉代瓦棺葬

河北雄安新区南阳遗址战国城址

◎张晓峥

> 2018年，我们对南阳遗址及其周边区域持续进行考古发掘工作。基本确定遗址内分布一座战国时期城址及一座汉代城址，考古工作成果为寻找燕国东周时期南部重要城邑"临易"或"易"提供重要线索。南阳遗址是雄安新区千年历史文化重要组成部分，是雄安新区发展建设的重要文化资源。

南阳遗址位于河北雄安新区容城县晾马台镇南阳村以南，是雄安新区内保存面积最大、文化内涵较丰富的一处古遗址，为全国重点文物保护单位。20世纪70年代，该遗址周围出土了"西宫"铭文蟠螭纹铜壶、长方形附耳蹄形足铜鼎等铜器，有学者指出其为春秋时期燕桓侯徙"临易"和战国时期燕文公"易"城邑。

通过之前对南阳遗址及周边进行的区域性考古调查，发现了以南阳遗址为中心南北4.5千米，东西4千米，面积18平方千米的东周、汉代遗址聚落群。经考古勘探，发现遗址南部地下为汉代城址，平面近正方形，边长730米，面积50多万平方米，城址始建年代不晚于西汉早期。

2018年，我们对南阳城址中部偏北"内城"区域的西北隅进行考古发掘（第3发掘地点）。我们在发掘区域东侧、西侧进行解剖性发掘，其余探方目前揭露至第⑤文化层面，解剖了2处城垣遗存，确定该区域为战国时期小型附属城址，推测其北侧或附近应有大型战国时期城邑。该区域文化遗存大致分七期：第一期文化遗存包括TG1的踩踏面、第⑩层、第⑪层、H80、Z2、G9等，为战国早、中期；第二期文化遗存为TG1的早期夯土城垣、G5和TG2的夯土城垣、H135等，为战国晚期；第三期文化遗存包括TG1的晚期夯土城垣、第⑧层、第⑨层、M5、H49等，为汉代；第四期文化遗存包括TG1的第⑤层、第⑥层、第⑦层及F1、F4、H46、H48、Z1，为魏晋北朝时期；第五期文化遗存为TG1的第⑤层，为唐代；第六期文化遗存为TG1的第④层，为宋金时期；第七期文化遗存为TG1的第③层，为金元时期。

此次考古发现的战国晚期夯土城垣，为寻找春秋早中期燕桓侯迁"临易"、战国中期燕文公的"易"城邑提供重要线索，确定南阳遗址文化内涵包括战国晚期城址和汉代城址等两座重要城址。南阳遗址考古工作揭开了雄安新区城市考古的序幕，为雄安区域东周、汉代城市考古研究提供了重要实物载体和范例；南阳遗址文化遗存较为丰富，初步构建该区域战国至中古时期考古学序列；考古工作成果为研究先秦时期至中古时期白洋淀区域的政治格局、经济形态、文化面貌等提供了珍贵的实物资料，也为科学确定南阳遗址性质和文化内涵提供了重要依据，进一步推进白洋淀区域先秦时期生态环境演变、人与生地互动关系的研究工作。

英文摘要

In 2018, continuous excavations were conducted on Nanyang Site and in its adjacent area. Two city sites, one of Warring States Period and the other of Han Dynasty, have been found inside Nanyang Site. What have been discovered are crucial clues for the search for an important southern city, Lin Yi, or Yi. Nanyang Site, as an essential part and a representative of the one-thousand-year history of Xiong'an New District, is a significant cultural resource for regional development.

南阳遗址北部台地俯视（由西南至东北）

战国时期的陶罐和瓦当

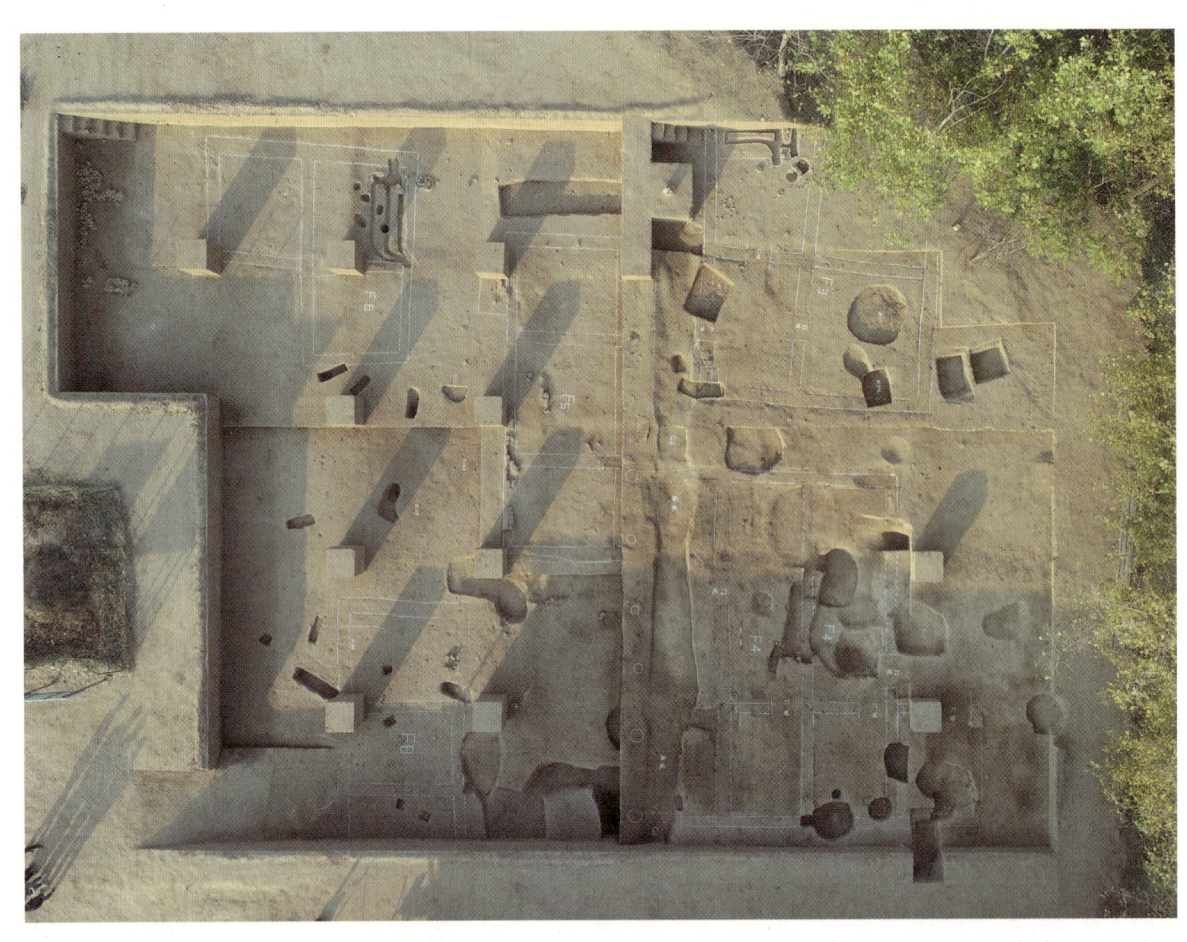

南阳遗址第 3 发掘地点全景（上东下西）

南阳遗址战国晚期西部夯土城垣北壁剖面（由南向北）

河北沧州任丘南陵城战国遗址

◎佟宇喆

> 2018年5月至8月，河北省文物研究所等对津石高速公路工程所涉及的南陵城遗址进行考古发掘工作。发掘面积约600平方米，主要遗迹为灰坑，有少量瓮棺葬、灰沟及井。出土大量遗物，大部分为陶质器物，少量为骨质、铜质、铁质器物。在陶器中存在一部分带陶文陶器，文字风格为齐系文字风格。根据出土遗物和陶文文字初步判断，南陵城遗址是一处战国晚期齐国遗址，与齐国在"河间"地区建立的"狸邑"有很大关系。

为配合津石高速公路工程的建设，在前期考古调查、考古勘探等工作的基础上，河北省文物研究所、沧州市文物处、任丘文物管理所组成联合考古队于2018年5月至8月对工程涉及区域内南陵城遗址进行考古发掘工作。现对工作情况简介如下。

发掘区域位于任丘市东北约8000米于村乡南陵城村南650米处的津石高速工程线路上。共布设5米×5米探方24个，发掘面积600平方米。发掘区域内地势平坦。本次发掘区域的地层堆积较为简单。发掘前工程部门已经进行了清表整平工作，耕土层消失殆尽。发掘区域的地层堆积可分为4层，其中的第③层、第④层有包含物，尤以第④层最多，为大量陶器残片，多为泥质灰陶，少量夹砂红陶，纹饰以绳纹为主，磨光暗纹次之，少量附加堆纹。可辨器形有豆、钵、盂、盆、罐、甑、釜、瓮及缸等。第⑤层为次生土。

遗迹数量较多，以灰坑为主，共计130个。另有灰沟1条（G1）、瓮棺葬1座（W1）、井1座（J1）。灰坑一部分开口于第②层下，多数则开口于第③层下。现选择部分典型遗迹介绍如下。

M1位于T0201东部，开口于第③层下，小部分向东延伸至探方隔梁下。M1平面呈长方形，南北长约1.45米，东西宽约0.50米。葬具由1件泥质灰陶筒形瓮（M1:2）和罐形红陶釜（M1:1）组成，其中罐形釜套接于筒形瓮之内。筒形瓮，泥质灰陶，直口，筒形，圜底。近口部饰弦纹，其下至底部饰绳纹，近底部饰有三道附加堆纹。红陶釜，罐形，陶质上部为泥质红陶，下部为夹砂质，外部有明显火烧痕迹，纹饰为绳纹。由于地势原因葬具南高北低，葬具变形破碎严重。人骨保存较差，初步推断为青年男性，仰身屈肢，头向北，方向18°。

H77位于T0205北部，开口于第③层下，向东延伸至T0206，向北延伸至T0305，向东北方向延伸至T0306、T0307。H77平面呈不规则长方形。东西长约10.30米，南北宽约6.40米，斜壁，圜底。H77由3层堆积形成。

第①层，厚约0.40米。土色灰褐色，土质结构松软，内含大量泥质灰陶板瓦、筒瓦残片，泥质灰陶豆残片。草木灰较多。

第②层，厚约0.46米。土色灰黑色，土质结构较松，内含大量泥质灰陶板瓦、筒瓦片，泥质灰陶盆、陶罐、陶碗、陶豆残片，泥质红陶釜、盆残片。大量草木灰，少量红烧土颗粒。

第③层，厚约0.44米。土色深灰褐色，土质结构松软，内含大量泥质灰陶板瓦、筒瓦残片，泥质灰陶盆、陶豆残片，泥质红陶釜、盆残片。大量草木灰。

初步推断H77是一处人工挖掘用于堆放废弃物的坑穴。

2018年度南陵城遗址发掘出土器物大部分为陶质器物，少量为骨质、铜质、铁质器物。

陶器完整器物较少，多为陶器残片。可辨器形有豆、盆、罐、瓮、甑、钵、盂、盘、量、甑圈等器物及板瓦、筒瓦、井圈、陶范等建筑构件。陶质多为泥质灰陶，少量夹砂、夹蚌红陶。纹饰以绳纹为主，少量饰有磨光暗纹、附加堆纹、三角网格纹、圆点纹、方形网格纹。陶器制法多数为轮制，少数手制。部分陶器上有陶文、戳记、刻划符号、特殊纹饰。

根据出土器物和陶文文字的释读可以初步推断,任丘南陵城遗址是一处战国晚期遗址,齐国文化因素为其主要特色。其中豆、瓮、盘、釜和临淄齐故城出土的器物器形一致,具有鲜明的齐国风格。出土的陶文根据释读可以判断为齐系文字。"□里□""王人里弄(?)""张里赓""张里朔""市玺""陈夏(?)右廪""右廪"等,表明在这一区域当时已经完全建立起齐国特色的"轨、里、连、乡"制度和官方监督计量的机构。另外,个人认为最重要的收获是对"河间地区"(《山海经·北山经》《尚书·禹贡》《汉书·地理志》三条黄河古河道之间区域)的重新认识,不同于以往认为的这一区域属于燕齐边界,连年征战。在战国晚期,齐国已经完成了北扩战略目标,达到了对河间地区的占领和有效统治。

南陵城遗址所处位置,可能是在战国中期,齐国随着国力强大,占领河间地区以后建立的"狸邑"。后入燕,最后被赵攻取。汉代变为阿陵城。

英文摘要

From May to August in 2018, archaeologists from Hebei Provincial Institute of Cultural Relics excavated a site called Nanlingcheng, where a planned expressway would run through. The excavated area is approximately 600 square meters. The majority of unearthed remains are ash pits. A small number of urn tombs, ash ditches and wells have also been revealed. Numerous relics, mainly pottery wares and just a limited number of artifacts made of bone, bronze and iron, have been collected. Among the potteries, some are vessels stamped with characters in Qi style. According to the unearthed relics and stamped characters, it is preliminarily speculated that Nanlingcheng Site used to belong to Qi State in late Warring States Period and had a close connection with Li Yi, an administrative unit set by Qi State in Hejian District.

2018年发掘现场全景（由东向西）

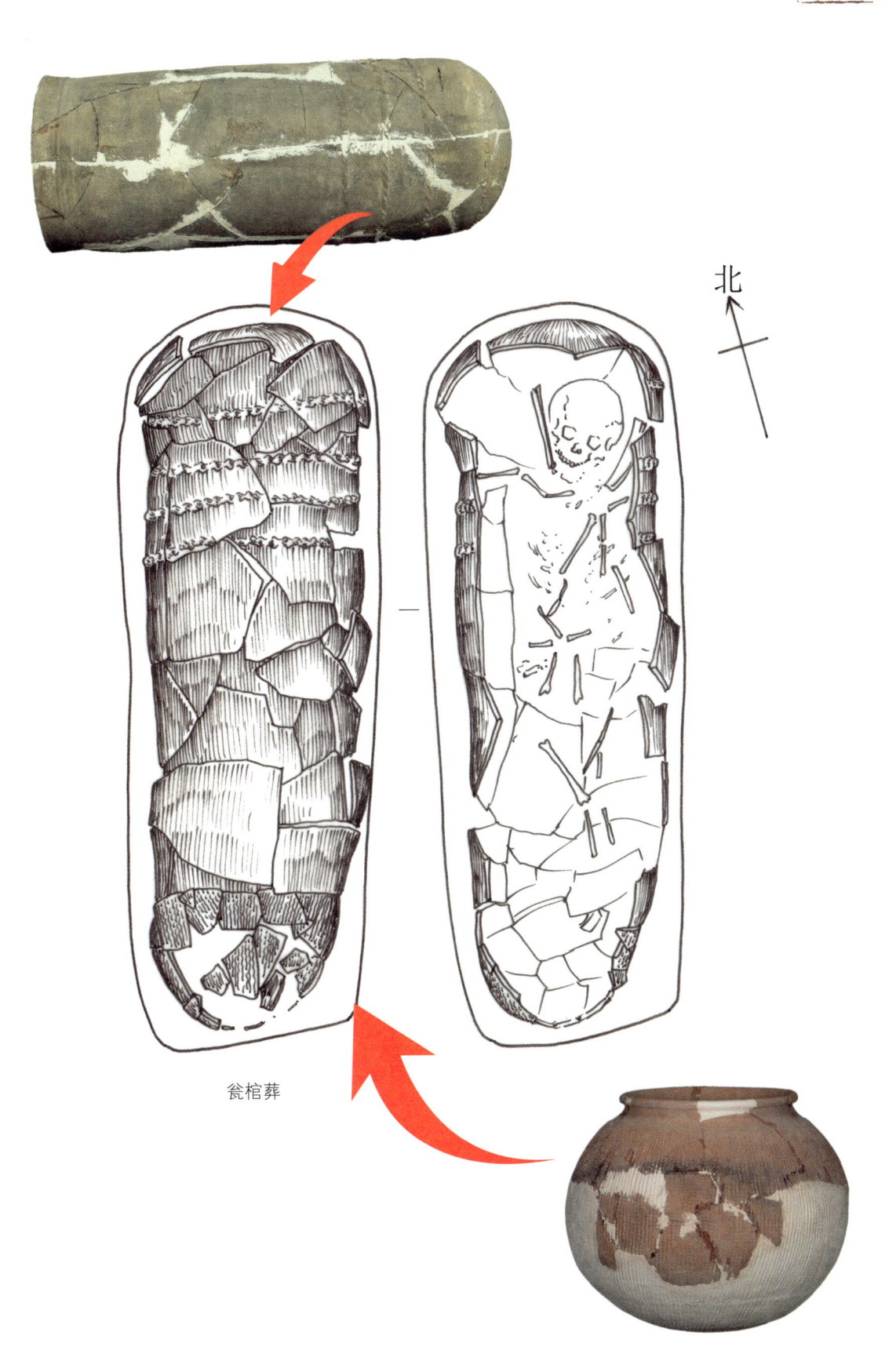

夏商周

瓮棺葬

北

223

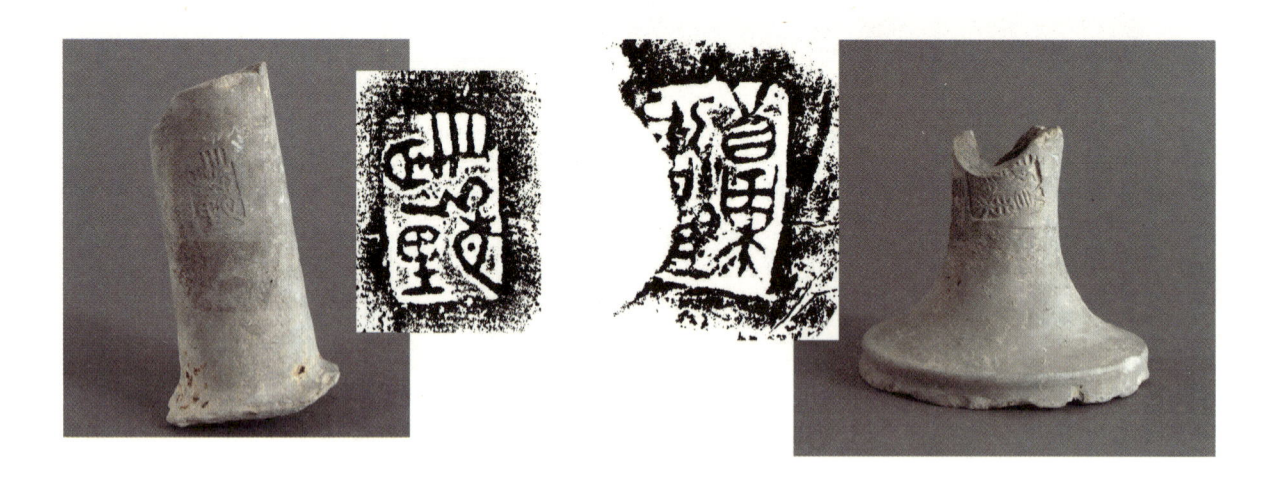

陶文

秦汉及以后

{ QIN-HAN JI YIHOU }

"六王毕，四海一；蜀山兀，阿房出。"秦始皇统一六国，标志着我国统一多民族国家的形成与建立，自此，在神州大地这座舞台上开始上演以民族关系、文化繁荣、经济发展为主线的历史大剧。从都城到乡邑，从内陆到港口，从居址到墓葬，让我们从考古发现出发，且看中华儿女如何在这片大地上繁衍生息，又创造了怎样的文化……

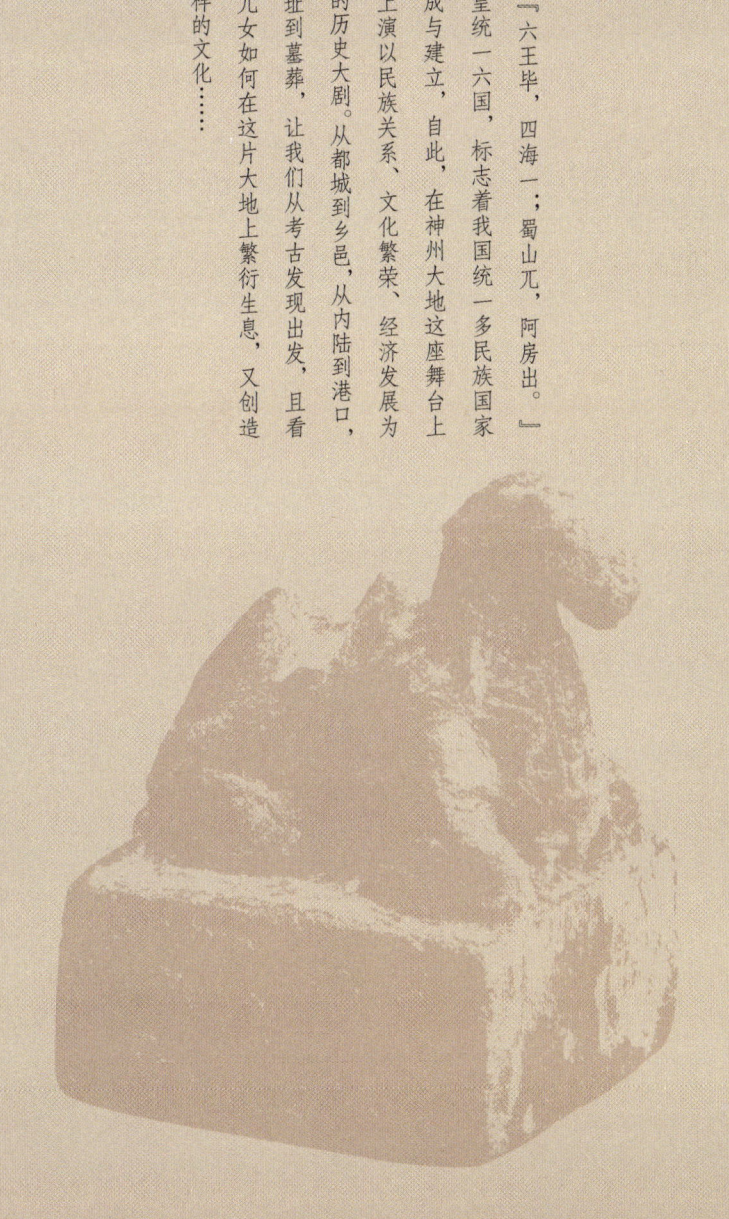

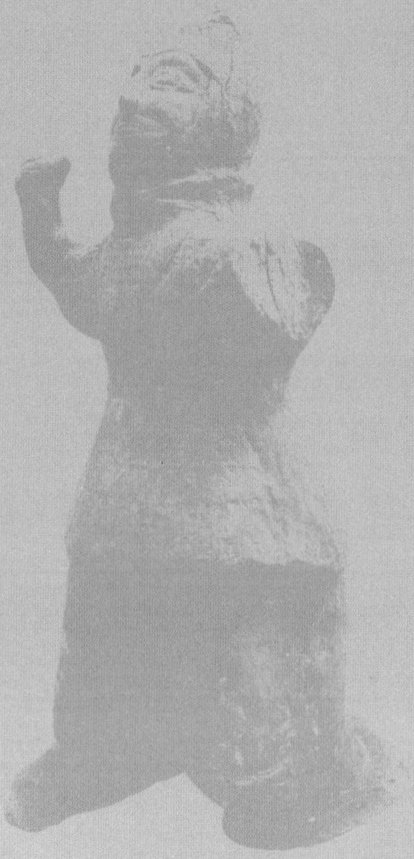
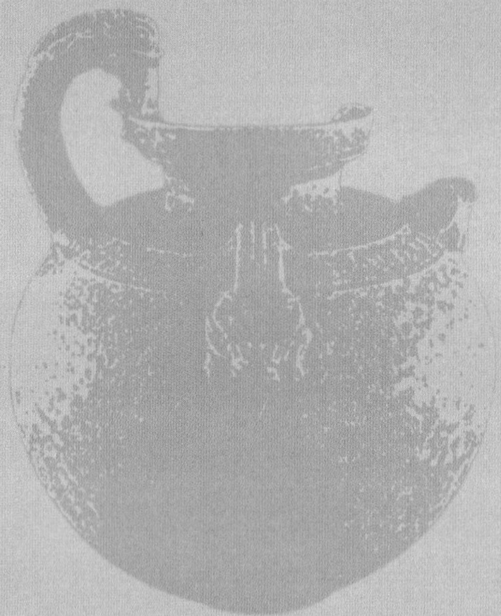
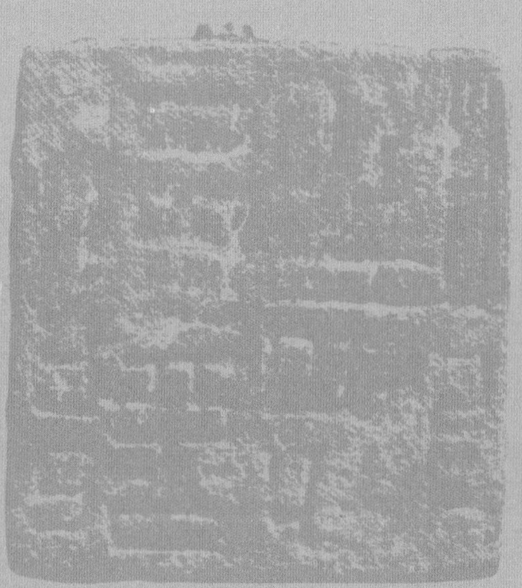
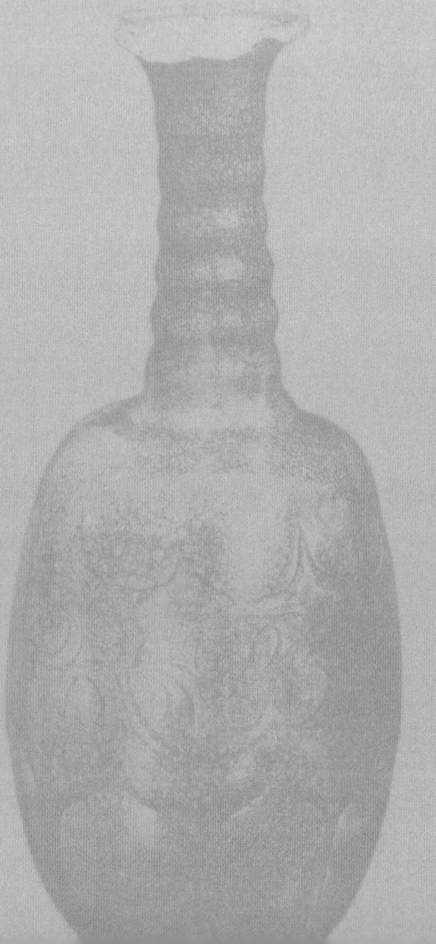

江苏南京西街古长干里聚落遗址

◎陈大海

> 西街遗址位于南京市中华门外，地处南京市地下文物重点保护区——长干里古居民区及越城遗址区范围内。2017、2018年，南京市考古研究院对西街遗址进行了勘探、发掘，确认了遗址的主要内涵，清理各类遗迹300多处。该遗址自西周直至近代，被多次开发利用，职能复杂，是解决南京城市发展史诸问题的一个关键点，具有重要的学术研究和文化遗产保护价值。

西街遗址位于南京市中华门外，地处南京市地下文物重点保护区——长干里古居民区及越城遗址区范围内。为配合遗址所在地块老城风貌区的改造，南京市考古研究院对该区域进行了考古发掘。考古发掘工作分为两个阶段：第一阶段自2017年10月至2018年5月，布探方、探沟面积5100平方米，主要了解该区域地层堆积及遗迹分布情况，在地块北部确认了以台地为中心的西街遗址；第二阶段自2018年6月至12月，发掘工作集中在台地周边，发掘面积2500平方米。

西街遗址的中心台地被历代人类活动所破坏，至近代被削平，遗存主要环绕分布在台地周边。遗址发掘区地层可分9层，堆积丰富，情况复杂。发现并清理灰坑194个、井88口、环壕3道、沟17条、墓8座、墙基1道、道路3条、窑5座，共计319处遗迹。遗存大致可分为周代、六朝、宋至明清三个时期，以六朝时期遗存为主。出土小件标本600余件、其他遗物标本上万件，其中以六朝时期的遗物数量最大、种类最多。遗物质地可分为陶、瓷、石、铜、铁、骨等，有建筑构件、生活器皿、生产工具、窑业产品、兵器等不同类别。

周代遗迹 仅见环壕与墙基。环壕环绕台地，其中G9位于台地东缘部分，南北两端均向西延伸，南北端相距约150米。G9断面呈倒梯形，壁面规整，开口宽6.50米，底宽2.50米，残深1.70米。沟内填土分层，呈沟状堆积，质地较硬，包含物有少量红陶片。G9是遗址内发现的年代最早的遗迹，结合出土遗物和标本测年数据，推断G9的年代为西周早期。G8与前者基本平行，形制相同。

在环壕外围发现一道墙基（Q1），Q1上部已被晚期遗迹破坏，仅存开挖于生土上的基槽部分。Q1呈西北—东南走向，基槽呈倒梯形，目前揭露长度30米，口宽1.70米，底宽1.20米。基槽中间有一道宽2.20米的缺口，缺口两侧各有一正方形基槽，边长4.20米。基槽填土黄褐色，分层，包含少量夹砂红陶片。

六朝遗迹 发现环壕1道、道路1条、水井38口、窑4座、灰坑105座、沟7条、墓葬5座等。环壕（G5）基本沿西周环壕位置开凿，其使用及废弃时间都在东晋时期。

道路（L3）位于台地东侧，方向30°。路土含大量细碎砖瓦残片，路面可见多条车辙痕迹，车辙宽0.06米，间距约1.10米。L3东、西两侧各有一条路沟，沟间距17.30米。东侧路沟（G17）较窄，开口宽3米，底部宽1.10米，残深0.80米。西侧路沟（G2）宽阔，开挖较深，已发现延伸长度近百米，口宽5米，底宽2.10米，残深1.30米。G2的南端西侧还发现分布规律的柱洞。道路及两侧路沟的使用时代为南朝晚期。

水井主要分布在台地上及边缘地带，水井形状多数为圆形，少量为长方形，部分有砖砌井壁，个别井壁有二层台、脚窝。井内多出土生活类青瓷器皿和砖瓦建筑残件。井的年代主要集中于东晋和南朝两个时期。

发现竖穴灰坑50余座，发掘30座。坑均开口于六朝地层下，向下打破生土。分布集中，偶有打破关系。平面多数呈长方形，少量不太规则。坑壁加工规整，坑底平坦。坑内填土及包含物一致，包含大量红烧土块、砖瓦残件、青瓷片等。根据地层关系及填土包含物，初步判断灰坑是东晋时期的窑业遗迹。

窑4座，均位于台地东北缘，马蹄形，由操作间、火膛、窑门、窑床、窑室、烟道等部分构成。窑内填土包含物为碎砖瓦、烧土颗粒和少量陶瓷片。

宋至明清遗迹 以灰坑、水井为主，还有少量墓葬、灰沟等遗迹。M3位于西街地块东南角，木棺保存完整。木棺基座为木构仿院落结构，由院墙、拱桥、大门、窗户等构成。木棺长2.66米，宽0.62~0.74米，高1.07米。随葬品包括铜镜、铜钱、木质墨书买地券等。墓主弘农郡杨府君，享年79岁，葬于北宋景德元年（1004年）。目前正对木棺本体和木构件进行脱水保护和复原研究。

西街遗址发现的西周环壕、墙基，是南京主城区同类遗迹年代最早的，为探讨文献记载的南京最早城池——越城遗址提供了重要的线索。此外，丰富的六朝时期遗存及宋至明清时期的遗迹，包括环壕、道路、路沟等遗迹在内为复原长干里越城遗址的地理格局提供了珍贵资料，而水井、窑、竖穴灰坑等遗迹以及出土的大量青瓷、陶器、砖瓦建筑构件，则充分反映了六朝古长干里人烟阜盛的局面，以及随着南唐金陵城的兴起，古长干里的变迁和平民生活区进一步扩大的史实。

总之，西街遗址是解决南京城市发展史问题的一个关键点，具有重要的学术研究与文化遗产保护价值，是南京历史文化名城的厚重载体。

英文摘要

Xijie Site is outside Zhonghua Gate in Nanjing. The site is in the vicinity of Changganli Neighborhood and Ruins of Yuecheng, both of which are Protected Areas of Underground Relics. In 2017 and 2018, archaeologists from Nanjing Institute of Archaeology drilled and excavated Xijie Site. Major contents of the site have been confirmed. The number of various unearthed remains has exceeded 300. The site had been developed and utilized many times for complex functions from Western Zhou to modern times. As a key point in the history of city development of Nanjing, Xijie Site is of great academic significance and deserves intensive protection.

环壕等线性遗迹平面示意图（上北下南）

秦汉及以后

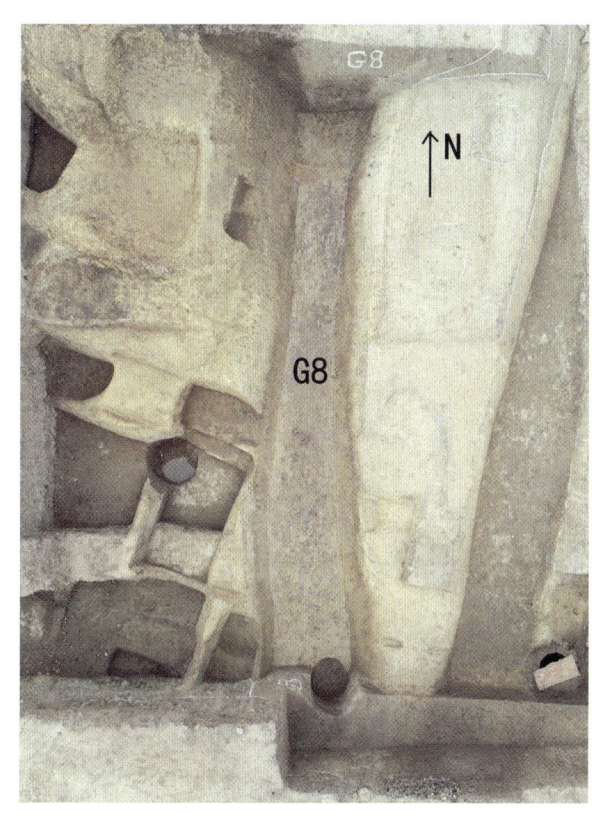

西周 G8

带把夹砂陶鼎

周代 Q1（上东下西）

231

东晋 Y3

净瓶

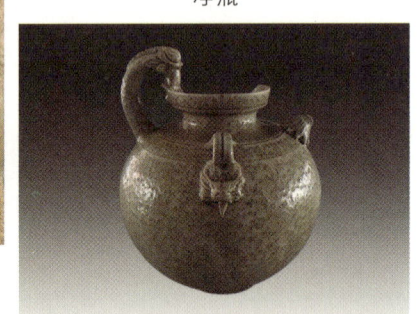

螭首执壶

瓦当

东晋 H93（由西向东）

东晋砖井（上北下南）

陕西西安秦咸阳城府库建筑遗址

◎许卫红 张杨力铮 赵 震 狄 明

> 经发掘，确定秦咸阳城府库建筑遗址的本体平面呈曲尺形，东西长105.80米，南北宽20.30米。主体建筑北墙外有水池、水管道、灰坑、废料坑、石料堆等附属遗迹。遗址内出土了约650千克石编磬残片以及"博望"铜饰等遗物。咸阳城府库与周边遗存为分析咸阳城空间布局问题奠定了基础。

秦咸阳城府库建筑遗址（编号ⅡB2JZ2）位于咸阳城渭北宫区西部，2016年6月开始进行主动考古发掘，三年间共计揭露面积4400余平方米。

1. **府库建筑本体及遗物** 府库建筑平面呈曲尺形，方向80°。东西长105.80米，南北宽20.30米。四面垣墙宽2.40米，复原高度约4.90米。建筑内部夯土隔墙宽3.30米，三层夹筑，将建筑分为5个房间。北部房间由西至东依次编号为F1～F4，均面阔5间、进深4间，面积约330平方米。隔墙南段西侧有壁柱1处，房间内有东西三排、南北四列共计12个柱石。F1、F2内发现走向不同、长短不一的低矮小墙，尤其是F2内的小墙，明显具有两两成组的分布特点。F8位于东南部，与F4相接，大部分被砖厂取土破坏，判断其形制规格应与F4等相同。F7位于F3东南部，平面呈长方形，长13.20米，宽5.75米，未见四周墙垣、柱石，判断F7为一座附属建筑。

可确定的门道只有F4东南1处，宽2.80米，不设门槛、础石。此外，F1东南部、F2西南部的南墙处各有一处缺口，因扰动较甚，情况不明，暂推测缺口为门道。F8因大部分被破坏，门道情况不明，其或位于西南部，与F7相对。

府库建筑有严重的人为破坏迹象，房间地面局部坑洼不平，扰动迹象明显，建筑内未发现形状可辨的建筑木材，多处墙面、地面被烧至青灰色，可见府库最终毁于烈火。焚烧后倒塌的屋顶叠压在地面扰坑之上，反映了建筑的损毁次序为房间内扰动在前，纵火焚烧在后。而地面的扰坑当与房间内所藏物品的摆放方式有关。

出土物以建筑材料为主，经统计，瓦面饰细绳纹、瓦沟内饰麻点的筒瓦数量占93.27%，板瓦瓦沟内则多为素面。发现少量"文""五"等戳印陶文。另外，F7内放置有质地细腻、擦磨痕迹光亮可辨的大型磨石1件，F2内出土"大府缯官"封泥1枚，F3内出土石磬残块650余千克，并出有铜甬钟柄部残件、环首铜帽饰、铜铃饰、铁钩、铜环等小件遗物。石磬上多见"北宫乐府""左终"以及"宫""商""角""徵""羽""左终""右八"等反映音阶、所属、编序等内容的刻文。环首铜帽饰和铜铃饰的表面刻"博望"二字。由于F7与F3南北相连，推测所见磨石或许与石磬校音修整有关。考古人员对F3内的大量石磬残块进行了提取，并详细记录了石磬的出土位置信息，计划在石磬修复后尝试复原存放时的摆放排序，为音律研究提供资料。

出土遗物表明，府库内曾存放纺织品，铜钟、石磬等国家礼乐器组合，以及与悬架、敲击有关的配件和小型乐器。"北宫乐府"及编序文字说明此处曾存放多组编磬，属于咸阳城渭北宫区乐府。类似小件铜器上的"博望"二字，以往见有"博望丞印"秦封泥、岳麓书简《三十五年质日》"四月十四，壬申，宿博望乡"等类似的简文。据研究，"博望丞"或为县级官员，所指位置在今河南省方城县西南，包括南阳县、方城县的一部分，而博望乡是更低一级的地名。

2. **其他遗存** 建筑北墙外3～5米处发现了水池、水管道、灰坑、废料坑、石料堆等附属遗迹，是府库修建及使用过程中形成的同期单位。水池面积大，与放置织物的房间F2相对，东西长15米，南北宽7米，深2米，底部有厚1.70米的淤泥层，东北与水管道相连。水管道总长54.70米，陶管道卯口套合，以明、暗相结合的方式向东延伸52米后北折。水池和水管道不仅可以阻挡北部高处流水对建筑的侵害，可能还有消防方面的作用。废料坑内堆积以板瓦、筒瓦残片为主，形体较大，石料与房间内的柱石材质相同，这些遗存反映了建筑完成后对废料的处置方式。

通过调查，确认发掘区东南部曾经有大型建筑，采集到大量建筑材料如板瓦、筒瓦、龙纹空心砖、柱石等，还发现了与生产制作有关的遗存，如L形排水沟和陶管道、大面积水相堆积、"半两"钱模、陶支垫、磨石、石质工具，以及与发掘出土石磬质地相同的石料、成形的石磬残块。

三年的考古工作，从建筑结构、营造过程、配套设施等方面对咸阳城府库遗址及周边遗存有了较为全面的认识，确认从建筑本体到近邻附属设施再到外围生产制作、管理区，已形成一套比较完整的信息链。而在房间内部的清理中，确认了建筑顶部焚烧倒塌堆积与地面挖掘痕迹的先后关系，厘清了建筑的损毁次序，解释了多处地面坑洼不平的成因，为分析府库内储藏物品的种类、摆放方式提供了辅助资料。

英文摘要

After excavations, it has been found out that the ground plan of the architectural site, on which there used to be the treasury of Xianyang, looks like a carpenter's square. The site is 105.80 meters long from east to west and 20.30 meters wide from north to south. Shards of stone chimes, weighing approximately 650 kilograms in total, and bronze accessories engraved with characters "博望(Bo Wang)" have been unearthed. Outside the north wall, there are remains of pools, water pipes, ash pits, waste pits, heaps of stones, etc. Excavations conducted at this site and in its adjacent areas have laid the foundation for analyses on the spatial layout of Xianyang City.

黄淮七省
考古新发现

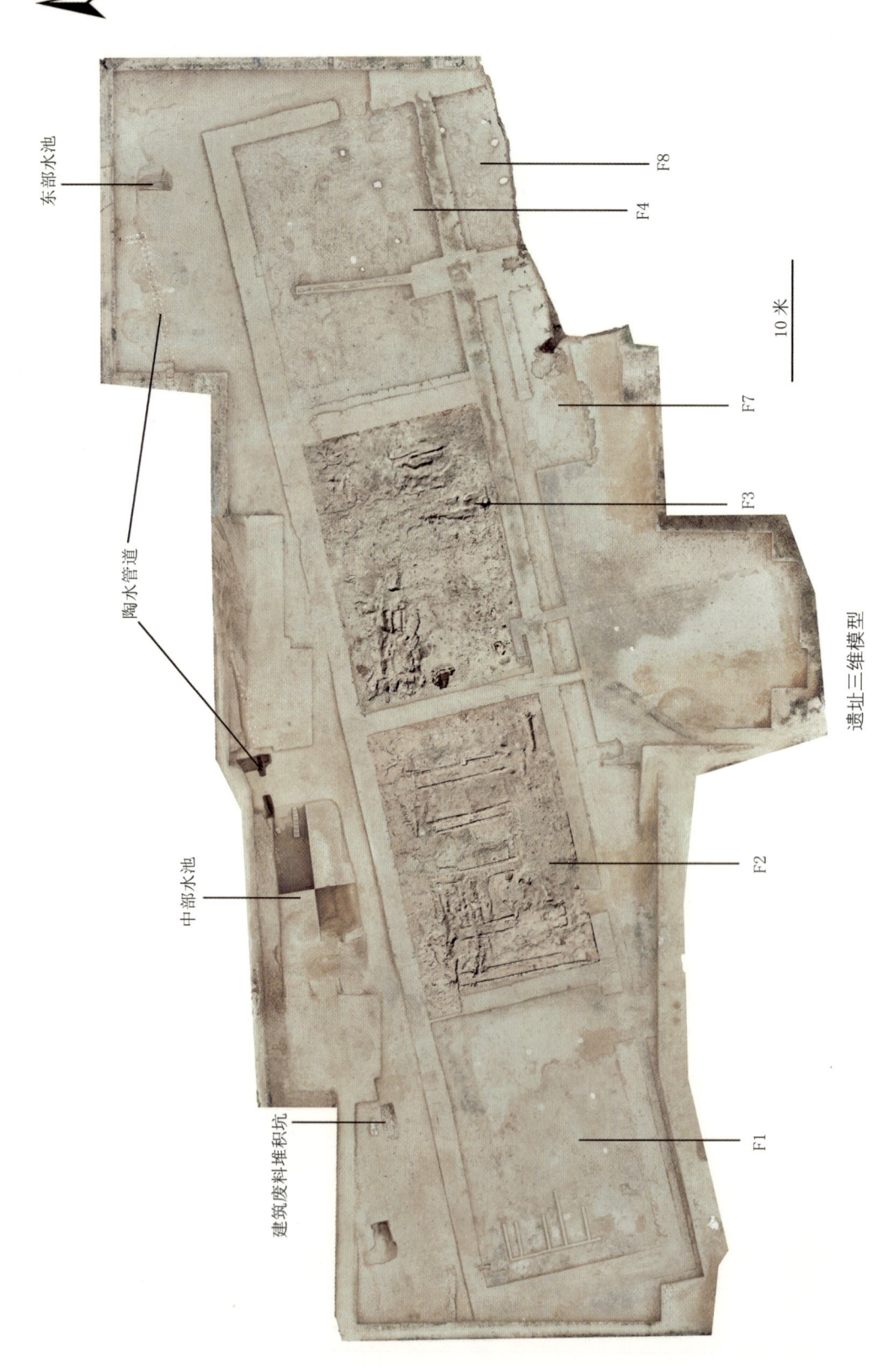

东部水池　F8　F4　F7　F3　F2　F1
陶水管道
中部水池
建筑废料堆积坑
10 米
遗址三维模型

236

秦汉及以后

石磬堆积（局部 由南向北）

石磬上的五音刻文

"博望"铜饰件

237

建筑废料堆积坑（由北向南）

水管道（由东向西）

建筑石料堆积（由南向北）

"半两"钱模（采集）

江苏连云港张庄古墓葬群

◎朱良赛

> 2018年连云港张庄古墓葬群考古发掘共发现墓葬128座，对其中73座墓葬进行抢救性考古发掘，出土各类文物540余件（套）。墓葬年代包括西汉、东汉、唐、宋、清代，墓地延续时间较长。墓葬规模较大且分布密集，墓葬形制特殊且多样，出土器物种类丰富且价值较高，表明此地是一处重要的汉至唐宋时期墓地。此类墓地在连云港地区尚属首次发现，为研究连云港海州地区汉代、唐宋时期的历史文化面貌提供了丰富的资料。

连云港张庄古墓葬群位于江苏省连云港市海州区双龙村张庄队台地上，海拔54米，南临锦屏山北麓和小礁山，东北距海州区政府约3000米。2018年3月28日，在海州张庄水库排洪沟建设工地发现古墓葬4座，连云港市博物馆对其进行了抢救性考古发掘。同时，考古人员对建设区域及周边进行了考古调查勘探，共发现墓葬128座，墓地总面积约2.5万平方米。

2018年共发掘墓葬73座，以汉墓及五代至北宋墓为主。其中西汉时期墓葬12座，东汉墓葬29座，晚唐至北宋墓葬28座，清代墓葬4座。墓葬类型有土坑木椁墓、砖石混合墓、砖室墓及土坑墓，墓葬形制特殊且多样。共出土各类文物540余件（套），出土器物种类丰富且价值较高，包括漆木器、陶瓷器、铜铁器、玉器等，以陶瓷器及漆木器为主。发现较多有机质文物，包括木牍、帽纱、假发、毛笔、玉剑璏、漆鞘铁剑、五代墨锭等珍贵文物。

西汉时期墓葬 M1为竖穴土坑合葬墓，墓向45°，被工程破坏，椁板暴露，周边包裹青膏泥。葬具为一椁双棺，椁室保存较好，内置双棺一脚厢。双棺与椁板间铺有一层衬板，棺上有下葬时捆绳腐朽后残留的痕迹。北棺出土带鞘铁刀、带鞘铁剑、木牍、帽纱、毛笔、木质印章（篆书印文"俞横之印"）、铜镜等，南棺出土铜镜、毛纱、发笄、铜刷、假发等。脚厢内出土绿釉陶罐、绿釉陶瓿、木俑等。根据棺内出土物，推测南棺人骨为女性，北棺人骨为男性。根据墓葬形制和出土器物特征，推断M1应为西汉晚期墓葬。

东汉时期墓葬 M023平面近"甲"字形，由墓道、墓门、墓室三部分组成。由于被盗扰，券顶上部已坍塌。墓底中间偏南凸起有一道砖，将墓室隔为南、北两个大区域：北侧铺砖一顺一丁呈"人"字形平铺；南侧未铺砖，用两道南北向砖把南侧区域分隔为大小不等的3个小空间，可能为放置器物的功能分区。在墓底西北铺砖处发现有棺木朽痕。人骨腐朽无存，葬式不明。M023被盗严重，仅出土铁刀、铜镜及五铢铜钱数枚。

晚唐五代时期墓葬 M030由墓道、墓门、墓室三部分组成。墓室平面呈船形，西宽东尖，墓壁圆弧，用青灰砖竖向错缝斜砌形成墓顶，似一艘倒扣的船，墓顶中间部分下陷，中脊凸起，结构对称规整，外顶面砖隙处以碎瓷片嵌缝加固。墓底墓砖错缝平铺。在填土内发现有意识地集中放置残碎瓷片的现象。墓室东侧铺砖较其他部分铺砖高出2层，为棺床。单棺，棺木被扰乱，人骨腐朽无存。出土酱釉罐形壶1件、青黄釉瓷碟1件。

M032为竖穴土坑砖室墓，平面呈圆角长方形，墓向2°。墓圹东侧被M033打破，长6.10米，宽2.90米，深2.30米。墓室保存完整，平面呈船形，北窄南宽，东、西壁用青灰砖顺置平砌10层，后叠涩内收起券，南北两头横向单排平砖盖顶，中间立砖交叉砌成倒V形顶。墓底横置铺砖。东、西砖壁与棺之间有砖墩支撑，以防砖壁及顶部坍塌。有两个壁龛，放置木俑。其建造方法可能是在木棺放入后，再于棺外用砖叠砌墓室。棺木保存较好，呈船形，南宽且高，北窄且矮，有木构装饰，发现有端木桥、望柱、围栏、壶门装饰等。人骨腐朽严重，头朝南，头部发现较多的银发簪、发钗，棺内还出土铜镜、银钏、漆盒、开元通宝等。墓室南侧出土瓷罐、瓷盒等。根据墓葬形制和随葬器物特征，推断M032应为五代时期墓葬。

北宋时期墓葬 M018为竖穴土坑砖室墓，平面呈长梯形，墓向13°。砖砌墓室保存完整，墓室狭窄，东、西两侧向内挤压，已变形。墓室采用贴棺起砖砌法，随木棺的弧度逐渐叠涩内收，墓顶使用立砖交叉成V形顶。棺木及人骨腐朽无存，墓内出土白釉瓷碗、方形铜镜、铜钱等。根据随葬器物，推测墓葬年代为北宋时期。

从张庄古墓葬群的墓葬形制及出土的漆木、陶瓷类等随葬品看，基本可以判定张庄古墓葬群是一处重要的汉至唐宋时期墓地，历经西汉、东汉、唐、宋、清代，延续时间较长。此外，张庄古墓群墓葬规模较大且分布密集，墓葬形制特殊、多样，出土器物种类丰富且价值较高，墓葬建筑工艺脉络清晰。此类墓地不仅在连云港地区属于首次发现，在苏北鲁南地区也不多见，为研究连云港海州地区汉代、唐宋时期的历史文化面貌和社会经济发展水平及丧葬习俗提供了丰富的资料，尤其是形制特殊的船形砖室墓为研究唐宋时期船形砖室墓的类型、分布及传播提供了新资料。

英 文 摘 要

In 2018, a total number of 128 tombs were discovered during the excavation of an ancient tomb cluster in Zhangzhuang, Lianyungang City. Salvation excavations were carried out in 73 tombs. Over 540 pieces(sets) relics of a wide range have been unearthed. These tombs were constructed during a long timespan, from Western Han, Eastern Han, Tang and Song dynasties to Qing Dynasty. Large and densely distributed, the tombs have been found to be in various unique structures. The unearthed precious relics are of diverse categories. It is the first time that such an important cemetery of Han to Tang-Song dynasties has been discovered in Lianyungang District. Abundant archaeological materials have been collected for researches on cultural features of Haizhou District in Lianyungang during Han Dynasty and Tang-Song dynasties.

墓葬分布图

秦汉及以后

M023

M023 墓门（由南向北）

汉代遗物

秦汉及以后

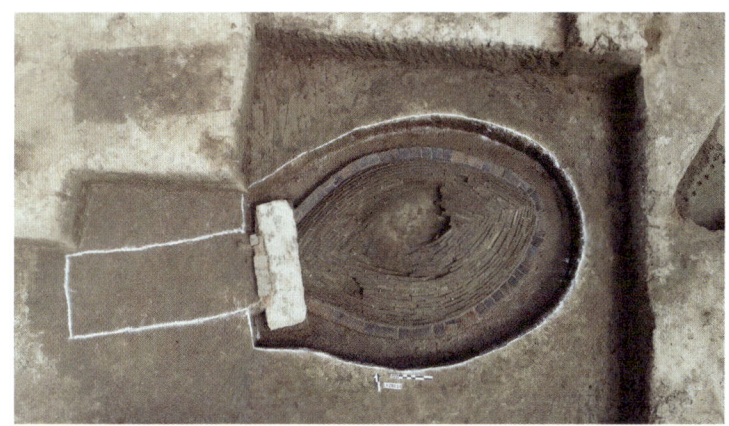

M030（由西向东）

M030 填土中发现的瓷片（由西向东）

M032（由南向北）

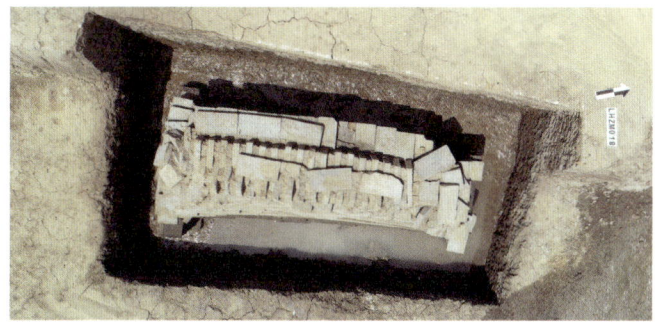

M018

M06 随葬器物

山东枣庄市海子汉代聚落遗址

◎吕　凯

> 海子遗址位于山东省枣庄市山亭区海子东村东北部，面积约5万平方米。2018年的考古发掘，发现汉代溷厕7座、灰坑118座、窄基槽4条、水井3口，唐代房址1座、墓葬3座、灶5座、灰坑42座。遗物以汉瓦残片为主，还发现盆、瓮、罐等陶器残片及铜钱等。海子遗址为一处汉代聚落，其规模可能对应汉代行政单位的"里"。此次发掘为研究汉代基层聚落形态提供了新材料。

海子遗址位于山东省枣庄市山亭区山城街道办事处海子东村东北部，靠近薛河支流西江，于2015年12月庄里水库库区考古调查时被发现。遗址大致呈北窄南宽的梯形，南北长约300米，东西最宽处约200米，最窄处约100米，面积约5万平方米。从河堤断崖上观察到耕土层下即为文化层，文化层厚0.50~1米。

2017年6至12月，山东省文物考古研究院等对海子遗址进行了考古发掘，发掘面积3000平方米。清理汉代房址2座，发现地穴式建筑遗迹多处并清理3处，清理道路2条、界沟1条、灶2个、不同时期灰坑40余座，以及唐代、清代墓葬9座，基本掌握了海子遗址的范围及文化内涵。

2018年，山东省文物考古研究院继续对海子遗址进行考古发掘。根据考古勘探及上年度发掘成果，2018年度发掘区位于遗址东北部遗迹较丰富的区域，发掘面积3000平方米，发掘区地层堆积较简单，分为3层。主要收获有以下几方面。

1. 发现并清理汉代地穴式建筑7座 建筑平面均为长方形，底部多不平整，有的中间下凹，有的分为高低两部分。面积35～70平方米，深1.20～1.60米。有两两相邻成组分布的现象。其建造方法为先于地面挖出基坑，在坑壁内侧垒砌石块或贴壁面立石板，多数于东、西一侧有两块立板构成的通道，有的两侧皆有通道，通道底部向内倾斜，有的于斜坡上铺石板。堆积多分为上、下两层，上层为大量的石块及瓦片，下层为深灰褐色含大量黑灰的堆积。经过系统取样分析，发现下层堆积中粪甾醇含量高，其来源为人畜粪便，由此我们推测此类建筑应为汉代溷厕，即畜圈厕所。

2. 清理汉代灰坑118座 灰坑大部分集中分布于发掘区中部和南部，与溷厕基本没有打破关系，应存在一定规划。长方形灰坑数量较多，方向多接近正南北或正东西向，直壁、平底、壁面、底面经整平加工，推测其有特定用途。

此外，于发掘区西部发现窄基槽4条，三横一纵，宽15～25厘米。槽内立有石板，推测为起标识作用的界隔，可能与小面积农业用地有关。发现汉代水井3口，井圈皆为石块砌筑，因坍塌较严重，暂未清理至底。J3内发现带有卡口、可四件一组构成方形井栏的石板。

本次没有发现确定的汉代房址及道路，推测汉代地面以上的遗迹均被完全破坏。发掘区内第②层下发现多处陶片堆积，主要为汉瓦残片，掺杂少量唐代瓷片，可知发掘区内曾有汉代房屋，倒塌毁弃后瓦片被后代人堆置或利用。

海子遗址的出土遗物以汉瓦残片为主，包括筒瓦和板瓦，瓦背多饰绳纹及瓦棱纹，瓦腹饰布纹。另外还发现盆、瓮、罐等陶器残片及铜钱等，陶器可复原者极少，发现汉代石阙残块1件。

此外，本次发掘发现唐代遗迹多处，包括：房址1座，保存较差，未见活动面，仅余墙基局部，由石块及汉代瓦片筑成。墓葬3座，均为土坑竖穴墓。灶5座，平面近圆形，有的壁面以石块构筑。灰坑42座，多为圆形或椭圆形。遗物有瓷碗、罐等。

综合现有发掘成果，我们认为海子遗址为一处汉代基层聚落，其规模可对应汉代行政单位的"里"。通过发掘，我们对遗址的内部功能分区有了较为清晰的把握：聚落边缘有界沟，聚落内除供人居住的房屋外，还有用于养殖的畜圈，可能还有贮存单位和小面积的农业用地。海子遗址及其周围汉代墓群等发现为研究汉代基层聚落内部形态提供了新材料，对于汉代中小型聚落的研究有非常重要的意义。

英 文 摘 要

Haizi Site, covering approximately 50,000 square meters, is in the northeastern part of East Haizi Village, Shanting District, Zaozhuang City, Shandong Province. In 2018, a considerable number of remains were discovered here. 7 toilets, 118 ash pits, 4 narrow foundation trenches and 3 wells of Han Dynasty were discovered. 1 dwellings site, 3 tombs, 5 stoves and 42 ash pits of Tang Dynasty were also found here. Unearthed objects are mainly broken pieces of tiles made in Han Dynasty. Other revealed relics include shards of basins, jars and pots, and some coins. Haizi Site, as a settlement of Han Dynasty, probably used to be of the same size as "里(Li)", one of the contemporary administrative units at that time. The excavation conducted on Haizi Site has contributed new materials to researches into the grass-roots settlement patterns of Han Dynasty.

2018年发掘区全景（上北下南）

秦汉及以后

汉代 G1 中段（上西下东）

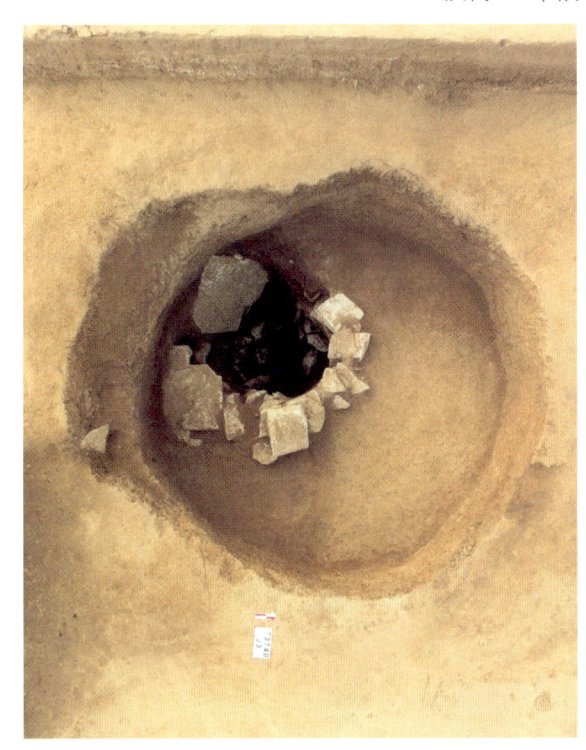

汉代 J3

汉代 H133

5号溷厕清理前

5号溷厕清理后

9号溷厕

河南洛阳市西工区纱厂路西汉大墓

◎潘付生

> 2018年5月，洛阳市文物考古研究院为配合洛阳城市建设，对项目占用区域进行了考古钻探与发掘。发现了两座西汉空心砖大墓，出土了大量的玉器、铜镜、铜钱、圆形漆奁等。其中一件青铜壶内还保存有近3500毫升液体，经检测，该液体为矾石水，是硝石和明矾石的水溶液。通过分析墓葬形制、墓葬用砖、陪葬器物的特征，推断两座墓的时代应该在西汉中晚期。

2018年9月，洛阳市文物考古研究院在保利大都会（西区）项目工地北部发现两座西汉空心砖大墓，两座墓葬的编号为C1M16090和C1M16089。C1M16089保存较差，现仅对C1M16090进行介绍。

C1M16090由墓道、主墓室、侧室、廊道、耳室、坠室组成，方向0°。南北通长约15米，东西宽近14米，总面积约210平方米。墓道正北向，长2.70米，宽2.30米，底深7米。主墓室位于墓道正南部，保存较好，南北长5.20米，东西宽2.30米。主墓室内清理出人骨架一具，葬式为仰身直肢葬。葬具为双棺，外棺长2米，宽0.70米；内棺长1米，宽0.39米。棺内发现大量随葬品，以玉器为主，包括玉璧、玉圭、玉玦、玉衣片、龙形玉饰、玉板、玛瑙手串。墓葬北侧耳室和坠室也保存较好，耳室及坠室内出土彩绘陶壶、青铜大盘、青铜壶、青铜手炉、铜豆、陶灶、铜杵臼、漆箱等。墓葬的其他部分保存较差，出土遗物较少。

C1M16090主墓室位于整个墓葬的西部，且耳室形制独特，规模大，这在洛阳地区以往的西汉考古发现中很少见。该墓出土的铜大雁灯、青铜大盘、青铜手炉在以往的发掘中亦较为少见。此外，主墓室棺内随葬了大量的玉器，这些玉器材质好，数量多，纹饰精美，它们的发现对研究西汉时期贵族墓葬的葬玉文化提供了非常重要的实物资料。尤其是人骨头部由三块大玉璧、铜镜、玉饰组成的器物，很可能是古代的一种葬器——"温明"。"温明"这种葬具的发现填补了中原考古发现的空白。

耳室内出土的一件青铜壶内还保存有近3500毫升液体，对铜壶中的上清液和下层沉淀物进行取样检测，发现该铜器中的液体为矾石水，是硝石（主要成分为硝酸钾KNO_3）和明矾石[主要成分为$KAl_3(SO_4)_2(OH)_6$]的水溶液，是古人用的一种"仙药"。《三十六水法》是我国现存年代最早的水法专著，被称为水法炼丹的先声之作，该书提到了古人用矾石和硝石制作神仙水的工艺。"仙药"的发现填补了我国考古发现的空白，它对我们研究古代人的升仙思想、升仙方法具有非常重大的意义，也为我们研究古代中国文明的发展过程提供了十分难得的实物资料。

C1M16090的西部耳室与C1M16089以一块空心砖相隔。根据这两座墓葬连接处的部位特征，我们推断西面的C1M16089略早于东面的C1M16090，两墓应为家庭墓葬。C1M16089出土一铜印，一面印文为"耿大印"，另一面为"耿少翁印"，这证明C1M16089和C1M16090为耿姓家族墓。

我们通过墓葬形制、墓葬用砖、陪葬器物的特征等几方面情况，推断两墓的时代应该在西汉中晚期，即空心砖墓慢慢地向小砖墓过渡的时期。

这两座墓葬规模大，形制独特，出土文物数量大、种类多、等级高，其发现为研究西汉中晚期高级贵族的生活习惯、埋葬习俗等提供了极为难得的实物材料。古代"仙药"的发现对于确定墓主人的身份有很大的作用——这两座墓葬的墓主人的身份很可能是古代的炼丹士，其家族很可能是炼丹世家。此外，墓中的随葬品如青铜大盘、青铜壶、青铜鼎、铜炉、陶灶等器物很可能与炼制丹药有关。目前，我们已对这些器物内的残留物进行了提取，等待进一步化验分析。

In May 2018, in coordination with urban construction in Luoyang City, archaeologists from Luoyang Institute of Cultural Relics and Archaeology conducted drillings and excavations in the area later occupied by construction projects. Two large tombs of Western Han have been discovered, each with an arched ceiling made of hollow bricks. A large number of relics have been unearthed, including jade wares, bronze mirrors, bronze coins, round lacquered Lian. Approximately 3500 milliliter of liquid was found in a bronze pot. After analyses, the liquid turns out to be a mixture of saltpeter and alum. According to the tomb structure, bricks used in tomb construction, features of the funeral objects, it is speculated that both tombs date back to mid and late Western Han.

发掘位置示意图

墓葬位置示意图

秦汉及以后

C1M16090 北侧偏西耳室及随葬品 　　C1M16090 坠室及随葬品

C1M16090 主室随葬品分布情况

大雁铜灯

青铜手炉

257

棺上的金饰

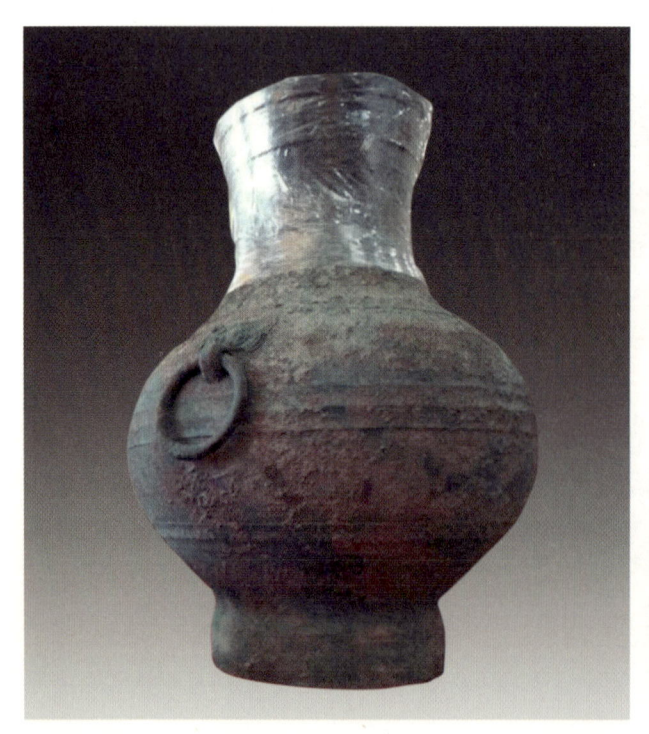

随葬器物

河北雄安新区东小里—白龙西南墓地

◎马小飞　雷建红

> 东小里—白龙西南墓地位于河北省雄安新区容城县小里镇东小里村东南800米处。墓地分东、西两区，共计清理各类砖室墓40座，墓葬时代为西汉晚期到汉魏之际。墓葬随葬大量器物，大部分为实用陶器，还有一些冥器、动物模型和铜、石、骨器。该墓群对研究雄安地区汉代的物质生活、丧葬习俗、文化艺术水平等具有重要的意义。

2017年7月，雄安新区联合考古队在东小里和白龙村调查时发现两处大型墓群，分别命名为东小里墓地、白龙西南墓地。鉴于两处墓地位置接近、时代相近、形制相似，故统一命名为"东小里—白龙西南墓地"。东小里—白龙西南汉魏墓地位于河北省雄安新区容城县小里镇东小里村东南800米处，东北距白龙村约550米，北距容小公路约200米。墓地面积约90万平方米。2018年10月至2019年1月底，考古人员对墓地开展考古勘探和发掘工作。

2018年，根据实际工作需要在墓地南部开展勘探工作，共计勘探9.5万平方米，发现各类不同时期的墓葬124座，其中竖穴土坑墓33座、砖室墓91座。另外发现窑址1处。结合土质土色、包含物、地表采集遗物和后期的试掘情况，初步判断砖室墓的年代为两汉时期，竖穴土坑墓的年代为明清时期。

2018年发掘总面积约1400平方米，分东、西两区，共计清理各类砖室墓40座，其中西区8座、东区32座。发掘区地层堆积被破坏比较严重，西区墓葬均开口于耕土层下，东区部分墓葬开口于第②层下，距地表深30～50厘米。多数墓葬被盗扰破坏，各墓之间无打破关系，有明显的分组现象，一般2～3座为一组。

根据墓道的有无，可将砖室墓分为无墓道砖室墓7座、带墓道砖室墓33座。无墓道墓均为单室墓，不见券顶，推测原来可能为木板封顶。带墓道的砖室墓中，3座为多室墓，其他均为单室墓，保存较好的都见有券顶。带墓道的砖室墓中，有3座花纹砖墓，是较为重要的发现。这种整墓采用花纹砖砌筑的墓葬，在河北地区比较少见，具有重要的研究价值。带墓道墓葬的墓向以南向为主，18座墓朝南，6座朝北，7座朝西，2座朝东。无墓道的墓葬，南北向墓葬2座，东西向墓葬5座。从分区情况来看，所有无墓道墓和多室墓均位于东区，西区8座均为带墓道的单砖室墓，其中2座为花纹砖墓，从墓向看，除1座朝北外，其他7座朝南。

墓葬虽然多受到不同程度的破坏，但仍然出土大量随葬器物，共计出土各类器物220余件。其中陶器180余件（套），以泥质灰陶为主，有少量夹云母红陶和夹砂灰陶。陶器模制或轮制，火候较低，胎质疏松，器表多饰绳纹和篮纹，素面陶器也占一定比例。器形以罐为大宗，其次为壶、盆，也有器盖、盘、器座等。另外有大量陶质冥器，包括釜、甑、灯、圈厕、案、耳杯、灶、魁、楼、仓、磨、井、勺、俑及动物模型等，陶楼、陶俑、灶等施白地红、黑彩。铜器9件，基本为冥器，器类有车軎、弩机、铺首、车饰件等。铜钱688枚，除个别为货泉外，其余均为五铢钱。另外还有少量石器、骨器和铁器等。

综合墓葬形制、出土器物及器物组合关系来看，这批墓葬的年代为西汉晚期到汉魏之际。具体可分为三个阶段：第一阶段为西汉晚期。墓葬主要为无墓道的砖室墓，随葬器物以罐（尖底罐、圜底罐和平底罐）为主，偶有盆。第二阶段为东汉早中期。墓葬为带墓道单室墓，同时出现多室墓，随葬器物有平底罐、壶及少量的圜底罐，不见尖底罐，开始出现以灶和井为代表的模型冥器。第三阶段为东汉中晚期—魏晋时期。墓葬为带墓道单室墓和多室墓，开始出现花纹砖墓，随葬器物中基本不见罐，除壶等实用陶器外，出现大量模型冥器，包括动物模型、俑、陶楼、磨、碓、圈、耳杯、案和陶奁等，部分器物为红陶或饰彩绘。

从出土器物分析，该墓地是一处平民墓地。从墓葬排列和墓向分析，各墓之间排列有序，无打破关系，一般2~3座成一组，有明显的分组现象，说明该墓地是埋葬不同家族的公共墓地。

东小里—白龙西南墓地面积大，墓葬数量多，遗物丰富，是雄安新区为数不多的大型汉代墓群之一，对研究该区域汉代的物质生活、丧葬习俗、文化艺术水平等都具有重要的意义。此外，该墓地在墓葬形制方面有一些特殊之处，如墓室一侧或两侧无砌砖，墓底采用多层铺地砖（最多可见6层），墓顶不见明显砖砌顶等，这些特殊现象还有待进一步考古研究。

英文摘要

Dongxiaoli-Bailong Xinan Cemetery is 800 meters southeast of Dongxiaoli Village, Xiaoli Town, Rongcheng County, Xiong'an New District, Hebei Province. The cemetery has been divided into two zones, the east zone and the west zone. Forty brick-chambered tombs, of a wide range, has been excavated. They were built during the timespan from late Western Han to Han and Wei dynasties. A considerable amount of funeral objects have been unearthed, mainly potteries of practical use. There are also some funerary objects, animals models and artifacts made of bronze, stone and bones. This cemetery is of great value for researches on the material life, burial rites and cultural and artistic levels of Xiong'an District back in Han Dynasty.

发掘区遗迹分布情况

秦汉及以后

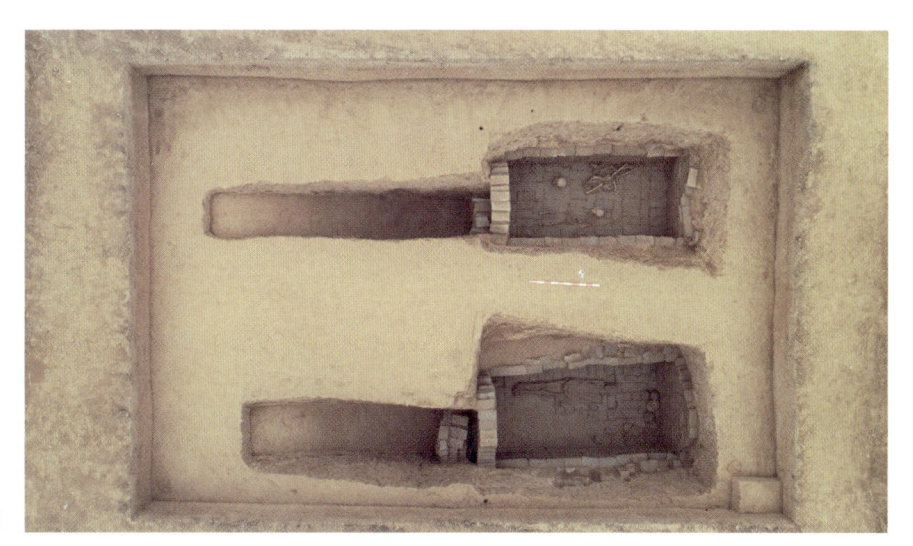

M10、M11

M11 随葬陶器组合

M33

263

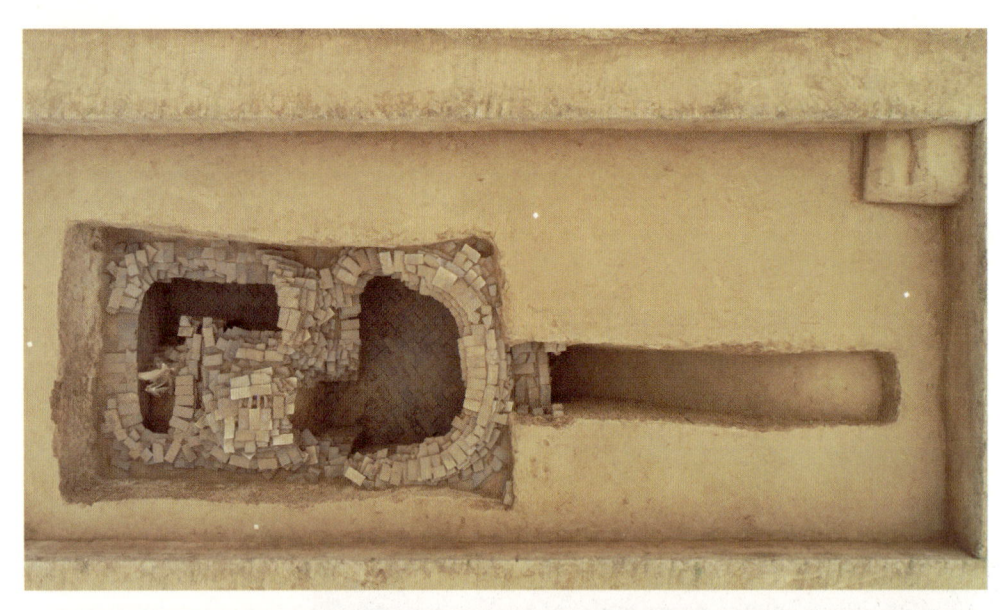

M9（上东下西）

随葬品

江苏下邳故城城址

◎马永强 徐 勇

> 2018年继续开展下邳故城城址的发掘工作，经过3个月的野外发掘，弄清了不同时期下邳故城的叠压关系，而且在宋代地层下发现各时代的文化层和重要遗迹。早期下邳故城的城墙并没有被晚期下邳故城继续使用，晚期下邳故城的始建年代至少能到宋代，一直沿续使用到明清。城内的文化层堆积深达6米，每层都有人类生活的典型遗迹，反映了下邳故城城市文化的延续性。

下邳故城城址位于江苏省睢宁县古邳镇北侧，南距古邳镇约1000米，西北距岠山3000米。2014至2017年，南京博物院、睢宁县博物馆对其进行了考古调查、勘探与发掘，共发现大小两座城址。大城是汉代下邳故城，城址平面呈长方形，城址东西长1500米，南北宽1350米。小城是明清下邳故城，为一座长方形城址，南北长约930米，东西宽约630米。通过调查和发掘，确认明清下邳故城位于汉代下邳故城西南部。

2018年度的发掘目标是明确明清下邳故城的最早建城年代及大小城址的关系。为此，对两个位置进行了发掘：继续对城内的文化堆积进行发掘（TG2），并对明清下邳故城城墙西南角转角处进行解剖与发掘（TG11），根据城墙堆积确定了该城的建城历程与最早的建城年代，同时确认明清城墙下的早期城墙堆积的年代，进而确认其与汉代下邳故城的关系。

TG11内发现了夯土城墙和护城河。通过解剖西城墙，发现城墙开口于清代地层下，中心墙体的年代至少能早至宋代，中心墙体外有宋代到清代的加筑层。南城墙南侧残存包砖基层，基层下叠压着宋代的护城坡。护城坡以南为护城河，上层护城河为明清时期，宽约18米，最深约2.50米。下层护城河的使用年代至少能早至宋代，受地下水影响，宽度和深度未可知。发现陶、瓷、铜质地小件共31件，有滴水、瓦当、白瓷碗、青瓷碗、酱釉盏、青花瓷盘、铜钱等。

TG2最底层（第⑯层）发现战国时期板瓦残片，发现的重要遗迹有L7、L8、F11、F12、F13、G6。TG2地层堆积的年代分别为：第⑦～⑨层为宋代地层，F11开口于第⑨层下；第⑩～⑫层为唐代地层，L5、L6、F12开口于第⑪层下；第⑬～⑭层为魏晋地层，F13开口于第⑬层下；第⑮～⑯层为汉代地层，G6开口于第⑮层下；第⑯层以下为生土。发现陶、瓷、铜、铁、石、骨等质地小件75件（组）。

F11残存南、北两个东西向墙基，墙基东端均延伸进TG2东壁内，西端被破坏。南北墙基平行，之间相隔约1.70米。南北墙基的建筑材料和结构完全不同。南墙由方砖和条形砖砌成，方砖为基础砖，南侧紧贴方砖砌一排条形丁砖，在丁砖互相接头处斜放条砖，起加固作用。方砖平面上北侧残存有两层条形顺砖。南墙残长3.20米，宽0.50米，高0.30米。方砖规格为36厘米×36厘米×6厘米，条砖规格有三种，分别为30厘米×14厘米×5厘米、29.5厘米×13.5厘米×5厘米、28厘米×14.5厘米×5厘米。北墙由碎砖和石头砌成，南北两侧砖石砌筑比较整齐，中间填碎砖和石块。北墙残长3.10米，宽0.60米，高0.18米。

F13由1堵南北向大砖墙、1个南北向基墙、1堵东西向隔墙和2个东西向基墙组成。南北向砖墙是主体，南端延伸进TG2南壁内，墙体上端向西倾斜，由碎砖石砌筑而成，基层砖较大，上层砖较小。墙体上还有残石磨盘。墙体残长7.10米，残宽约0.30米，高0.20～0.54米。南北向基墙位于大砖墙东侧，相距约0.20米，由碎砖和石头筑成，较整齐，中间残缺两段，残长约7米，宽0.18米，高0.10米。由于并排的南北向大砖墙和基墙用砖比较破碎，而且越到上层，砖块越小，其上不能再砌砖墙，推测二者应该是房屋墙壁的包砖。东西向隔墙位于大砖墙西侧北端，残剩西端，与大砖墙相连的东端被扰，由大块碎砖错缝平铺砌成。残长1.66米，残宽0.30米，残高0.70米。东西向隔墙南北两边各有1个平行基墙。北边基墙与之相距0.35米，仅余一排碎砖，残长1.44米。南边基墙与之相距2米，东端与大砖墙相连，西端为一堆碎砖块，基墙用石头起基。

G6为南北向长条形砖砌排水沟，南端延伸到TG2南壁内，由东西两边错缝平铺砖砌沟墙和单层错缝斜向砖砌沟底组成，砖墙压在铺地砖之上。G6残长9.92米，最宽处0.76米，残高0.50米。墙砖尺寸为26厘米×12厘米×4厘米，铺地砖尺寸为27厘米×13厘米×5厘米。

此次发掘确认了明清下邳故城最早的建城年代至少可早到宋代，有可能会到魏晋时期。宋代至明清时期，都曾加筑修补城墙。同时确认宋至明清下邳故城城墙叠压在早期汉代城墙之上，但并没有继续使用早期城墙。在宋代地层下发现有唐、魏晋、汉代时期地层，发现了不同时期的重要建筑遗迹，证明下邳故城的文化具有延续性。此外，汉代地层内砖砌排水沟的发现说明此处建筑的拥有者地位较高。这些发现揭示了下邳故城不同时期的文化内涵，为此后的发掘和研究提供了详实的资料。

英文摘要

In 2018, archaeologists continued excavations at the site of Xiapi City. After three months of field excavation, how the deposits of different historical periods overlapped has been found out. Under the layer that formed in Song Dynasty, other layers containing cultural relics and important remains of various eras have been revealed. City walls built in early years were not used in late periods. Construction of the late Xiapi City started as early as Song Dynasty. The City spanned all the time to Ming and Qing dynasties. Inside the City, the cultural stratified deposit is six meters thick. The cultural continuity of Xiapi City is reflected by this deposit since each layer contains typical remains of contemporary human activities.

TG11

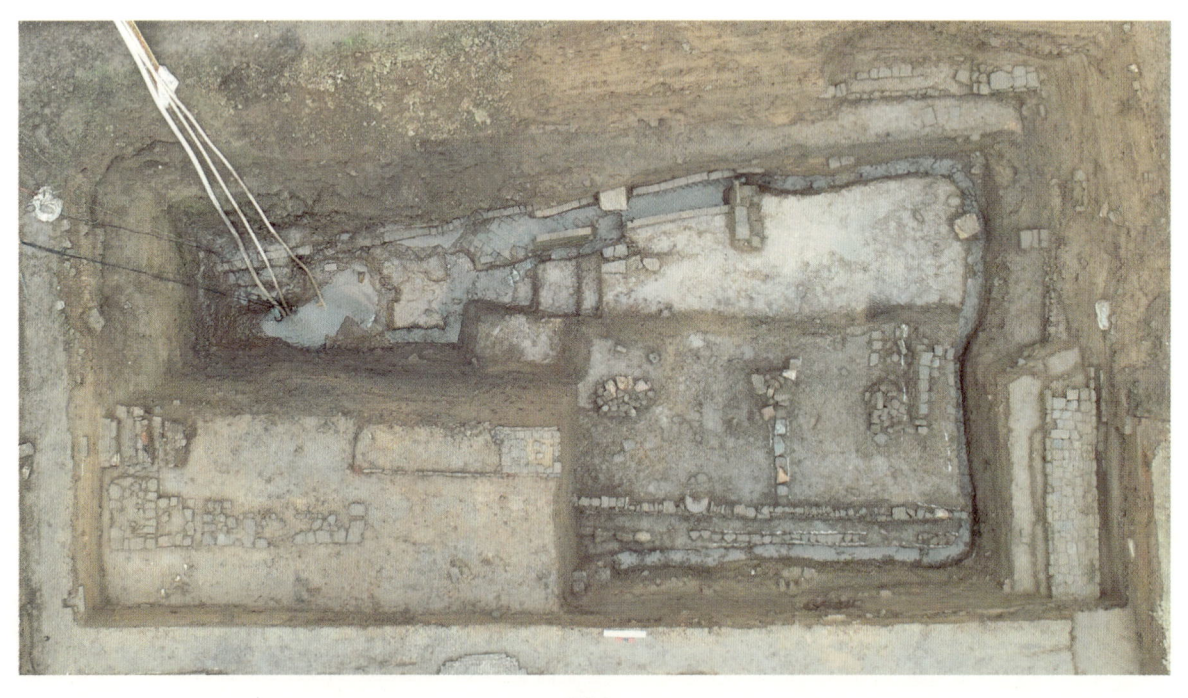

TG2

秦汉及以后

TG11 地层堆积（由南向北）

明清时期加筑层　宋代加筑层　宋　墙　明清时期加筑层

汉代 G6　　　　　　　　　　汉代 G6 局部（由东向西）

晋代 F13

唐代 F11　　　　　　　　　　唐代 F11 局部（由南向北）

269

山西汾阳北门汉代至明清墓地

◎吉琨璋

> 2018年7月至12月，山西省考古研究所对汾阳市区西边的北门墓地进行了发掘，发掘各时期墓葬178座。该墓地从西汉初期开始使用，延续到清代乃至现代，其中，汉代墓葬数量多，时代集中在西汉初期，多中小型竖穴土圹墓，布局排列整齐。唐、宋时期墓葬数量相对较少，有砖室墓、土坑墓，出土墓志及瓷器，可以反映出当地的民俗情况及当时南北方通商交流情况。明清墓葬数量多，基本为小型墓葬。

北门墓地位于汾阳市区西北边缘，西北倚吕梁山，东南望汾河。这里地势平坦，自古以来就是汾阳市的公共墓地。2018年7月至12月，山西省考古研究所对北门汉代至明清墓地进行了发掘。

此次考古发掘分为两个区域，职教中心新址发掘区位于北环路路东，发掘面积5800平方米，双语学校发掘区位于北环路路西，发掘面积2000平方米。

职教中心发掘区墓葬分布集中，钻探发现古墓葬149座、灰坑6处，实际发掘古墓葬142座、灰坑1处、房基1处。包括汉墓58座、唐墓4座、宋墓13座、明清墓29座、时代不详墓38座。

双语学校发掘区墓葬分布稀疏，发掘墓葬36座，包括汉代竖穴土圹墓23座、唐代砖室墓1座、宋代土洞墓1座、明代砖室墓2座、明清洞室墓9座。

汉墓方向分南北向、东西向两种，形制均为竖穴土圹墓，墓口为长方形，长宽比例2∶1，口底同大或者口略大于底。大部分墓葬四壁有条带状凹槽装饰痕迹，其中36座墓四壁有，通常在墓口以下1～1.50米处开始出现，至二层台以上0.30～0.70米处不见，多数情况下是长壁有条状痕，短壁少数不见，且长壁、短壁上的条状痕迹的方向有别，长壁都是横向，短壁则有竖、横、斜向。条状痕迹间隔不等，随意性比较大。经研究，条状痕迹是由铁锸铲刮而成，对墓葬壁面起到装饰美观的作用。葬式均为仰身直肢。葬具通常是一椁一棺，椁室位于墓葬北部或者东部，棺椁间空间较大，用于放置随葬品。随葬品分置于墓口、棺椁内两个位置。通常在墓口内的一边或者中部放置2个扣合的盆钵，墓底棺椁内常放置青铜器或者陶器。随葬品组合常见鼎2、盒2、壶2、瓿1。随葬陶器大部分有彩绘，部分陶器火候较低。

汉代墓葬数量多，时代集中在西汉初期，多为中小型墓，布局排列整齐，随葬品使用鼎、盒、壶礼器组合，基本为两套，器形具有典型的中原风格。M131出土的2件青铜鼎在这一地区尚属首次发现，反映了汉初当地的礼制情况。墓口比例及墓壁装饰，则反映了当时当地的葬俗。

唐代墓葬分穹隆顶砖室墓、竖穴土圹洞室墓两种。穹隆顶砖室墓方向为南北向，墓道为竖穴，墓室平面为弧边圆角方形，墓顶为穹隆顶。墓主人骨骼散乱，葬具为一棺，随葬品有方形墓志铭、铜钱、陶壶。竖穴土圹洞室墓，墓室在墓道北，方向为南北向。随葬品为青绿釉双系瓷罐、铜镜、铜钱、陶罐、陶壶。

宋代墓葬均为竖穴土圹洞室墓，墓道口一般小于墓道底部，墓道普遍带有台阶。随葬品有白釉瓷碗、瓷盘、瓷罐、盖盅、铜镜、铜钱、铁牛、塔型陶瓶、陶罐、陶壶及墓志铭。

唐、宋时期墓葬数量相对较少，但出土的墓志及瓷器，可以反映出当地的民俗及当时南北方通商交流的情况。

明代墓葬分穹隆顶砖室墓和竖穴土圹洞室墓两种。穹隆顶砖室墓为六边形砖体结构，随葬品有白釉黑花瓷碗、白釉褐花瓷碗，黑釉瓷碗、瓷罐、瓷盏、瓷瓶，瓦片及铜镜。竖穴土圹洞室墓普遍较深，墓门一般用两块石板封堵，单人葬或二人合葬，随葬品有白釉黑花瓷碗、白釉褐花瓷碗、白釉瓷碗、青花瓷碗、黑釉瓷罐、褐釉瓷罐及褐釉瓷盏。

清代墓葬都是竖穴土圹洞室墓，有单人葬、二人合葬、三人合葬，随葬品有瓷罐、瓷盏、铜发簪、铜扣、烟嘴烟锅组合及瓦片。

明清墓葬数量多，基本为小型墓葬，个别出土墓志铭，反映了这一时期人口增加及经济繁荣的情况。

总之，汾阳北门墓地是一个长期使用的大型墓地，墓地从西汉初期开始使用，延续到清代乃至现代，反映了汾阳城发展的历史，是汾阳城发展的缩影。

英文摘要

From July to December in 2018, archaeologists from Shanxi Provincial Institute of Archaeology excavated 178 tombs of various historical periods in Beimen Cemetery in the west of Fenyang City. The cemetery spanned from early Western Han to Qing Dynasty, even to modern days. Most tombs were constructed in Han, especially in early Western Han. The majority of excavated tombs are found out to be orderly distributed small or medium-sized shaft tombs. Only a small number of brick-chambered tombs and shaft tombs of Tang and Song dynasties have been discovered. Epitaphs and porcelains unearthed from these tombs are evidence proving local folk customs and contemporary trades and communication between the North and the South. There are also a considerable number of small tombs built in Ming and Qing dynasties.

秦汉及以后

考古发掘位置示意图
（由南向北）

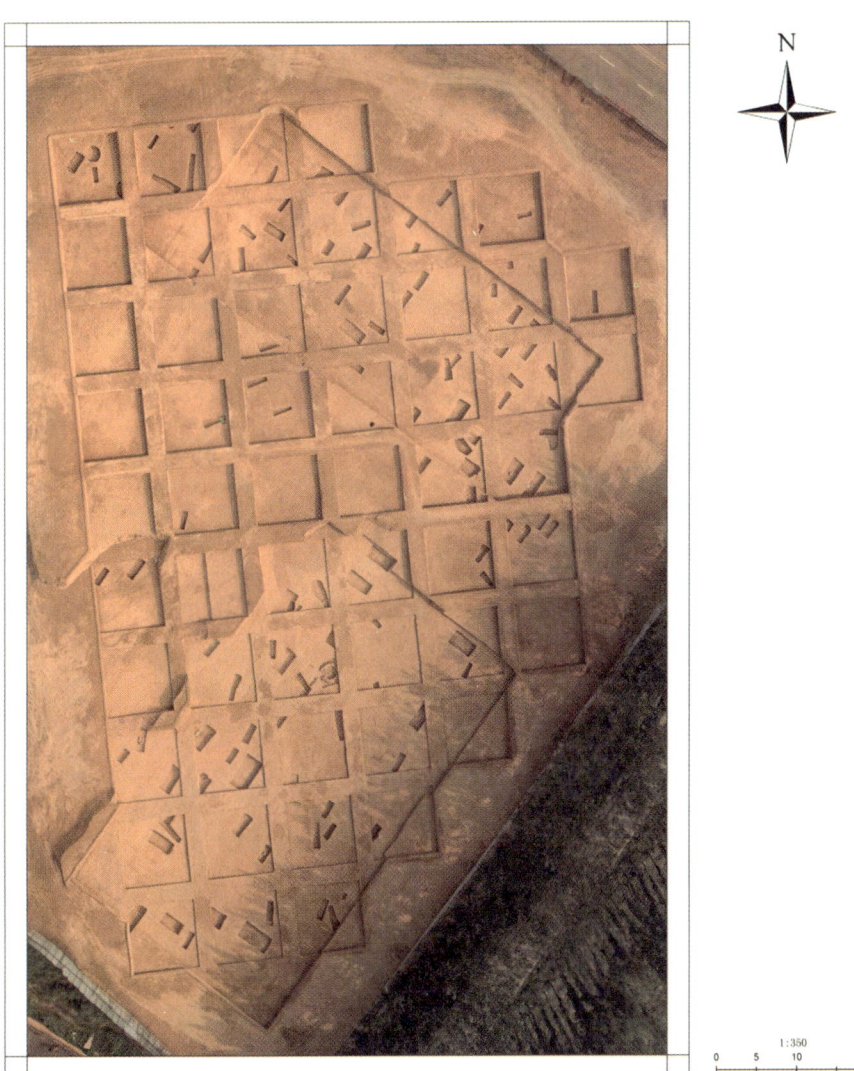

职教中心发掘区
遗迹分布情况

273

汉代 M76

汉代 M137

汉代铁锸

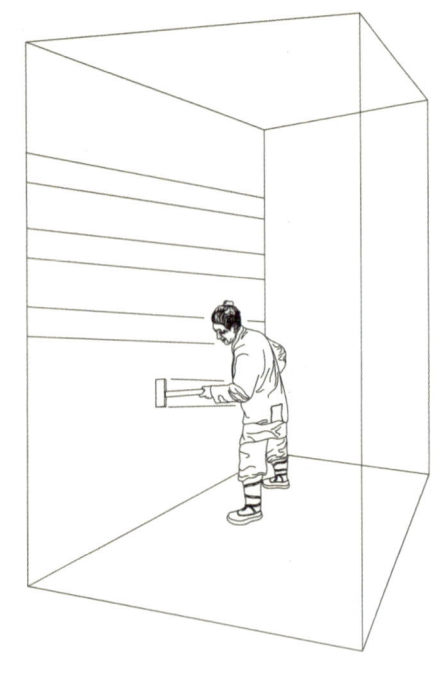

汉代墓葬墓壁铁锸铲痕模拟制作过程图

汉墓随葬品

秦汉及以后

汉墓随葬品

唐墓随葬品

宋墓随葬品

山东定陶王墓地（王陵）M2

◎王世斌　刘洪海　崔圣宽

> 定陶王墓地（王陵）M2是近年来连续发掘的一座汉代大型"黄肠题凑"木椁墓。2018年主要对墓道及墓圹西南部外台进行了清理发掘。墓道分东、西两部分。西部较宽，两侧壁内侧对称分布立柱、角柱，具有鲜明特征。墓道内填土有两个活动面，第二层活动面上发现木槽、木箱等重要遗迹。外台西南部夯土下叠压三处石质废料坑。墓道的形制结构具有显著礼制性意义。

定陶王墓地（王陵）M2位于山东菏泽市定陶区马集镇大李家村西北。该墓葬自2010年开始发掘，是一个多年连续进行的考古项目。M2是目前已发掘的最大的、木椁墓室保持最好、结构最为复杂的一座汉代"黄肠题凑"木椁墓，墓坑周边发现大型版筑夯土基址，其埋葬方式具有鲜明特征。该墓的发掘对"黄肠题凑"葬制、大型封土墓葬埋葬方式的研究具有重要意义。2018年主要对墓道及墓圹西南部外台进行了发掘，并发现了一些重要遗迹。

墓道　墓道位于打破墓室的G3下方，被G3打破，方向94°，东西长19.40米。墓道南、北两侧壁面皆版筑。墓道分东、西两段，西段南、北两壁内侧均发现对称的立柱、角柱，上口东西长8.60米，南北宽12.40米；东段墓道上宽下窄，底部铺垫青砖，上口东西长11.40米，南北宽7.60～8米，深约11米，基本与木椁墓室下部二层台深度一致。

墓道填土中共有两层活动面。第一层活动面位于墓道最底部，该活动面上铺有青砖，深约11米。第二层活动面比木椁墓室门底部略低0.30米（墓门底部距地表深8.70米），墓道西部为平面，墓道东部为斜面，越向东越接近汉代地表，其上散布一薄层细砂，并有30多个不规律的铁钉牢固地钉在下层填土中。在第二层活动面中部发现一条贯穿东西的木槽，长约21米，宽0.70米，深0.40米，木槽顶部盖板上发现4块双孔玉璋及2件小串饰。还于第二层活动面西部北侧发现一个边长约2米的木箱，该木箱南侧被G3破坏，内无任何遗物。

版筑夯土台 墓道东段南、北两侧各有一座版筑夯土台。夯土台于汉代地表起建，随高度增加逐层收缩。夯土台内、外侧皆贴护木板夯筑。两夯土台上各有四个间距4米的方形柱坑。

版筑夯土台（内台）外围"回"字形外台（边长78米）西南部，台面呈斜坡状，近平，最高处比版筑内台外边缘低1米多。外台台面上发现排列有序的纵向绳索痕迹。外台分四个时间段夯筑而成。第一期夯土边缘外有一周排水沟。

石质废料坑 外台西南部夯土下发现三个石质废料坑（K1、K2、K3），三个废料坑皆开口于夯土下，上部叠压一层厚薄不均、夹杂大量杂草的灰褐色淤土，坑内填充大量废弃的石块、石料，以及少量的碎板瓦、筒瓦、木材残料等。废料坑是否与定陶王陵M2有关，目前还难以判定，但其确为废料填埋之地。

对墓道内遗迹的初步认识 墓道的发掘证实了M2为地表起建的墓葬。墓道第一层活动面略比汉代地表低，该面可能是在修建M2基坑时形成的。第二层活动面位于汉代地表之上，其比第一层活动面高2米，比墓门底部略深0.30米，应是修建"黄肠题凑"墓室垒砌木构件时形成的。

此外，第二层活动面中部有贯穿东西的长方形木槽，从功能上看木槽具有排水作用，可用于排放"黄肠题凑"地上墓室室内汇集的雨水。但从该槽内出土的4块双孔玉璋来看，不能排除它具有礼制性意义的可能。此外，该层面上散布铁钉，钉帽比活动面高出2～4厘米，因此，其功用目前还不能准确判断，暂时认为铁钉与该活动面上铺垫的木板有关，用于防止木板滑动。第二层活动面的北侧发现的木箱，因被G3破坏，没发现任何遗物。目前无法判定该箱内是否有祭祀性的遗物。

M2墓道西段的性质与墓道东段不同，其不仅比墓道东段宽，且南、北两侧壁内皆有对称的立柱和角柱，形如大型宫殿建筑的正门前"抱厦"。因此，将墓道西段归为墓道的一部分或者称之为"享堂"都不甚合理，暂时将其称为"前庭"，其或许是下葬时进行祭祀之地。此外，将墓道西段与墓坑外大型版筑夯土基址整体联系起来分析，其亦具有"前庭"的含义。

东段墓道南、北两侧版筑夯土台上各有四个方形柱坑，形如宫殿或者城门前两侧的阙台基址。因此，我们暂时称之为"南、北阙台"。

总之，M2墓道的性质应该与墓道周边版筑夯土台整体联系起来分析，墓葬周边的版筑夯土台与墓道都具有共同的礼制意义。

英文摘要

Mausoleum M2, in which Marquis Dingtao was buried, is a large mausoleum that has been being excavated in recent years. The coffin chamber, concealed within a frame structure made of cypresses, is in the shape resembling the Chinese character "亚 (Ya)". In 2018, excavations were carried out in the tomb tunnel. The tomb tunnel is divided into two parts. The west part, in which hypostyle columns and corner columns are symmetrically distributed on both sides, is wider and has distinct features. The backfill can be divided into two layers. On the second layer, wooden troughs, wooden boxes and other important remains have been discovered. Three stone waste pits are found stacked under the rammed earth in the southwestern part of the terrace. The structure of the tomb tunnel has noticeable ceremonial significance.

秦汉及以后

墓道内侧版筑壁面及立柱、角柱（由西北向东南）

墓道南侧阙台台面（由东向西）

墓道北侧阙台台面（由东南向西北）

墓道第二层活动面上的木槽及木箱（上北下南）

木槽（由东向西）

玉璋

木箱（由南向北）

外台西南部

外台西南部剖面（由南向北）

外台西南部夯土下的石质废料坑（K3、K2）

K3

K2

陕西西咸新区雷家村十六国墓地

◎刘呆运　赵占锐　赵汗青

> 2017年至2018年，陕西省考古研究院在西咸新区空港新城雷家村发掘了一处墓地。墓地共有12座斜坡墓道土洞墓，分南、北两排，每排6座，均坐北向南。随葬品以陶器为主，另有少量的铜器、铁器。我们根据墓葬形制、遗物特征及墓葬的排列规律，可以判断这是一处十六国时期的家族墓地，且北部6座墓葬的年代要早于南部6座墓葬。另外，在M8和M10中发现有祭祀遗迹和谷物遗存，这在十六国墓葬中是首次发现。

2017年至2018年，陕西省考古研究院在西咸新区雷家村发掘了一处十六国墓地。该墓地位于西咸新区空港新城雷家村以西，南距周陵街道办约1500米，东距西安咸阳国际机场约1500米，地处咸阳北原三级台阶地，为古代墓葬的密集分布区。

该墓地共有12座墓葬（编号M1～M12），分南北两排，每排6座。南北间距5～20米，东西间距5～10米。墓葬均坐北向南，系斜坡墓道土洞墓，方向170°～178°，由墓道、封门、甬道和墓室等部分组成。墓葬南北水平长25～45米，开口距地表1.10～1.20米，墓室底距现地表约13米。

墓道　墓道平面为长方形，上口宽大。根据墓道东、西两侧壁和北壁是否留有生土台阶，可将墓葬分为两种：一种不带台阶，如M5、M6、M8～M12；一种带两级或三级台阶，如M2和M3均带有三级台阶，台阶台面宽约0.50米。这两种墓葬的墓道坡面均为斜坡带踏窝，越接近墓道北端，坡度越陡，并在坡面上做出踏窝，宽窄不一，较为粗糙。

封门 封门位于墓道北端，呈拱形，以土坯或砖砌而成。其中，北排墓葬的封门多为条砖砌成，南排墓葬的封门多为土坯，M2封门以条砖和空心砖混合砌筑而成。

甬道 甬道平面呈长方形，为拱顶土洞式，顶部弧度较小，近平。M2和M3均带有前甬道和后甬道，后甬道呈窄长方形，拱顶。

墓室 墓室结构分为三种形式，单室（M6）、双室（M2～M5、M8、M9）、双室带侧室（M1、M7、M10～M12）。前室平面近方形，多为穹隆顶。后室呈北宽南窄的梯形或长方形，穹隆顶或拱顶。侧室一般为长方形，弧顶，较为狭窄，仅容一棺。值得注意的是，在M2中发现有土雕木构建筑，其封门上方有一土雕门楼，可见一条正脊、两条垂脊和覆瓦。另外，在M2前室顶部发现雕刻成方柱状纵向排列的木椽。此次发掘，有幸保留了M2前室顶部，根据木椽的走向及西壁残留痕迹，可以判断前室顶部为"人"字形顶。

葬具、葬式 葬具为木棺，保存较差，仅存板灰和棺钉。木棺多为梯形，多南北向放置，个别横置于后室。一棺葬一人，仰身直肢葬。人骨保存较好，在前、后、侧室均有发现，其中侧室人骨多为迁葬。人骨头向不一，但双室带侧室的墓葬，人骨头向均朝向前室的中心位置。

随葬品 多置于前室，以陶器为主，另有少量的铜器、铁器、铜钱。陶器分为人物俑、庖厨明器、日用陶器及动物俑。人物俑包括武士俑，男、女侍仆俑，出行的鞍马、牛车等，庖厨明器包括井、仓、灶、磨、碓等，日用陶器包括陶罐、连枝灯等，动物俑有猪、狗、鸡俑等。铜器主要有镰斗、盆、镜、印章、簪、钗、镯、铃和铜饰件等。铁器有镜、削、刀、棺钉等。铜钱有五铢、货泉、布泉、丰货等。值得注意的是，在M8、M9、M11墓室中均出土了丰货钱，这种钱币铸于后赵时期，发行数量少，流通时间短，传世较少，可能是后赵灭亡后随葬入墓，可作为墓葬断代的参考物。

通过此次田野发掘工作，以及对比以往发现的十六国墓葬，我们可以得到如下认识：

第一，墓地布局。这12座墓葬分南、北两排，方向统一，是咸阳原上首次发现的集中分布的十六国时期墓葬。

第二，墓地年代。据墓葬形制、器物演变特征等，可推断出北排墓葬的年代在十六国早期，南排墓葬的年代在前秦、后秦时期。

第三，葬俗。在发掘过程中，我们发现部分墓葬前室的角落处放有石块，石块均安置在一个特意制作的小坑内。另外，部分人骨的足部压有方砖。这些现象在之前发掘的十六国墓葬中未曾出现过。

第四，祭祀遗迹及谷物遗存。在M8前室后部发现五只堆放在一起的幼猪头骨，M10前室中心堆放三只幼猪的头骨，头骨下放置一石块，石块下修整出一方坑，坑内放有大量的黍，黍已风化成轻薄的白壳。目前，这是我们首次在十六国墓葬中发现的祭祀遗迹和谷物遗存。

第五，墓主的身份。据墓葬的排列关系，可以确定这是一处家族墓地。后期，我们将通过DNA检验进一步确定墓主之间的关系。此外，出土的"军司马印"和"副部曲将"印章均为武职官印，前者级别高于后者，这为我们探讨墓主身份和当时的职官设置提供了依据。

英文摘要

From 2017 to 2018, archaeologists from Shaanxi Academy of Archaeology excavated a cemetery in Leijiacun Village, Airport Town, Xi-Xian New Area. Twelve south-facing tombs have been found in two south-north rows, six in each row. These tombs are all subterranean cave tombs, each with a sloping tomb passage. The majority of the funeral objects are potteries. There are also a small number of bronze vessels and iron implements. According to the tombs' structures, distribution patterns and features of the relics, it is speculated that this used to be a family cemetery during the time of Sixteen Kingdoms and that the six tombs in the north row were older than the other six in the south row. Inside Tomb M8 and Tomb M10, ritual sites and residues of grains have been discovered. These sites and remains are the very first to have been found in tombs constructed during the epoch of Sixteen Kingdoms.

雷家村十六国墓地

秦汉及以后

M2 全景（由北向南）

M2 墓室俯拍（上南下北）

M2 前室顶部的土雕木椽（由北向南）

287

M6

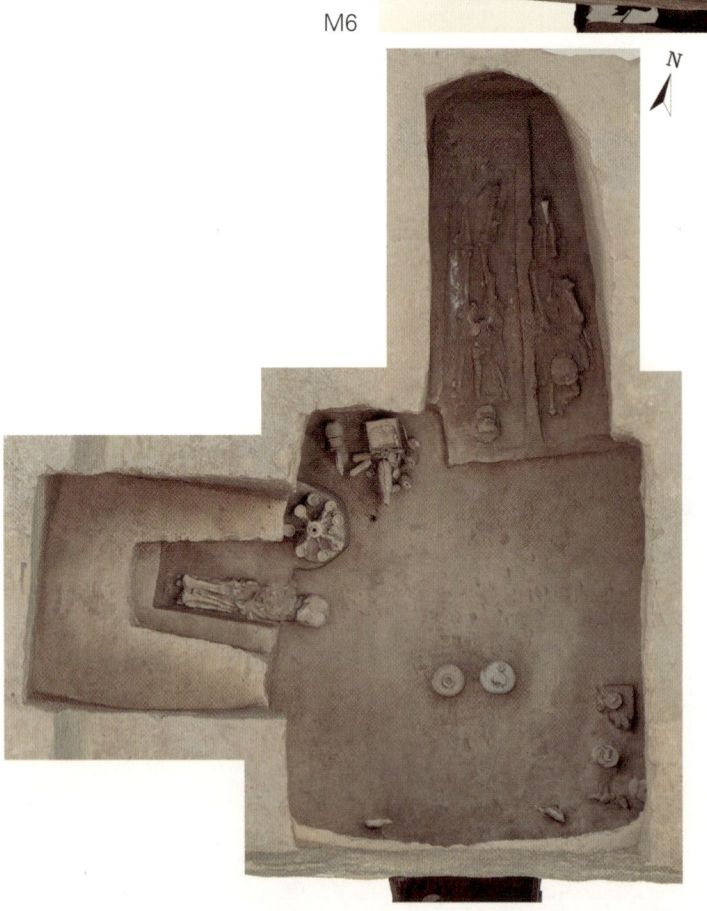

M10

秦汉及以后

随葬品

河南洛阳汉魏故城北魏宫城神虎门遗址

◎钱国祥 刘 涛 郭晓涛 莫 阳

> 汉魏洛阳城北魏宫城十号建筑遗址位于宫城西墙的中段,东北距离宫城正殿太极殿约130米,经发掘确认其是曹魏及北魏宫城和太极殿宫院的西门神虎门遗址。对该宫门遗址的发掘与研究,进一步推进和深化了对汉魏洛阳城宫城核心宫院建筑布局、功能和历史沿革的认识。

2018年3月至12月,中国社会科学院考古研究所洛阳汉魏城考古队在汉魏洛阳城北魏宫城区西侧开展考古工作,重点对太极殿宫院西门(编号北魏宫城十号建筑遗址)及其南北两侧的院落进行发掘。初步确定此门址即文献记载的宫城西门神虎门遗址。

神虎门遗址位于北魏宫城西墙中段,太极殿宫院西侧,东北距离太极殿主殿约130米。2017年的发掘初步明确了这是一座大型的三门道殿堂式门址。门址的西侧布设有南北相对的双阙,整座门址内收,位于宫城西墙以东,根据其所处的空间位置,推测该门址兼有宫城西门和太极殿院落西侧出入口两重功能。为进一步解明门址的完整形制布局、时代演变及太极殿宫院的围合情况,2018年再次进行发掘,发掘总面积4900平方米,全面揭露出门址的夯土台基、门前的左右双阙与阙间广场、两侧院落等遗迹。

门址发掘区域的地层堆积和遗迹时代较为复杂,与门址有关的建筑遗迹主要分为三期:

北朝晚期、北魏时期与魏晋时期。门址的地上建筑部分已无存，现在揭露的门址主体的年代属北魏时期。据晚期扰坑和发掘解剖情况，可大致获得该门址的建筑沿革情况。门址最早始建于曹魏时期，北魏在原基址上重修，东、西魏时门址遭到破坏，北周后期在旧门址内侧重新夯筑门基，但未完成。曹魏和北魏门址的柱网与开间均有差别，但都为三个门道，而北周门址则收缩到宫院内侧，门基规模更大。这一演变序列，与太极殿及其周边附属建筑的沿革情况基本一致。

北魏门址所在的夯土台基为南北向长方形，方向4°。台基仅存地下基础部分，台基东侧被多座北朝晚期的小型房基打破，南北长约31米，东西残宽13米。台基顶面因晚期破坏而未见门道、隔墙等遗迹，但依据不同结构、质地的夯土分布情况，可确认这是一座由南北两侧墩台，以及南、北隔墙构成的三门道门址。南、北墩台南北宽8.60～9米，东西残长11.50米。南、北隔墙南北宽约2.50米，东西残长约10米。清理出南北向3排、东西向4列共12座夯土磉墩，夯土磉墩2～2.20米见方，中心距约3.80米。据其他地点同类遗迹的情况，这些磉墩应与门址的柱网结构有关，但上面放置的础石已无存。

在门址西侧的宫墙缺口两端，南北对称分布两座夯土阙台。阙台平面呈曲尺形，均为双向子母阙，主阙台边长约12米，方向4°，子阙台边长5.20米。门楼和两阙合围成门前广场，南北宽约22米，东西长达18米。

在门址南北两侧，各发现两座院落遗迹，均被宽约1米的夯土隔墙围合，两院落的东侧均于北朝晚期遭到破坏。院落南北宽21～26米，东西残长21.30～24米。院落的西墙与宫墙之间，则形成东西宽约4.90米的宫墙内侧夹道。在门址南侧的院落内，残存有两座建筑。位于院落东侧的夯土殿基面向朝南，殿基南北17.90米，东西残宽9.30米，开间布局不清楚。院落西侧则是一座朝东的大型建筑，南北面阔7间，进深3间，室内残存地面铺砖，建筑台基东侧有南北向的排水明沟。

此次对神虎门门址的发掘，对认识北魏宫城及宫城内核心区太极殿宫院的布局有重要意义。尽管门址受到晚期破坏，保存较差，但其建筑结构仍较为清晰，是一座带有双阙的后坐式宫门。其整体平面布局、建筑结构与早年发掘的北魏宫城正门阊阖门极为相似，仅规模略小，显示出北魏宫城宫门是遵照一定规制、统一规划下的产物，建筑结构具有一致性及重要的礼仪作用。此外，门址南北两侧院落的发掘，进一步明晰了太极殿院落的构成。尽管两座院落的东侧均遭晚期破坏，但残存遗迹显示其院落东侧的殿址均面向南，西侧的大型南北向建筑则面向东，显然是围绕在太极殿宫院西侧的功能性附属院落。

本年度对北魏宫城西门神虎门的发掘，为从宏观上把握以太极殿为中心的宫城中枢区乃至整个宫城的形制布局及时代演变提供了全新的资料。而神虎门南北两侧多组院落的发现，则进一步细化了对宫城内建筑布局的认识。

英文摘要

In the area where the Han-Wei capital Luoyang once stood, Site No.10, which contains architectural remains of the palace of Northern Wei, is located in the middle of the west wall of the imperial palace and is 130 meters away from the main hall, Hall of Taiji, in the Northeast. After excavations, it has been found out that, at Site No.10, there used to be the west gate of the imperial palace and Shenhu Gate, which was the west entrance to the court of Hall of Taiji, during Cao Wei and Northern Wei. The excavation and researches concerning Site No.10 have shed new light on the layouts, functions and historical developments of core palace courts built in the Han-Wei capital, Luoyang.

秦汉及以后

太极殿宫院遗址（由北向南）

阊阖门
止车门
端门
神虎门遗址
太极东堂　太极殿　太极西堂

神虎门与双阙遗址

神虎门北侧阙基

神虎门南侧院落排水沟

神虎门遗址北魏磉墩与曹魏础石

神虎门遗址出土瓦当

江苏镇江铁瓮城西门遗址

◎王书敏　霍　强

> 2018年铁瓮城遗址西门的考古勘探、发掘，发现了夯土以及夯土外的包砖墙，综合勘探和发掘资料来看，应该是铁瓮城西门南侧门墩（局部）。

铁瓮城遗址位于镇江北固山的前峰，平面略近椭圆状，20世纪90年代以来，考古工作者先后对铁瓮城遗址的四面城垣进行了多次考古勘探和发掘工作，基本上弄清楚了铁瓮城城垣四至走向及建造方式、特点等。2018年南京博物院、镇江博物馆对铁瓮城西城门进行考古勘探和发掘，勘探面积60000平方米，发掘面积500平方米，发现六朝时期至清代灰坑、房基、道路、排水沟、水井、炉灶、城墙、夯土等遗迹。

宋代墙基（Q1）：南北走向，方向15°，整体呈长条形，残长约2.90米，宽约0.18米，墙体残高约0.30米。残存墙砖四层，部分被破坏，用砖规格为38厘米×18厘米×7厘米，多为素面，有的砖上模印阳文"官上""官丘""大"等文字。

宋代道路（L4）：南北走向，方向约200°，残长约4.20米，宽约2.20米。路面为竖砖平铺，砖长40厘米，宽20厘米。

唐代水沟（G6）：叠压在第⑯层下，向下打破夯6，南北走向，宽约1米，最深处约1.30米，距地表最深处达3.90米，出土唐代瓷器残片。

宋代水沟（G4）：呈长条形，方向约98°，较规整，中间部分被破坏，距地表深约2.90米，残长约6.40米，宽约0.60米。砖尺寸38厘米×18厘米×7厘米，发现有模印阳文"官己""官三""三1""官窑己""士""官+""官窑""官""上"等文字。

西门南侧门墩：由包砖墙和夯土两部分组成，南北面宽约48米，东西进深28米。此次揭示了西门南侧门墩的北侧半边，揭示面宽20米，进深28米，残高约2米，保存17~46层砖。门墩结构由夯土和外砌包砖墙构成。砖为单面绳纹，纹饰较粗深。用砖规格为38厘米×18厘米×7厘米。少数砖端见有模印阳文"+""篙"，刻画"陈□之"、波浪纹符号等。

包砖墙内、外两侧及墙基下有夯土（夯1~夯4、夯6）。夯1，夯筑在包砖墙内侧，厚1.50~2米，土色黄泛红，紧硬，包含物少。夯层厚6~10厘米，夯窝直径5~6厘米，圆形平底。夯2，夯筑在包砖墙内侧，厚2~2.50米，土色黄泛灰，较紧，含物少，夯窝不明显，未发掘。夯3，叠压于夯1下，据孔探资料显示，土色黄灰，较紧，含少量木炭灰、红烧土粒，厚约1.40米。夯4，叠压于夯3下，据孔探资料显示，土色灰黑，较紧，含木炭灰、红烧土粒，厚约0.60米。夯6，叠压于包砖墙外侧基础上，宽1~1.40米，黄灰色土，结构较紧，厚约0.60米，夯窝不明显。

出土东汉晚期至清代的陶、瓷、石、骨、铜、铁、砖瓦等生活、生产、建筑构件等标本334件。

铁瓮城是三国孙吴时期所筑三座城址（另两座是湖北鄂州吴王城、江苏南京石头城）中时代最早、规模最大、现存最为完好的城址。晋陈寿《三国志·孙韶传》载，195年，孙策占据江东，派将军孙韶"屯京城"，204年，孙韶"缮治京城、起楼橹"。唐许嵩《建康实录》卷一载，东汉建安十三年（208年），孙权"自吴（今江苏苏州）迁于京口（今江苏镇江）而镇之"，铁瓮城的始筑时代在东汉末年，当时称"京城"或"京"。

顾野王《舆地志》载：（铁瓮城）"吴大帝孙权所筑，周回六百三十步，开南、西二门，内外皆固以砖壁。"明确记载铁瓮城有两座城门。2004年，考古工作者在铁瓮城南垣所在的鼓楼岗一带发现了铁瓮城南门的西侧门墩、六朝城垣和六朝时期的门道等重要遗迹现象。本次考古发现的西门南侧门墩，仅仅揭示出一部分，2019年我们将按照发掘计划，对西门南侧门墩、门道等进行进一步的发掘，以了解其详细结构。

铁瓮城遗址的考古工作虽然断断续续开展了近三十年，在遗址的城垣大致走向、城垣建筑方式、城门位置等方面都取得了初步收获，但都存在局部化、碎片化，缺乏整体性和系统性发掘研究的问题，不能适应对遗址保护的需要。本次对西城门遗址及后续有计划地对铁瓮城遗址进行系列考古工作，可为了解铁瓮城遗址的文化内涵，铁瓮城遗址的保护、利用、展示提供科学、翔实的资料。

英 文 摘 要

Archaeological exploration and excavations conducted on remains of the west gate of Tieweng Cheng (Iron Vat City) in 2018 witnessed the discovery of rammed earth and retaining walls outside it. Comprehensive archaeological reconnaissance and unearthed relics indicate that what has been excavated should be a part of the gate pier on the south side at the west gate of Tieweng Cheng.

包砖墙及夯土（由西北向东南）

夯土1（由南向北）

秦汉及以后

夯 1 夯窝　　　　　　　"陈□之"字砖　　　　　　"筥"字砖

波浪纹砖　　　　　　"大吉宜子孙"字砖　　　　　"官窑己"字砖

江苏张家港黄泗浦遗址

◎周润垦

> 十年考古工作揭示黄泗浦遗址是长江下游的一处港口型遗址，河道解剖显示黄泗浦河为唐宋时期江南地区入江的主干水道之一，出土较多的与佛教相关遗迹遗物证明黄泗浦遗址有唐宋时期的寺院，众多唐代遗迹为证实鉴真第六次从黄泗浦成功东渡提供了重要依据。

黄泗浦遗址位于江苏省张家港市杨舍镇庆安村与塘桥镇滩里村交界处，现北距长江约14千米。遗址发现于2008年11月，总面积约1.2平方千米。自2008年12月至2018年12月，南京博物院先后对遗址进行了六次考古发掘，发掘面积达8000多平方米。通过发掘，在遗址西区主要清理了南朝至唐宋时期的道路、灰坑、水井、水沟等遗迹，在遗址东区主要发现了唐代和宋代的河道、栈桥、房址、水井、仓廒类等诸多遗迹，证实了黄泗浦遗址是长江下游一处非常重要的港口集镇遗址。

唐代河道 唐代河道位于方桥西侧（方桥为清代乾隆年间重建于黄泗浦河上的石桥），在09T1内的河道河口宽约20米，深约2.20米。现存唐代河道东侧与现黄泗浦河交接，向西行100多米后拐弯往北，逐渐汇入古长江。2018年对探方内的唐代河道堆积进行清理，出土了较多的唐代瓷器标本。

唐代大型院落附属遗存 截至目前，在遗址东区即唐代河道以南揭示出大型长排房基址（F18，共7间）、方形房址（F20、F21）、长方形房址（F19）、灶址（Z7、Z8、Z9、Z10）、水井（J9、J14、J19）、仓廒（F23）等唐代大型院落附属遗存，其中方形房址、长排房基址和长方形房址等具有中轴线布局的特点，而中轴线布局常见于寺院类建筑。此前，唐代河道堆积内出土有石佛雕像背光，还在河道底部发现了一件北宋石天王雕像头部。另外，遗址内出土了较多的宋代长方形文字砖，其上铭文多为"祝延皇帝万岁保国安，释迦如来舍利宝塔，民捨钱施主悉当成佛"和"祝延皇帝万岁重臣千秋，释迦如来舍利宝塔，国泰民安兵戈永息"。结合遗迹遗物及文献记载推断，此地应有唐宋时期的寺院，该寺院在宋代可能还建有宝塔。因此，根据唐代院落遗存的布局结构，结合出土的与佛教相关的遗物和文献记载分析，这座大型院落遗存应为寺院建筑。

宋代河道 2017年和2018年分别在方桥以南和以北对现黄泗浦河进行发掘。方桥以南探方揭露面积约1600平方米，河道河口宽约51米，河底最深处距河口约4.50米，距地表约6.20米。河道底部文化堆积厚达1米，包含大量的砖瓦、瓷片、铁钉、蚬壳及动植物等遗存，文化堆积可细分为三个时期。通过小探沟对河底堆积进行清理，发现堆积下即为生黄土而不见青淤泥层，由此可知古河道应为人工开挖而成。根据河道内出土瓷片及铜钱，推测河道的开挖年代不晚于北宋，一直持续沿用至南宋。

方桥以北揭露面积约900平方米，方桥以北河道的形制、规模与方桥以南的河道基本一样，并且同样在河底发现了砖瓦瓷片堆积。所不同的是，有相当多的瓷器和陶器可以修复，还有一些完整的石构件，在河底表层还清理出三个人头骨。此外，还发现有较多的木桩，呈东西向密集地分布在河底。由于木桩分布比较密集且纵跨河底，推测其可能与水关或水闸有关。

经过勘探，方桥以北的宋代古河道向北逐渐变宽达90多米，其后向东拐弯后再向北汇入古长江。宋代的黄泗浦河多见于文献记载。如《吴郡志·卷十九·水利下》载："宣和元年（1119年）正月二十一日，役夫兴工，前后修过一江、一港、四浦、五十八渎……黄泗浦……长七十里有畸，面阔八丈，底阔四丈八赤，深七赤。"《读史方舆纪要·卷二十四·南直六》记载，"宋政和中，浚福山、庆安二浦，置闸"，"宋时为滨江大浦，绍兴末，屡议修浚"。综合文献记载与考古发现情况，黄泗浦无疑是唐宋时期江南地区入江的主干水道之一。

宋代木桥遗迹 在方桥以南的黄泗浦河道内发现木桥遗迹。木桥横跨河道，偏东部位因现代疏浚河道被破坏，在河底已经发现6根5米多长的横木，横木上凿有若干榫眼。在每根横木的两侧分别有若干木桩。从横木的排列、榫眼的结构等分析，此桥应是栈架式木桥。

"黄泗浦"三字，最早见于日本真人元开撰写于779年的《唐大和上东征传》中，该书比较明确地记载了鉴真和尚第六次从黄泗浦东渡日本的过程，说明鉴真曾在黄泗浦停留并且最终从黄泗浦出海，证明黄泗浦在唐代即为出海港口。遗址东部揭露的唐代大型院落具有寺院类建筑的中轴线结构布局，出土的石雕佛像及宋代铭砖，均证明了唐宋时期寺院的存在，这与文献中的记载极其吻合，也从侧面反映了庆安千年古镇曾有的繁华，为研究鉴真从黄泗浦东渡启航提供了无可替代的考古学资料。

经过十多年的考古工作，黄泗浦遗址的文化面貌越来越清晰。唐代和宋代河道以及大量的砖瓦瓷片堆积和栈桥遗迹的发现，都说明了黄泗浦作为港口曾有的繁华及其在江南地区重要的历史地位，它是目前长江下游港口型遗址中非常重要的发现，为今后港口型遗址的发掘提供了重要参考。

英 文 摘 要

After ten years' archaeological work, Huangsipu Site, the site of a port in the lower reaches of Yangtze River, has been revealed. Anatomy of the river channel shows that River Huangsipu used to be a major waterway flowing into Yangtze River in the Jiangnan Area during Tang and Song dynasties. A number of unearthed Buddhist remains and relics indicate that, at Huangsipu Site, there used to be monasteries and temples during Tang and Song dynasties. Various remains of Tang Dynasty can be used as solid evidence to prove Jianzhen's sixth journey to Japan from Huangsipu port.

黄泗浦遗址地理位置及范围图

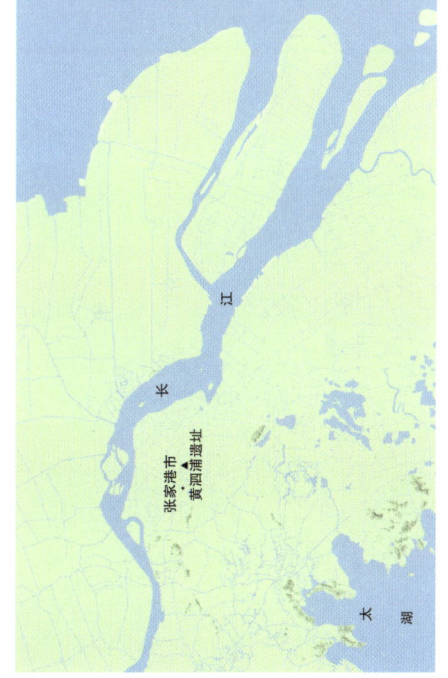

遗迹位置示意图（由东向西）

唐代大型院落遗址（由北向南）

唐代河道（西南向东北）

唐代仓廒（东北向西南）

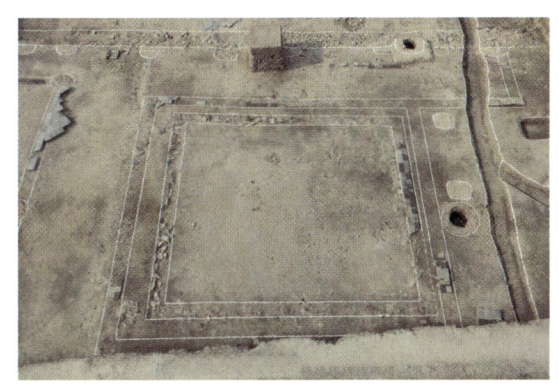

唐代房址（由南向北）

唐代灶址（西北向东南）

宋代河道（由南向北）

宋代河道内的木桥遗迹
（由南向北）

宋代河道底部遗存
（由东向西）

秦汉及以后

河道底部出土石栏
杆上的石狮

铭文1：祝延皇帝万岁保国安，释迦如来舍利宝塔，民捨钱施主悉当成佛
铭文2：祝延皇帝万岁重臣千秋，释迦如来舍利宝塔，国泰民安兵戈永息

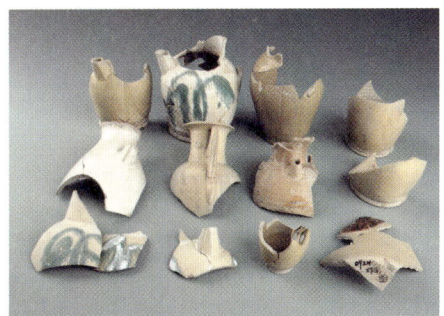

1. 唐代长沙窑瓷器
2. 唐代婺州窑瓷器
3. 唐代寿州窑瓷器

1. 唐代宜兴窑瓷器　　2. 唐代巩县窑瓷器　　3. 唐代越窑瓷器　　4. 晚唐五代邢窑瓷器

1. 宋代景德镇窑瓷器　　2. 宋代龙泉窑瓷器

1. 宋代越窑瓷器　　2. 宋代定窑（系）瓷器

1. 宋代耀州窑瓷器　　2. 宋代建窑（系）瓷器　　3. 宋代繁昌窑瓷器

安徽淮北市烈山窑遗址

◎陈 超

> 烈山窑遗址位于淮北市烈山区烈山镇烈山村。2018年3月,安徽省文物考古研究所对其进行考古发掘,清理各类遗迹70余处,出土了数以吨计的各时期陶瓷器残片。烈山窑受北方定窑系和磁州窑系的影响,主要生产白釉瓷、白釉褐彩瓷、宋三彩器和琉璃建筑构件,是北方白瓷向南方传播的中转站,同时也是通济渠岸边的运河贸易瓷窑址。

烈山窑遗址位于淮北市烈山区烈山镇烈山村。2017年9月,淮北市重点工程局在实施新湖路建设项目过程中发现烈山窑遗址。2018年3月,安徽省文物考古研究所对烈山窑遗址进行发掘,发掘面积约700平方米。发掘分为三个区域,Ⅰ区金元窑址区、Ⅱ区唐代晚期至北宋窑址区和Ⅲ区汉代窑址区,清理各类遗迹70余处,包括6座窑炉、52个灰坑、1条道路、14条灰沟、1处墓葬。出土了数以吨计的各时期陶瓷器残片,可复原器物达2000余件。

Ⅱ区 Ⅱ区共清理窑炉3座。其中Y4是2018年发掘的最大窑炉,窑室面积达24平方米。Y4由操作间、火门、火塘、窑床、烟囱构成。操作间是开放式的,在火门两侧形成一排挡墙,前面场地略凹形成一定的活动空间。挡墙由窑柱、窑砖和石头砌筑而成。操作间长7米,宽1.70米。火塘呈圆弧三角形,长3.70米,宽4.44米,面积约10平方米。火塘底局部有一层青灰色遗存，疑似草木灰，同时也存在红烧土烧结痕迹。窑室保留了几层窑砖，窑床上铺多层耐火砂。窑室长4.50米，宽5.30米。双烟道，均长1.38米，宽1.44米。

Ⅱ区出土遗物主要是白瓷、绿釉瓷、黄釉瓷、琉璃器、三彩瓷等，器类包括碗、盘、盏、罐、枕、俑、建筑构件等，比较重要的是黄褐釉印花大砖和琉璃建筑构件的发现。窑具有窑棒、垫板、垫饼、三叉支托、垫圈等。Ⅱ区遗存的时代为唐代晚期至北宋晚期。

Ⅰ区　Ⅰ区是此次发掘遗存最丰富的区域，发现2座窑炉（Y2、Y3）、40余处灰坑、1处道路、10余处灰沟等，并出土大量遗物。2座窑炉的烟囱均被破坏，其他部分保存完好，由操作间、火门、火塘、窑室组成。Y2操作间呈长方形，南北两壁用废弃窑柱砌筑而成，长6.10米，宽3.60米，深0.70米。火门呈长方形，两侧用竖砖砌筑，长0.40米，宽0.25米。火门处堆积较厚，可以划为若干层，主要是烧柴留下的灰烬。火塘呈半椭圆形，用窑柱和耐火砖砌筑而成，且窑算仍保留有几根窑柱。在迎火墙两侧还修筑了垛墙，作用可能是便于收拢火势。火塘长2.40米，宽2.60米。窑室壁被破坏无存，窑床表面铺有耐火砂，窑室长3.34米，宽4.22米。根据地层关系可知，Y3叠压在Y2之上，Y3在原Y2的位置外围扩建而成，故Y2的时代要早于Y3。也就是说Y3是在Y2的基础上改造而成，改造最大的部位就是操作间和火塘两处，范围均增大。

Ⅰ区出土瓷器种类较丰富，包括白釉、白釉黑褐花、酱釉、青黄釉、茶叶沫釉、绿釉、青釉、黑釉等。除了碗、盘、盏等生活用瓷器，还发现了人物俑、动物俑、围棋子等。有的瓷器上有墨书、刻画或彩绘文字等，可辨识文字有"祐德观""华严寺""公用""宿……""黄一郎宅""比范五公"等。

烈山窑址的发掘，具有以下重要意义：

1. 烈山窑址生产大量白瓷、白釉黑褐彩瓷，生产白瓷所采用的覆烧技术源自北宋北方窑系的烧制技术，涩圈支烧技术则来自金元时期的定窑，而白釉黑褐彩瓷器则说明其受到了磁州窑系窑业技术的影响。烈山窑生产仿定瓷器与北民南迁有很大关系，其发现为我们提供了一条明晰的瓷业技术自北向南传播的路线。

2. 烈山窑址出土的黄釉琉璃印花大砖，在广州的南汉国宫殿遗址中和开封铁塔上都有类似的发现，烈山窑址在宋代属于宿州，在开封铁塔的宋代瓷砖上还发现了"宿州土主吴靖"的字样。这些发现说明烈山窑生产的印花大砖很可能是向皇宫或皇家寺院上供的建筑材料。此外，烈山窑还生产龙形琉璃建筑构件及一些筒瓦，表明生产大型琉璃建筑构件是烈山窑的一大特色。

3. 烈山窑址出土了大量的三彩窑具，有三叉支托、托珠、窑柱等，说明烈山窑还兼烧三彩器，是安徽地区首次发现的兼烧宋三彩的窑址。此外，出土的枕片和素胎建筑构件上多次发现"巩县"字样，这些发现说明巩县的窑工可能来到了烈山并带来了宋三彩的烧造技术。

4. 烈山窑址位于雷河东岸，雷河通过濉河与大运河相连。安徽大运河遗址考古发掘过程中发现了大量的贸易瓷器，其中就有烈山窑的产品，所以烈山窑遗址的发现为大运河瓷器贸易产品找到一个重要的产地。

5. 周辉的《清波杂志》记载金代以仿定瓷为主要特色的宿州窑和泗州窑在萧县窑的南面与东南面，与萧县窑接壤并存。宋金时期烈山窑址所在地归宿州管辖，且地理位置也是在宿州的西北方向，应该就是文献记载的宿州窑。

英文摘要

Site of Lieshan Yao is in Lieshan Village, Lieshan Town, Lieshan District, Huaibei City. In March 2018, archaeologists from Anhui Provincial Institute of Cultural Relics and Archaeology conducted excavations here. Over 70 remains of a wide range were revealed and tons of pottery and porcelain shards made in various historical periods were unearthed. Production in Lieshan Yao used to be influenced by that of Ding Yao and Cizhou Yao in the North. White porcelains, white-glazed porcelains decorated with brownish paintings, vessels decorated in three colors of Song Dynasty and glazed construction components were the primary products here. Lieshan Yao used to be a transit station spreading white porcelains from the North to the South. It also witnessed trades made along Tongji Canal.

唐末 Y1（由西向东）

「巩县朱」素胎枕片（北宋）

黄褐釉印花大砖（北宋）

三彩支托（北宋）

素胎建筑构件（北宋）

金元窑址区（上北下南）

金代 Y2 和 Y3（上北下南）

河北正定开元寺南广场遗址

◎陈 伟 翟鹏飞 佘俊英 房树辉

> 河北正定开元寺南广场遗址是一处典型的古今叠压型城市遗存。遗址年代跨越唐代至明清,主要包括开元寺寺庙建筑系统、晚唐五代时期城墙系统、唐五代宋金至明清时期民居建筑和街道系统三个遗存系统。2017年至2018年的考古工作共发掘844平方米,发现各类遗迹现象71处,出土可复原器物2000余件。通过本年度的考古工作,对该遗址各遗存系统有了更加深入的认识。

开元寺南广场遗址的考古工作始于2015年11月,至今已进行了三年,发掘面积总计2164平方米。2017年至2018年6月底,考古发掘面积为844平方米。

2018年的考古发掘主要针对开元寺寺庙建筑系统、晚唐五代时期城墙系统、唐五代宋金至明清时期民居建筑和街道系统三个遗存系统有重点地展开发掘工作。本年度的发掘,发现了晚唐、五代、北宋、金、元、明、清等7个历史时期的连续文化层和丰富的文化遗存,共发现各类遗迹71处,出土可复原器物2000余件。

针对开元寺寺庙建筑系统,继续发掘唐代池沼(G3),明确了G3的堆积情况,确定了G3的东部边界。此外,在前期的考古勘探工作过程中在G3东部发现与之相连的疑似沟渠的遗迹,当时怀疑存在与G3相通的引水渠,通过本年度的发掘,基本排除了沟渠存在的可能。

对晚唐五代时期城墙系统的城台部位进行解剖，对城台的修筑过程及结构有了更深的了解。发掘结果表明，夯土城台的修筑分晚唐和五代两个时期。第一期夯土城台修筑于晚唐，五代时在晚唐夯土城墙北侧的城台向西、向北进行扩建（城台东侧在发掘区外，城墙南侧的城台有待于下一年度进行解剖，目前东、南两侧的情况不明确）。扩建时首先在旧城台外侧挖掘基槽，基槽壁较陡。底部垫土垫平之后，用残砖铺筑一个平面，并铺撒煤渣，砖石及煤渣层厚15厘米。之后在残砖面上再铺垫一层夯土，夯土层上再铺垫一层残砖及煤渣，该层厚约15厘米。在此基础之上继续夯筑夯土。待夯土面与基槽开口平齐时，夯筑夯土的范围向南、向东分别内缩3米、3.90米，形成内侧为夯土城台、城台外侧为宽3～4米的夯土平面的结构。扩建夯土城台时，为了使旧有的城台与增筑部位更好地结合，对晚唐时期城台进行了修整。城台扩建后还进行了包砖。就目前资料来看，城台外侧包砖部位除五代时期曾进行修筑之外，在后世也经历过整修，具体情况则有待于进一步工作的进行。

针对唐五代宋金至明清时期民居建筑和街道系统，继续发掘各时期居民生活遗存。唐五代时期的生活遗存以灰坑为主，共发现14处。宋金元明时期的生活遗存以灰坑、水井、房址为主。其中共发现房址14座、灰坑35处、水井1处，此外还发现墙基5处、灶1处，这些遗存多数属于金元时期。

共发现各类文物2000余件，年代跨越北朝至明清，主要可以分为以下几类：1. 宗教用品，分为宗教造像和宗教用具两大类。宗教造像包括北朝时期的白石造像、金元时期的小型陶质宗教塑像两类。宗教用具以各种瓷质和陶质的熏炉、香炉为主，年代跨越唐代至明清。2. 以筒瓦、板瓦、瓦当为主的建筑构件，年代跨越唐代至明清。唐代建筑构件体量普遍较大，做工亦精美。金元时期建筑构件数量最多但体量多不及前代。3. 日常生活用品，以日用瓷器为主，此外还包括各类工具、玩具等。瓷器多为白瓷，多数产自河北地区的井陉窑、定窑、磁州窑、邢窑。此外也有钧窑、景德镇窑、龙泉窑的产品。4. 手工业、商业遗物，主要为制骨、冶炼遗存，年代多为金元时期。

本年度对唐代开元寺池沼的发掘基本确定了池沼的东部边界，否定了考古勘探中发现的疑似沟渠遗迹的存在，细化了对开元寺布局的认识。对夯土城台的发掘结果表明夯土城台在五代时期经历了扩建，对城台的建筑过程及基本结构有了全面的了解。此外还发现了较多的宋金元时期的民居遗存，这表明该时期遗址范围内形成了密集的居民区，与之相伴随的是城墙的废弃和逐渐湮没于地下以及开元寺范围的逐渐缩小。此外，众多的出土文物是本次考古发掘最为重要的收获之一，这些文物不仅是研究晚唐至明清城市居民日常生活的重要材料，也为探讨正定古城的商业活动以及当时的商贸路线提供了重要线索。其中一些文物如魏武定六年白石思维像、北宋天威军官瓶、金元时期带铭壁挂灯等为首次发现，填补了区域考古的空白，具有重要意义。

英文摘要

South Square Site, in the area where the modern-day Kaiyuan Temple stands, is a typical compound consisting of multiple stacked city remains dating from Tang Dynasty to Ming and Qing dynasties. The deposits can be classified into three major categories, i.e. those of buildings of Kaiyuan Temple, those of city walls constructed during late Tang Dynasty and Five Dynasties, and those of civilian residences and streets spanning from Tang Dynasty to Qing Dynasty. From 2017 to 2018, an area of 844 square meters was excavated, 71 remains and sites of various kinds were discovered, and over 2000 pieces of restorable objects were unearthed. After this year's excavation, there has been a further understanding of the three deposit categories.

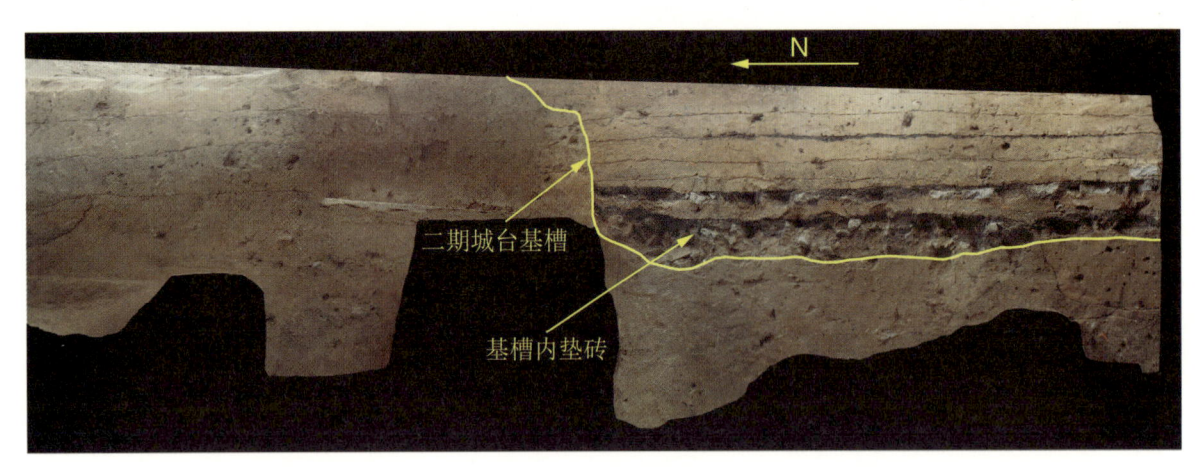

二期夯土城台基槽剖面

二期夯土城台基槽底部的铺砖（由北向南）

遗物

河南安阳龙安区大华时代广场金代壁画墓

◎孔德铭 于 浩 焦 鹏

> 2018年9月初，在安阳市大华时代广场13号楼施工过程中发现砖室壁画墓葬1座。该墓为墓道南向的八边形单室砖雕壁画墓，墓内随葬墓志、大陶罐、瓷罐等。该墓为金代正隆四年（1159年）相州洪福寺文殊院院主洪论为数位高僧修建的墓葬。该墓葬纪年明确，壁画题材新颖，是豫北地区发现的首座金代高僧墓葬，具有重要的考古价值。

大华时代广场13号楼位于安阳文峰大道与太行路交叉口东南。2018年9月初，在项目施工过程中发现砖室壁画墓1座（编号M1），随后安阳市文物钻探队对该楼施工范围内进行了文物考古勘探，还发现了古代灰坑6处（商代2处、汉代4处）、商代房基1处。

M1位于大华时代广场13号楼基槽的西南角，北距文峰中路约60米，发掘时墓顶上部已被破坏。该墓为墓道南向的八边形单室砖墓，方向为134°。墓葬全长9.35米，由墓道、墓门、甬道及墓室四部分组成。

墓道 位于墓室南侧，墓门南端。墓道为长斜坡阶梯式，南窄北宽，壁面有加工痕迹。斜坡墓道上自上而下挖有15级台阶。南部距地表3.50米，北部与墓门相接部位距地表7.30米。

墓门 通高3.70米，正面是仿木砖雕门楼。

墓室 位于甬道北部。墓室平面呈八边形，墓室南北长3.60米，东西宽3.60米。北壁、西壁、东壁各砌有1个耳室。墓室周壁砌八根倚柱，墓壁转角处置柱头铺作一朵，每壁面中间置补间铺作一朵。墓室于柱头处开始向上起券，穹隆顶，顶用整砖垒砌成方形封堵，内高3.60米。墓室正中有一砖砌棺床（供案，其后近底正中设有一壁龛），棺床为砖包土结构。墓室西北、西南、东北、东南壁均绘彩画。骨殖摊放于东耳室内，西耳室内放置大陶罐2个，内置骨殖，另有1黑釉瓷罐倒置在最里的陶罐上。

墓室壁画 墓室西北壁绘《童子启门图》。壁画正中用红彩绘四扇门，一童子探出身子，左手作启门状。西南壁绘制《行医图》。画面正中为一窗，其正上方写有"药铺"二字，右上角悬一"钟"状物。窗外立一妇人，怀抱一童子，窗内一僧人模样的男子侧身坐于桌前，桌上放有一砚台，面对窗外妇人。东北壁绘一门，门后垂有帷幔，帷幔后可能为屏风，屏风上绘有一幅画，画上有小桥、亭台、流水、花草、树木等图案。东南壁壁画推测为《寺院施粥图》。壁面上绘人物三个，左上角绘制一件"垂云状悬磬"，右上角为一"悬鱼"，正中为二男子抬一桶状器物，"悬鱼"下一男子双手持棒作敲击状。

其他各壁中间辟有壁龛，壁龛两侧为黑色门框，门框两侧各绘有一个红色直棂窗。在墓室内斗拱之间绘有不同式样的牡丹花卉图案，穹隆顶上图案脱落严重，可能是星云图案。整个墓室壁画以红色为主，杂以黑色、青色等绘制，色彩鲜艳，繁缛神秘。

此外，在墓葬发掘过程中，注重开展多学科研究和合作，多次邀请北京大学等单位的专家学者进行现场指导，特别是与北京大学合作开展了墓葬测绘、壁画科技保护等工作，并于2019年1月15日对该墓葬实施了整体搬迁。目前，该墓葬得到了完整的保护。

M1出土墓志1合，根据墓志记载，该墓为金代正隆四年（1159年）相州洪福寺文殊院院主洪论为数位高僧修建的墓葬。此外，墓志还记载了宋金时期安阳洪福寺、开元寺、相州、孙平村等古佛教寺院、州府城址及村庄等的兴衰、历史地名沿革等，对研究安阳方志等具有较高的历史价值。

M1是豫北地区首次发现的金代高僧墓葬，具有重要的考古价值。此外，该墓墓葬形制独特，砖雕种类多且雕刻精准细腻，壁画题材新颖、绘制精美、保存完整、构思巧妙，人物刻画栩栩如生，生活气息深厚，真实反映了金代相州地区人们的宗教信仰、求医问药、社会生活形态等，具有很高的科学价值和艺术价值。

英文摘要

At the beginning of September in 2018, a tomb was discovered at the construction site of Building No.13 on Dahua Times Square in Anyang City. The tomb is an octagonal single-chambered tomb decorated with brick carvings and murals. It has a southerly tomb passage. Inside the tomb, unearthed relics include a square tablet inscribed with the epitaph and altogether large pottery jars and porcelain pots. According to the epitaph, the tomb was constructed in 1159, "the Fourth year of Zheng Long" in Jin Dynasty. Construction of the tomb was initiated by Hong Lun, the head monk of Wenshu Monastery, affiliated to Hongfu Monastery in Xiangzhou Prefecture, for some eminent monks. The year of the tomb's construction is clearly recorded. Motifs of the painted murals are novel. It is the first time that a tomb buried with eminent monks of Jin Dynasty has been found in northern Henan Province. Therefore, this tomb is of great archaeological significance.

墓志拓片

M1 墓门

M1 墓室（由南向北）

墓室壁画

墓室壁画

河北张家口太子城金代城址

◎黄 信 胡 强 魏惠平 任 涛

> 太子城遗址位于2022年北京冬奥会张家口奥运村，河北省文物研究所等单位于2017年至2018年对其进行了连续两年的发掘，确认其为金代中后期皇家行宫遗址，可能为金章宗夏捺钵的泰和宫。它是第一座经考古发掘的金代行宫遗址，是仅次于金代都城的重要城址，是近年来发掘面积最大的金代高等级城址。城址的选址理念、建筑布局、营造尺度、皇家用器等对金代捺钵制度、行宫营造与供御体系的研究有重要意义。

太子城遗址位于河北省张家口市崇礼区四台嘴乡张家口奥运村，东南距北京市区140千米，西距崇礼县城20千米。自2018年5月起，河北省文物研究所等单位对太子城遗址进行了第二次考古发掘，取得重要收获。

经勘探与发掘，确认太子城遗址为一座平面呈长方形的城址，总面积约14万平方米。现存有东、西、南三面城墙地下基址，墙外有护城河，其中西墙有2道。城门目前仅发现南门1座，门外有瓮城。此外，在城内发现建筑基址67座、道路14条、排水沟2条。

2018年太子城遗址共发掘6500平方米，对城址南门、9号基址、三号院落、一号与二号院落南院、城址东南角、城西外建筑基址等6处地点进行了考古发掘，确认城址南门、9号基址、三号院落呈南北轴线分布（与东西墙方向一致，158°），南区核心建筑（9号基址）是太子城内单体面积最大、台基最高、规格最高的基址，北区以三号院落为中心，南北区以东西向道路相隔。

2018年对南门内侧道路进行了清理，基本搞清了南区道路的分布情况，另对南墙与瓮城东墙进行解剖，明确了太子城城墙与瓮城墙的营造方式。重点对9号基址的台基本体进行解剖，确认其存在前后两期营造过程，第二期在第一期的基础上向南扩建，并对柱网结构进行了大改动。另对其西北侧的10号基址进行揭露，明确其为9号基址的附属亭式建筑。

通过对三号院落的全面揭露，明确其由南、北两院组成，南北总长105.38米，东西长46.70米，两院间有隔墙。南院由南向"凸"字形主殿、东西配殿、后殿组成，北院由两组长条形基址及5座小长方形基址组成。一号院与二号院位于三号院西侧，规模与布局完全相同，二者布局与三号院相似，但规模较小。通过对城址东南角的发掘，确认其形制为东墙与南墙直接相交，未发现角台及附属建筑。城西外建筑基址位于城西约690米，扼太子城西谷口，为城外戍守遗迹。

太子城遗址出土遗物以各类泥质灰陶砖瓦、鸱吻、嫔伽、凤鸟、脊兽等建筑构件为主，另有部分绿釉建筑构件、铜铁构件、瓷器、鎏金龙形饰件等，其中青砖上多戳印"内""宫""官"字，部分鸱吻上刻"七尺五地""□字四尺五""天字三尺"等。瓷器以定窑白瓷为主，已发现"尚食局"款瓷器18件，另有仿汝窑青瓷盒、黑釉鸡腿瓶罐等。铜器有坐龙、铜镜等残件。

此外，太子城遗址的发掘十分重视多学科合作，与北京大学考古文博学院等单位合作开展考古发掘、建筑考古、文物保护、瓦作遗存、环境考古、物探、遥感、动植物考古、三维数字化及地理信息系统等研究，均已取得阶段性成果。

太子城遗址出土的垂（戗）脊兽与北京金陵M9（1189年以后）出土的同类器形制相同，嫔伽、凤鸟、兽面纹瓦当、连弧纹滴水与黑龙江金上京皇城西部建筑址（1173年以后）、吉林安图宝马城遗址（1172年以后）出土的同类器物基本相同，"尚食局"款白瓷与河北曲阳定窑窑址金代后期（1161年以后）出土的同类器物完全相同，故可以确定太子城遗址的年代为金代中后期（1161年至1234年）。

太子城遗址规模小，但城内建筑规格很高，未发现商业、民居、戍守等一般类型与军事性质的建筑，遗物亦体现皇家特征。经考古调查，太子城遗址是金代龙门县唯一一座具有皇家性质的城址，在时代、性质、位置、规模与等级上与《金史》中记载的泰和宫高度契合，故推测太子城即金章宗夏捺钵的泰和宫。

太子城遗址是第一座经考古发掘的金代行宫遗址，是仅次于金代都城的重要城址，是近年来发掘面积最大的金代高等级城址。城址双重城垣的建筑理念，主体建筑呈轴线分布、前朝后寝的布局方式对研究金代捺钵制度、行宫的选址与营造有重要意义。编号"七尺五""四尺五""三尺"的鸱吻分别对应城内不同等级的建筑，与《营造法式》的记载完全吻合，这些发现对金代官式建筑的研究有重要帮助。此外，"尚食局"款定瓷、仿汝窑青瓷、雁北地区化妆白瓷的发现对金代宫廷用瓷制度、供御体系的研究有重大价值。

英文摘要

Taizicheng Site is in the Olympic Village in Zhangjiakou, where 2022 Beijing Winter Olympics will be held. From 2017 to 2018, archaeologists from institutes, including Hebei Provincial Institute of Cultural Relics, conducted excavations at the site in two consecutive years. It has been found out that, at the site, there used to be an imperial palace for short stays away from the capital during mid and late Jin Dynasty, probably the Palace Taihe, a Na Bo for summer days, for Emperor Zhangzong. Taizicheng Site, the second most important site only after that of the Capital City of Jin Dynasty, is the first of its kind that has been excavated. It is also the largest high-grade site of Jin Dynasty that has been dug in recent years. The siting, layout and scale of this Na Bo and royal supplies unearthed here are important for researches on rules, construction and logistics of Na Bo in Jin Dynasty.

太子城遗址总平面图

南门地点（上北下南）

北区一、二、三号院落（上北下南）

秦汉及以后

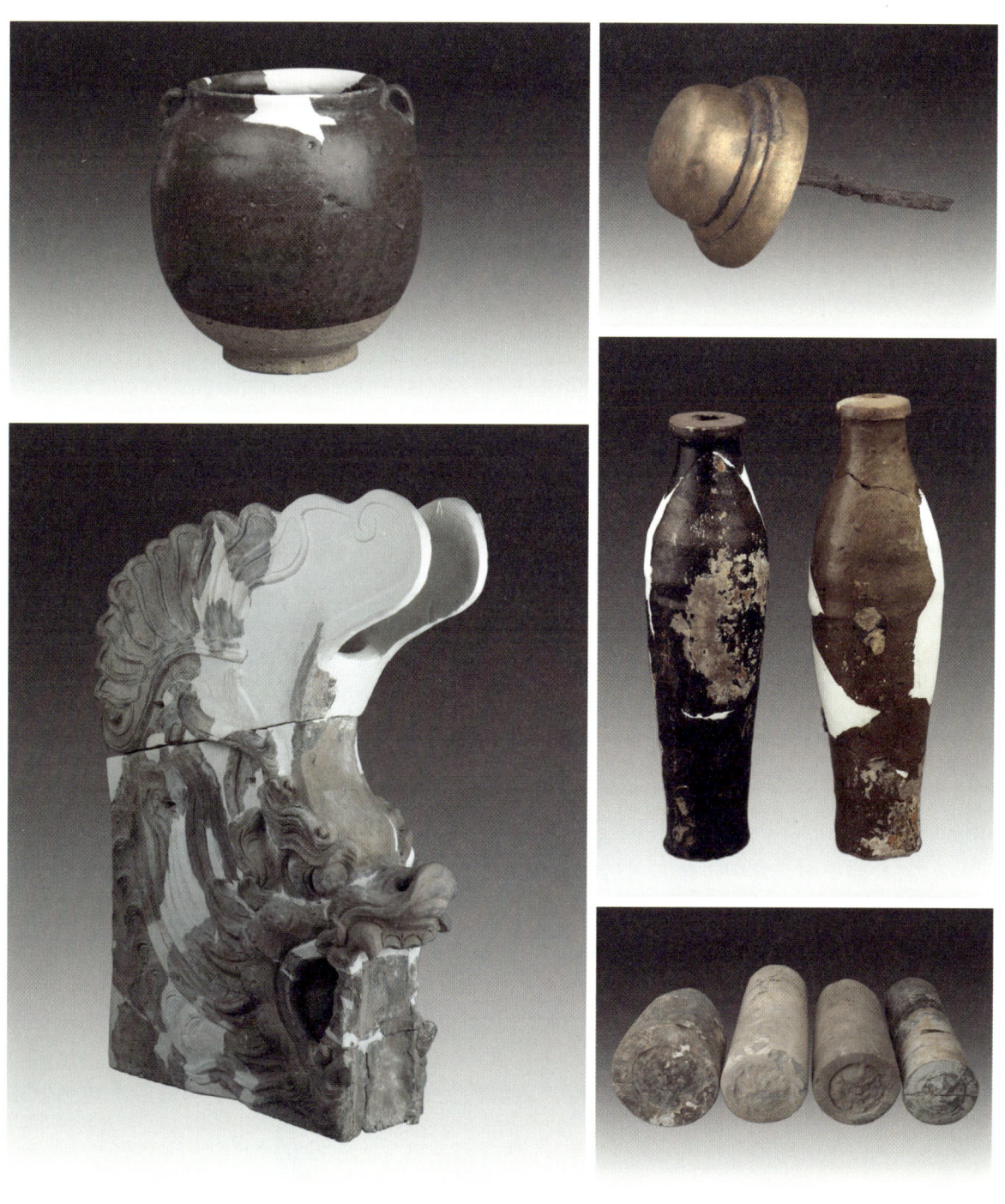

遗物

陕西蒲城县洞耳村蒙元壁画墓

◎邢福来　苗轶飞

> 洞耳村蒙元壁画墓位于陕西省渭南市蒲城县洞耳村，该墓发现于1998年，陕西省考古研究所对其进行了原址封存保护。2018年陕西省考古研究院再启对该墓的考古发掘和壁画保护工作，并对墓葬进行了整体搬迁。该墓为竖穴台阶墓道八边形砖室墓，墓内绘制有精美的壁画，人物着装呈蒙古风格，根据题记可知该墓为夫妻合葬墓，其年代为1269年。

洞耳村蒙元壁画墓位于陕西省渭南市蒲城县紫荆街道洞耳村西部果园地内，该墓发现于1998年，该墓壁画绘制精美，历久弥新，且保存十分完整，但囿于当时的历史条件，仅对壁画做了保护性考古清理，便对其实行了原址封存保护。鉴于墓葬的重要性，2018年3月，陕西省考古研究院再启对该墓的考古发掘和壁画保护工作。

蒲城县洞耳村蒙元壁画墓坐北向南，墓道为竖穴土圹台阶式，墓室为砖券八边形蒙古"毡帐"式，墓室北部砌有棺床。

该墓墓室、甬道内均有彩绘壁画，壁画绘制精美，现将壁画情况简介如下。

甬道西壁绘《放牧图》，北端为一前行回顾的执鞭牧人，头戴瓦楞帽，身着左衽红袍，腰束带，足蹬黑靴。牧人身后有三头牛，南端绘两匹卧驼。甬道东壁绘《停舆图》，北侧为一乘高轮长辕车舆，车夫留"婆焦"发，白色瓦楞帽置于地上，身着白袍，足蹬黑色尖首高勒靴，在车前踞坐打盹儿。车前有白羊两只。

墓室北壁绘墓主夫妇，二人坐于屏风前，男主人头戴折沿暖帽，身着淡蓝色交领左衽束袖长袍，腰腹系扎红色抱肚，足蹬红色筒靴，双脚置于椅前黑色足承上。女主人头顶"顾姑冠"，身着红色左衽束袖覆足罩袍，足下置黑色足承。屏风顶部正中有墨书题记："大朝国至元六年岁次已已/娘子李氏云线系河中府人/张按答不花系宣德州人/祭主长男闰童悉妇/二月清明日闭穴蹑个真"。

西北壁绘一少年男侍，立于男主人身后。男侍剃蒙古人"婆焦"发式，身着黄色左衽长袍，腰系黑革带，足蹬红色高勒靴，拱手侍立。男侍身后置一条案，案面错落摆放各类瓷器，案下置有银锭、金条类形状的杂宝物品。东北壁绘一中年女侍，立于女主人身后。女侍辫发，上身内着蓝色短襦，外罩白色半袖衫，下着粉色及地长裙，鞋头外露，双手捧一个红色圆盒，身后置一黑漆条案。案面放置有红釉盖罐等物，案下置有许多锭形、铤状的杂宝物品。

西壁和西南壁壁画合为一幅《献酒壮行图》，内容表现的是庭前临行奉酒饯别的场面。图中绘四名男性，北侧两人跪地敬酒，一人略前，头戴黑色瓦楞帽，身着左衽白袍，腰扎革带，带左悬囊挂匕，足蹬黑靴，双手托盘，盘内置酒杯两只。另一人略后，头戴皮制翻沿暖帽，身着圆领红袍，腰束革带，怀抱玉壶春瓶。两人身后逐随双犬，奔跃而行。偏南的受酒人头戴白色翻沿红缨皮帽，上着左衽红袍，下穿白裤，腰束革带，带右悬囊挂匕，足蹬尖首高勒靴，欠身探手欲执酒杯。受酒人身后侍立一人，亦头戴白色翻沿红缨皮帽，环眼虬髯，身着左衽蓝袍，腰腹裹红色抱肚，足蹬黑色高勒皮靴，双手叉腰而立。人物身后北侧绘有一段栏杆，后侧为假山、芭蕉。西南壁绘有两匹鞍马，拴系于老树旁。

东壁与东南壁壁画合为一幅《醉归乐舞图》，内容表现的是男性墓主人醉酒欲归、随侍乐舞相娱的场面。北侧第一人的穿着与北壁男墓主人穿着一致，应为同一人。墓主由一男仆搀扶，垂臂虚足，一副醉意惺忪之态。身侧侍仆留"婆焦"发，上身着左衽白袍，下身似未穿裤，腰系红革带，足蹬黑色尖首高勒皮靴，右手搀扶主人左臂。主仆身后立一侍者，头戴白色瓦楞帽，上着左衽红袍，下着白裤，足蹬黄色尖首高勒靴，左手执一酒杯，右手持玉壶春瓶，跨足向前。其余三人中一人平举双臂，右腿微抬，似作起舞姿态。身旁一人两腿微屈，拍掌作节。另一人居后，正在弹拨"火不思"。人物身后绘有一段栏杆，栏杆半掩假山、兰花。东南壁绘白马两匹系于老树下，一马面对树干站定，另一马尾对树干转首回望。

南壁壁画绘于拱形甬道内口的上侧和边缘，拱门上部绘制对雁，两侧墨绘忍冬卷草。

墓顶为穹隆顶，墓顶壁画由四组图案组成，由下至上分别为黑色帘幔、梁枋彩画、戏花童子与火焰珠、如意云头，每种图案均绕墓顶一周，戏花童子与火焰珠各呈四个梯形间布组成。墓顶正中天窗部位露出砌墓条砖，天窗四边绘白色柿蒂形图案，其余无图案部分以淡墨刷涂。

根据墓室北壁题记可知，该墓年代为1269年，属蒙古国时期墓葬，为夫妻合葬墓，夫"张按答不花"，今河北宣化人，妻"李云线"，今山西永济人，其长子"闰童"于1269年二月清明日将父母合葬。

蒲城县洞耳村蒙元壁画墓的墓葬形制独特、壁画精美，是陕西省内少见的保存完整的一座蒙元时期壁画墓。墓葬壁画对蒙元时期服饰和生活器具描绘细致入微，为研究当时的物质文化和社会面貌提供了极好的资料。

英 文 摘 要

Mengyuan Tomb, in which murals have been discovered, is in Donger Village, Pucheng County, Weinan City, Shaanxi Province. The tomb, found in 1998, was preserved and protected in the exact place where it was. In 2018, archaeologists from Shaanxi Provincial Academy of Archaeology restarted excavations and mural protection work in the tomb and entirely relocated the tomb. It has been found out that Mengyuan Tomb is an octagonal brick-chambered shaft tomb with a staired tomb passage. Inside the tomb, the walls are found painted with exquisite murals in which the figures are dressed in Mongolian style. According to the inscription, the tomb was a joint burial tomb, constructed for a couple in 1269.

秦汉及以后

洞耳村蒙元壁画墓（上西下东）

墓葬西壁剖视图

墓主夫妇并坐图

墓室北壁题记

甬道东壁《停舆图》（临摹）

《献酒壮行图》

《醉归乐舞图》

秦汉及以后

墓室壁画

墓室顶部壁画

安徽凤阳明中都外金水桥、金水河遗址

◎王 志

> 2018年，安徽省文物考古研究所联合故宫博物院，对位于凤阳县的明中都外金水桥遗址进行了考古发掘。外金水桥是明中都中轴线上重要的礼仪性建筑，该遗址的发掘，对古代都城中轴线建筑布局、古代桥梁史等方面的研究具有重要意义。

2018年安徽省文物考古研究所与故宫博物院合作对明中都遗址进行考古发掘，主要的发掘对象是外金水桥遗址，发掘面积约1600平方米。发现明初的金水桥桥基7座、外金水河河道1条、节水闸1座、明清道路1条，另外清理了近现代扰坑、扰沟、房基若干。其中最为重要的发现就是外金水桥与河道。

外金水桥位于午门与承天门之间的外金水河河道之上。7座桥基分为三组，中间组三座，正对午门中间的三座门洞，两侧各有一组，每组两座，各自正对午门的两观。中间组桥的主桥宽度约9.60米，西侧桥宽约6.40米，东侧桥因东部券石已遭破坏，桥身宽度不详，但从对称法则来讲，推测为6.40米。主桥与两侧桥的间距均为3.10米。西组桥两座，其东桥宽度为10.50米，西桥宽度约为9.30米，两桥间距为3.70米。东组桥受到的破坏比较严重，根据残存的部分桥券推测其与西组桥基本对称。7座桥东西总跨度约120米。7座桥均为单孔砖券桥，随河道驳岸同时修建，桥台与驳岸连为一体。桥下的河道内用木桩作地钉，桥台下的基础边缘用一层条石垫底，上部用砖砌筑。桥券底层边缘用石券作券脸，条石上对应券脸的位置先放置一块券脚石，其上的券石以榫头插入券脚石，各券石间均以卯榫扣合，卯榫接合部多以熔铁灌缝。桥的其余部位用砖砌筑，用扒钉将每四块券砖连接为一组。中间三座桥为三券三伏，东西两组桥的桥台已经被完全扒拆，券的层数不详，不过在规制上可能低于中间组桥。

外金水河的河道两岸用砖砌筑驳岸，河底用砖作海墁，墁砖前先整平河底，用碎砖块铺地。河道在金水桥处较宽深，桥以外则较为浅窄。以驳岸内河道净宽计，主桥处的河道宽度为5米，东西两组桥处的河道宽度为3.70米。有桥处河道深度约3.30米，无桥处深约0.30米。7座桥以外的河道驳岸变窄，宽度仅约2.60米，河道深度约1.70米。

在西组桥的西桥向西约8米处的金水河道上发现两截闸槽石构件，并在河底发现了带榫窝的础石和一节带闸槽的枕石。该水闸设置在浅窄的普通河道与外金水桥处的深河道的连接处，应是用来控制水流的。在水闸东部河道的深浅接合处发现砖砌引水坡，呈台阶状，自西向东引水。与之相对应的东组桥的东侧，则是较直的驳岸，因此可知外金水河的整体流向是自西向东。

本次发掘的出土遗物主要是砖、瓦、石建筑构件，另有少量残瓷器、铜钱等遗物。砖多为城砖，还有少许用来垫平或填缝的小薄砖。经仔细清理，发现驳岸、桥址的用砖多带有文字，所见的文字砖分为字号砖、"军职+姓名"砖及"字号+军职+姓名"砖三种类型，如"金、木、水、火、土""木字九号""总旗张保""火字六号总旗张成"等。瓦主要出土于河道内淤积，有琉璃瓦和素瓦，以琉璃瓦为主，有筒瓦、板瓦、瓦当、滴水、兽吻等，部分琉璃瓦带有朱书或戳印铭文，如戳印"萬字号"、朱书"浮梁县廿一都£（寿）字五号南匠王原七"等。

此次发掘继续秉承明中都考古"布局、规制、工艺、过程"四方面的学术目标，系统、完整地揭示出了外金水桥的尺寸、建筑工艺和建造过程，并明确了该段河道的形制结构和建造特点。其意义价值主要体现在以下几个方面：

第一，中轴线上外金水桥处的建筑布局的明确，为厘清明中都中轴线的建筑布局提供了重要资料，使得复原午门至承天门区域中轴线的原始景观成为可能。

第二，外金水桥的7座桥在位置、尺寸、建造方式上的区别以及河道深浅、宽度的分段现象，体现了明中都建设中对规制、等级秩序的强烈追求。主桥采用"三券三伏"的拱券结构，目前仅见于明中都。这些与明中都的城址布局、城门、城墙等建筑的建造方式等一起，反映了明中都是一座真正的严格按照礼制建设的理想化都城。

第三，目前我国经过科学考古发掘的砖、石拱桥极少，本次发掘对桥址、河道、驳岸的形制、结构、建筑工艺和建造过程的完整揭示，为古代桥梁发展史的研究提供了重要资料。

第四，外金水桥遗址出土了大量的铭文砖，而铭文砖对研究明中都营建过程中工程管理模式的变化具有重要价值，并为探寻明中都在建造中如何为明初南京城的改造和北京城的建设积累经验提供了重要材料。

英 文 摘 要

In 2018, in Fengyang County, where the Central Capital of Ming Dynasty once stood, archaeologists from Anhui Provincial Institute of Cultural Relics and Archaeology teamed up with those from the Palace Museum to conduct excavations at the site of the Outer Golden River Bridge. The Bridge used to be an important ceremonial architecture on the central axis of the Central Capital. The excavations have shed new light on city planning along the central axis in ancient capital cities and the history of ancient bridges.

秦汉及以后

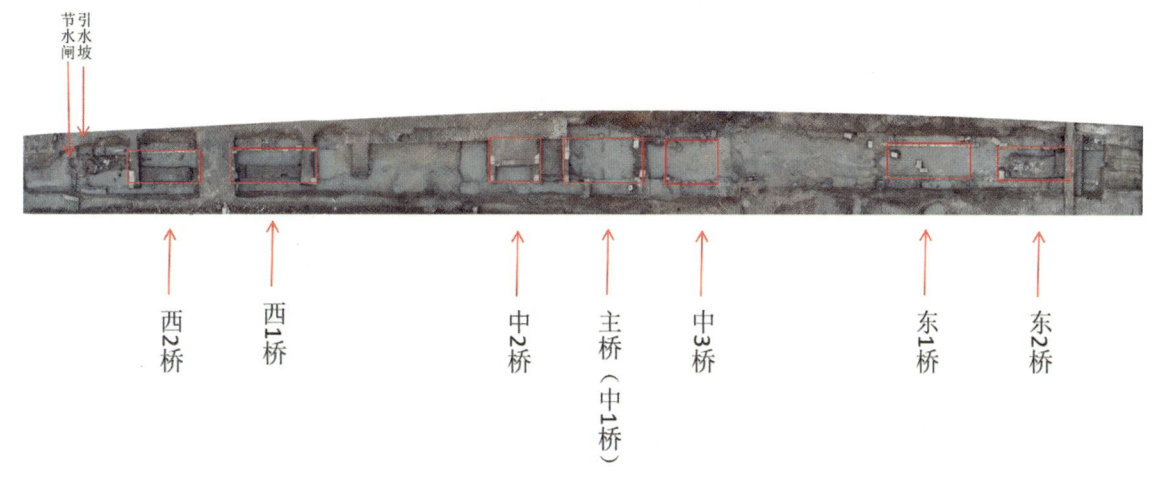

西2桥　西1桥　中2桥　主桥（中1桥）　中3桥　东1桥　东2桥

节水闸　引水坡

外金水桥遗址（上北下南）

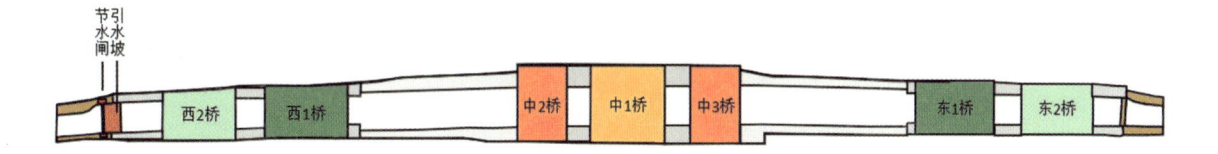

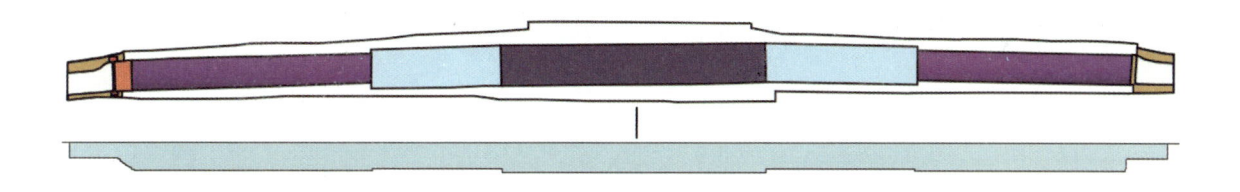

外金水桥及河道平面结构示意图（上北下南）

外金水桥残存的中组主桥西券脸和西桥的两侧券脸（东南向西北）

西桥的两侧券脸（东南向西北）

343

桥区西侧河道与桥区河道接合部设置节水闸　　外金水桥下的地钉与砖渣垫层（东北向西南）
和引水坡（东南向西北）

桥区河道（由西向东） 　　外金水桥下的地钉　　券脸石榫槽内用生
　　　　　　　　　　　　与砖渣垫层　　　　　铁灌缝

遗物

河南开封市明代周藩永宁王府遗址

◎王三营　曹金萍　万军卫

> 永宁王府遗址位于河南省开封市鼓楼区城隍庙街中段路西。2017年7月至2018年8月，通过考古发掘，发现了多处高规格建筑遗存，出土各类遗物1600余件（套）。此次发掘所获取的信息对研究明代开封城市历史及明代郡王府规制具有十分重要的意义。

永宁王府遗址位于开封市鼓楼区省府西街路北、城隍庙街中段路西，2017年，当地文物部门在配合城市基本建设过程中发现该遗址。经勘探，遗址平面呈长方形，边缘有宽约1.60米的夯土包砖墙，南北通长约200米，东西宽约115米。王府遗址包括东、中、西三路院落，中院为中轴主院，东院及西院为跨院。2017年7月至2018年8月，重点发掘了主院。主院地面距今地表深约5米，被叠压于厚约2.50米的淤土层下，为呈中轴对称布局的四重三进式院落，中轴线建筑自南向北依次为王府南大门（F9）、隔墙（照壁？）、仪门、前厅房（F1）、后厅房（F10）、花园（假山、水池）等。该院主体建筑之间用踏道或甬道相连，前厅房与后厅房均有附属的东西厢房。仪门、甬路（L1）与前厅房，前厅房、后厅房与甬路（L2）组合形成了两组"工"字形殿宇。

F9为五间三开的高台屋宇式建筑，绿釉琉璃瓦屋顶，瓦当、滴水等建筑构件纹饰以龙纹为主。面阔19.70米，进深两间，8.80米。门前对应3门有台阶3道，台阶前左右两侧有上马石两尊。F9两侧有八字闪墙，墙面涂红，蓝釉琉璃瓦墙帽，墙宽约1.60米。F9北侧正中有3道斜坡式礓通往院内。F9与仪门之间有1道东西向隔墙，隔墙东端南北两侧有掖门相通。

仪门为三间一开的高台屋宇式建筑，面阔12.80米，进深两间，8.60米。门北侧东西两侧有门房，灰瓦绿琉璃剪边屋顶，琉璃瓦纹饰以龙纹为主，间有少量花卉纹。仪门前有礓式踏跺1组，用垂带石包边，残存壁石的表面雕刻有海浪及游鱼等纹饰。

仪门北侧有L1通往前厅房的月台，路中线及边缘铺青石板，中间夹铺青砖。路宽3.20米，高0.80米。甬路东西两侧天井内各植有树木1列，每列4棵。

东西厢房（F2、F3）亦为高台式建筑，厢房明间前均有台阶5级，厢房北半部台基与月台相连。F2面阔五间，20米，进深两间，8.90米。F3面阔五间，19.70米，进深两间，9.40米。

前厅房（F1）为王府内规模最大、规格最高的建筑，面阔五间，24.70米，进深三间，19.80米。屋面铺绿釉琉璃瓦，瓦当、滴水多饰龙纹。房前有台阶3级，台阶下为月台。F1室内局部残存有铺地方砖。F1明间中部偏北铺地方砖下发现墓葬1座（M1），内有棺木2具，棺内各有人骨1具。东棺内随葬铜镜、铜钱及铜牌。西棺内随葬铜簪、珍珠、珊瑚串珠。经初步鉴定，东棺内个体为男性，死亡年龄35～40岁。西棺内个体为女性，死亡年龄50～55岁。

F1北侧为后厅房（F10）及附属东西厢房（F4、F5）。F10仅残存台基及零星铺砖。面阔五间，24.70米，进深三间，13.50米。房前月台东西长13.40米，宽约6米，高0.80米。月台南侧L2宽约3.10米，高0.80米。F4、F5仅残存部分墙基及零星铺地砖、石柱础等建筑构件。F4面阔五间，18.30米，进深两间，6.90米。F5面阔五间，17.70米，进深两间，7.50米。

后厅房向北约12米处为灰土堆砌而成的假山，假山北坡有池塘1方，假山北为王府北墙。

除前厅房地板下M1内两具人骨外，遗址内还发现掩埋于淤积层下的人骨遗骸13具，这些人骨姿态各异，呈现非正常死亡特征。

遗址内出土陶、瓷、石、玉、金、银、铜、锡、琉璃、木、骨、角、贝等各类遗物1600余件（套），主要为生活用品、建筑构件、供器等。生活用品以瓷器为主，瓷器以青花瓷碗、碟、盘、杯等为主。建筑构件材质分为琉璃、石、陶三类，以琉璃构件为主，主要有筒瓦、板瓦、瓦当、滴水、鸱吻、垂兽、走兽、脊饰砖、当沟瓦等，琉璃瓦当、滴水的纹饰多为龙纹,也有少量花卉纹。陶质建筑构件以砖雕为主,纹饰以花卉纹为主,也有少量云纹。此外,货币出土量也十分丰富,仅南大门一处就出土银锭700余克,明晚期铜钱8000余枚。此外,南大门台阶前出土木匾额1块,楷书匾文"昭代贤宗"4字,上款题"赐进士第知阳武县事甄淑为"一行12字,下款题"永宁王府掌理府事肃溍立,万历壬子岁仲冬吉旦"两行20字。

该遗址的发掘意义如下:

1. 遗址性质明确。遗址内的建筑规格、绿釉构件、万历四十年的"昭代贤宗"木匾额等多条证据将该遗址的性质指向明代周藩永宁王府。

2. 遗址年代确凿。据文献记载,崇祯十五年(1642年)九月,李自成决黄河口水灌开封城,开封城遭受灭顶之灾。该遗址被叠压于厚厚的淤土层下,正是崇祯末年洪水灾难的真实反映。

3. 遗址价值极高。该遗址中轴线布局明晰,是已发掘的保存状况最好、出土遗物最丰富的明代郡王府遗址,其发掘对研究明代郡王府规制具有重要意义。此外,遗址内出土的遗物,具有极高的历史、科学、艺术价值,是研究明末相关遗物的分期与特征的标准器。

英文摘要

Site of Yongning Mansion, is on the west side of the street in the middle of Street of Town God's Temple, Drum Tower District, Kaifeng, Henan Province. From July 2017 to August 2018, an excavation was conducted in its main court. Remains of multiple top-grade architectures were discovered. Over 1600 pieces(sets) of relics were unearthed. Materials of great significance for researches on city history of Kaifeng and contemporary mansions in Ming Dynasty have been collected.

永宁王府（上北下南）

永宁王府正视图（由南向北）

前厅房及月台、甬路（由东南向西北）

遗物出土场景

八字墙前坍塌的琉璃瓦堆积

"昭代贤宗"匾额

龙纹雕砖

秦汉及以后

瓷器

后记

编辑《黄淮七省考古新发现（2018年）》一书始于2019年5月。距此前接手的《黄淮七省考古新发现（2011—2017年）》编辑工作的开始也就是一年的时间间隔。透过这些三两千字的小文，我们看到的是七省的考古人不分寒暑、不分昼夜地奋战在各个考古工地，为了采集资料，他们付出的不仅仅是汗水，更有对考古事业的执着和热爱。仅此一点，我们不敢也不能怠慢案头这些资料，唯有用心尽力，方可配得上呈现于眼前的付出……

黄淮七省分处于河套地区、中原地区及长江下游部分地区。若想研究古代聚落和社会、古代文明模式及文明化进程，则怎么也绕不开这片重要区域。如何编排这批资料，成了摆在我们面前的一道难题。我们的初衷是想最大程度地展现七省在2018年的发掘工作及研究成果，并将这些工作成果置于黄淮区域的视域之下加以审视，在拓展视野的同时，提升学术研究的格局。

在翻看各省兄弟单位提供的资料时，陕西澄城刘家洼遗址遗迹分布图引起了我们的注意：一条壕沟和自然冲沟形成了一个封闭的空间，南北长1500米，东西宽2000米。在这个区域内有城址，分布着高等级居住区、一般居住区及墓葬区，且墓葬间不见明显的打破关系。初步判断这是一处春秋早中期的都邑遗址，它将生者居住的城址和亡者归去的墓地设计于同一个大型都邑之内，"稍筑室宅，遂成聚落"，通过各自的布局、规模，形象地展现了先民是如何划分等级以及住在哪里、葬在哪里的。这张分布图比较直观地展现了先民们在生死两个世界的活动，也带给我们编排该书的启示——将考古资料和研究成果作一横向比对，集中展示某个时空内的古代人们在聚落的框架下，如何因地

后 记

制宜地安排生活、生产以及身后事的。从这个角度去考量早于或晚于刘家洼遗址的古代遗存，就会发现它们之间会因时间、地域、环境的不同而表现出各自的特色。

在此，要感谢来自河南、山东、安徽、江苏、河北、陕西及山西七省的考古人，还有工作在这七省的各高校师生：你们的不辞辛劳，不仅给予我们难得的学习机会，更为"考古中国"踵事增华！

《华夏考古》编辑部的辛革、刘亚玲、张凤、余洁、方燕明在忙碌的日常工作中肩负起该书的阅稿及编辑任务，为使整部书能够无缝衔接，他们撰写文字、改写部分内容及摘要，付出良多。因水平有限，难免疏漏，还望海涵。

本书的英文翻译为马琬铮女士，炎热酷暑，堪称辛劳，在此一并致谢！

编者

2019年6月